Preparação física para homens

INSTITUTO PHORTE EDUCAÇÃO
PHORTE EDITORA

Diretor-Presidente
Fabio Mazzonetto

Diretora Financeira
Vânia M. V. Mazzonetto

Editor-Executivo
Fabio Mazzonetto

Diretora Administrativa
Elizabeth Toscanelli

CONSELHO EDITORIAL

Educação Física
Francisco Navarro
José Irineu Gorla
Paulo Roberto de Oliveira
Reury Frank Bacurau
Roberto Simão
Sandra Matsudo

Educação
Marcos Neira
Neli Garcia

Fisioterapia
Paulo Valle

Nutrição
Vanessa Coutinho

Preparação física para homens

Ray Klerck

Tradução: Alexandre Cleaver

Revisão científica: Mauro Guiselini

São Paulo, 2016

Título do original em inglês:
Body Trainer for Men
Copyright © 2014 by Ray Klerck

Preparação física para homens
Copyright © 2016 by Phorte Editora

Rua Rui Barbosa, 408
Bela Vista – São Paulo – SP
CEP: 01326-010
Tel./fax: (11) 3141-1033
Site: www.phorte.com.br
E-mail: phorte@phorte.com.br

Nenhuma parte deste livro pode ser reproduzida ou transmitida de qualquer forma, sem autorização prévia por escrito da Phorte Editora Ltda.

CIP-BRASIL. CATALOGAÇÃO NA PUBLICAÇÃO
SINDICATO NACIONAL DOS EDITORES DE LIVROS, RJ

K47p

Klerck, Ray
Preparação física para homens / Ray Klerck ; tradução Alexandre Cleaver. – 1. ed. – São Paulo: Phorte, 2016.
312 p. : il. ; 28 cm.

Tradução de: Body trainer for men
Inclui bibliografia
ISBN 978-85-7655-590-2

1. Musculação. 2. Educação física. I. Título.

| 15-26764 | CDD: 613.71 |
| | CDU: 613.71 |

ph2358.1

Este livro foi avaliado e aprovado pelo Conselho Editorial da Phorte Editora.

Impresso no Brasil
Printed in Brazil

*Agradeço à minha maravilhosa esposa, Natalie,
por aguentar as minhas longas noites de trabalho,
e aos meus lindos filhos, Carter, Tyla e Asher,
por servirem de motivação e de inspiração.*

Sumário

Prefácio 9

1 Começando — 13

2 Boa alimentação — 27

3 Ganhos musculares específicos — 47

4 Desaquecimento e alongamento — 129

5 Desenvolvimento muscular total para iniciantes — 141

6 Desenvolvimento muscular total para intermediários — 147

7 Desenvolvimento muscular total para levantadores avançados — 157

8 Emagrecimento brando — 171

9 Redução pesada — 199

10 O treino do homem sem tempo — 219

11 Treinos de função dupla — 227

12 Treinamento esportivo — 251

Referências 307
Sobre o autor 311

Prefácio

Atualmente, a vida acontece em um instante. Tarefas que levavam dias ou, até mesmo, anos, agora, podem ser realizadas em segundos. As pessoas esperam por resultados imediatos em todas as partes de suas vidas. Pisar no pedal, ir mais rápido. Tomar um comprimido, melhorar. Clicar em "*aceitar*", ganhar um amigo. Resultados imediatos.

Contudo, algumas das buscas mais significativas da vida, como ter uma aparência incrível, não podem ser realizadas de maneira simples e rápida. Mudar seu metabolismo, seu tamanho muscular e físico leva tempo. Então, por favor, resista ao desejo de chacoalhar este livro: ele não contém pílulas mágicas ou soluções instantâneas que mudarão o seu corpo de um dia para o outro. Claro, muitas poções enganadoras por aí prometem transformar magrelos em fortões num piscar de olhos, porém as consequências negativas desses esquemas de "fique forte rapidamente" ou "fique rasgado rapidamente" superam quaisquer benefícios reais e duradouros.

Felizmente, existe uma solução muito melhor, e você a tem em mãos. Os capítulos a seguir oferecem um vasto e profundo conhecimento, que lhe ajudará a atingir mudanças físicas específicas e desejadas no menor tempo possível, sem riscos à saúde. Os programas de treinamento são oriundos de pesquisas e construídos com base nos mais recentes métodos cientificamente comprovados, aqueles que trarão uma melhora acentuada ao seu físico. Os princípios que guiam os programas são fáceis de entender e oferecem poderosos resultados em longo e curto prazo.

Se você é um daqueles que tirou licença dos exercícios regulares e da alimentação adequada (ou – quem sabe? – nunca começou), este livro é para você. Ele entende que você está atolado de compromissos profissionais, familiares e de lazer. Ele sabe que muitos elementos de sua vida lhe roubam o tempo e o impedem de dedicar mais do seu dia à sua saúde e ao seu bem-estar. Este livro sabe que você, possivelmente, não gosta da ideia de exercícios em grupo, que lembram o exército, ou da ideia de ter um *personal trainer* gritando ordens para você. E ele está tranquilo em relação a isso porque, apesar do que os publicitários querem lhe fazer crer, essas não são as únicas maneiras de conseguir um corpo do qual você pode se orgulhar.

Só o fato de você estar lendo isso agora já é uma declaração de que você é o tipo de cara que gosta de estar no comando de todas as áreas de sua vida. Você não gosta da ideia de ser apenas mais um na linha de produção de uma suntuosa rede de academias. E você, com certeza, não gosta de desperdiçar o seu precioso tempo; afinal, provavelmente, não há muito sobrando. Este livro está direcionado exatamente a você: o cara tentando alcançar coisas ilimitadas com um tempo limitado. É aqui que você conseguirá estratégias confiáveis de preparação em longo prazo que a última edição de uma revista de *fitness* ou uma coluna gratuita na internet simplesmente não têm. Confie em mim; eu tenho certeza disso. Você decidiu agir e este é o primeiro passo.

Você, obviamente, começou a se questionar sobre a sua saúde e a sua aparência – questões que, provavelmente, achou difícil de responder. A primeira pergunta não deveria ser sobre você; ela deveria ser sobre mim. O que eu sei que você e outros especialistas não sabem? Como um especialista em Nutrição e em Preparação Física internacionalmente reconhecido, escritor, consultor e *personal trainer*, eu descobri, por meio do meu trabalho e dos meus estudos, quais abordagens são melhores para superar os desafios físicos mais comuns enfrentados pelos homens. Como um dedicado entusiasta da preparação física e antigo modelo de capa da *Men's Health*, eu obtive, em primeira mão, um considerável conhecimento sobre desenvolvimento de programas de treinamento que auxiliam em tudo, desde obter um abdome escultural até o necessário para você se tornar o melhor jogador de seu time. Essa rara combinação entre experiência e ciência tem tido uma recepção tão positiva entre as pessoas que leem meus textos nas principais revistas para homens que eu quis oferecer um guia compreensível de preparação física, abordando cada um dos aspectos envolvidos para obter o corpo mais bonito e funcional possível.

Durante meus nove anos como consultor-chefe de preparação física da *Men's Health*, eu respondi a centenas de perguntas enviadas por todo tipo de homem e escrevi sobre praticamente todas as questões sobre o assunto. Isso permitiu que eu entendesse os objetivos almejados pelo homem comum, e eu descobri como combinar ciência e praticidade para ajudá-los a alcançarem suas ambições da maneira mais fácil possível. Usando minhas técnicas especializadas, eu aconselhei e treinei muitos modelos de capa da *Men's Health*, leitores e celebridades, e os ajudei a obterem um corpo de primeira classe. Graças a esses bem recebidos sucessos, eu, agora, contribuo mensalmente para grandes revistas, como *GQ*, *Fighters Only*, *Runner's World* e *Men's Fitness*. Meus textos e minhas rotinas de exercício fáceis de entender ajudarão o homem comum a usar pesquisas científicas de ponta em benefício próprio. E, o tempo todo, eu defendo o lema "pequenos passos, grandes resultados".

No entanto, você não lerá mais nada sobre qualquer outra pessoa, pois este livro preparou uma jornada especificamente para você. Como em todas as expedições, o caminho adiante pode parecer incomensuravelmente longo e cheio de coisas desconhecidas. Para aliviar qualquer enjoo que você possa sentir enquanto se aventura para fora de sua zona de conforto, o livro se divide nitidamente em começo, meio e fim.

O começo (Capítulo 1) ensina por que você deve se exercitar. As recompensas são muito maiores do que um par de braços musculosos que irão impressionar seu sobrinho. Os benefícios irão rapidamente lhe convencer que suar regularmente é tão importante quanto respirar. Você também aprenderá a dar uma boa olhada para si mesmo. Claro, provavelmente, você já se olhou e desejou melhorias. Esse é, possivelmente, parte do motivo pelo qual está lendo isso agora. É aqui que você descobrirá quais devem ser essas melhorias. Você fará alguns testes que lhe dirão seu peso ideal e o quão forte e preparado está. Isso fornecerá uma imagem clara do ponto em que você está e do que é capaz, para que você possa definir objetivos e determinar a velocidade em que gostaria de progredir.

O Capítulo 1 também inclui um processo de planejamento passo a passo que lhe dará confiança para saber em que direção você está indo e como se recompensar ao atingir certas metas. Mas, só porque você sabe onde está e para onde vai, não significa que começará de vento em popa. Começar de fato pode ser a parte mais difícil e, talvez, você necessite de um pouco de encorajamento para dar a largada. Para ajudá-lo, esse Capítulo inclui algumas das melhores dicas motivacionais para você mudar de vida, assim como casos de pessoas iguais a você que superaram esse problema inicial.

O Capítulo 2 ensina sobre o posto de abastecimento dos seus músculos: a cozinha. Esse capítulo delineia as regras de como se alimentar para ganhar músculos e queimar gordura, além de fornecer sólidos planos de dieta que irão acelerar drasticamente os seus resultados. Até 70% de todas as suas melhorias podem ser atribuídas ao que você faz na cozinha. Boa nutrição vem antes do treinamento, tanto neste livro quanto na vida real.

Dar os primeiros passos em direção ao aperfeiçoamento significa trabalhar com os olhos. O Capítulo 3 é uma apresentação dos seus principais músculos. Você aprenderá como e por que os seus músculos crescem, quais são suas complicações e como pode fazê-los trabalhar em seu favor. Você pode achar que já sabe tudo isso; todavia, provavelmente descobrirá algumas coisas novas que lhe ajudarão a atingir seus objetivos de forma mais rápida, mesmo que seu objetivo seja perder o máximo de peso possível sem aumentar nenhum músculo. Aprender sobre o seu funcionamento interno lhe ajudará a entender melhor a seção deste livro que trata da queima de gordura e, portanto, perder peso se tornará mais fácil. Finalmente, antes de partir para os exercícios, você necessita de uma pequena aula sobre alongamento. O Capítulo 4 explica como descansar adequadamente para se recuperar de qualquer enrijecimento que tenha sentido nos meses de treinamento.

O Capítulo 5 apresenta programas de treinamento para iniciantes, envolvendo todo o corpo. Esses programas, que incluem tanto elementos de desenvolvimento muscular quanto de queima de gordura, são organizados semana a semana e o levam a se tornar um levantador intermediário – a metade de nossa jornada.

Depois de ter completado os treinos de nível intermediário do Capítulo 6, você terá evoluído para um homem que, provavelmente, está bem feliz com o que vê diante do espelho. Porém, agora, você deve ter pegado gosto por se aperfeiçoar. Nesse ponto, você terá que tomar uma decisão: ou seguir para o Capítulo 7, no qual estão os treinos mais avançados, ou para os Capítulos 8 e 9, nos quais se encontram os treinos de queima de gordura. Trata-se de uma bifurcação. Um caminho leva a uma queima maior de gordura, ao passo que o outro leva a mais fortalecimento muscular. Infelizmente, não existe nenhum teste que possa lhe dizer qual caminho seguir. A decisão depende inteiramente de você e de suas preferências quanto à sua aparência. Felizmente, ela é flexível, e você pode mudar o percurso a qualquer momento.

Se você escolheu queimar gordura, os Capítulos 8 e 9 respondem à pergunta mais comum sobre o assunto: como perder gordura corporal o mais rápido possível? Esses capítulos ranqueiam e explicam as técnicas e abordagens mais comuns de queima de gordura, de modo que você entenda onde está se metendo. Eles também explicam a maneira de juntar tudo em um plano coeso. Se você quiser perder apenas alguns quilos de gordura, existe um plano para você, assim como um plano de manutenção para sustentar essa perda quando tiver terminado. Caso tenha um pouco mais a perder, o plano semestral lhe ajudará a passar de gordo para esbelto.

Após ter cumprido sua jornada de crescimento muscular ou de queima de gordura, você aprenderá como adaptar os seus programas para se adequarem ao seu instável estilo de vida. Aqueles que se adaptam às mudanças da vida atingem os melhores resultados. Os Capítulos 10 e 11 fornecem treinamentos que o ajudarão a se exercitar durante o horário de almoço e, também, a resolver alguns pequenos e peculiares problemas da vida, por exemplo, superar uma ressaca ou melhorar a sua vida sexual. Essa reta final permite tais regalias, pois você terá desenvolvido uma base de preparo físico durante os últimos 6 a 12 meses. Você estará em excelente forma e, nesse ponto, poderá ajustar certas coisas.

É bem possível que, durante essa reta final, você queira pôr o seu novo corpo à prova. E que lugar melhor para isso do que nos gramados? Para ajudá-lo nessa empreitada, o Capítulo 12 traz treinamentos para os esportes mais populares. Nele você encontrará a base de preparação física necessária para vencer qualquer desafio e testar sua capacidade diante do adversário. Nesse último passo, você terá progredido de um espectador para um participante. Sua jornada estará completa, pois terá percorrido o mapa que leva a um novo você. É muito mais fácil do que pensa e, ao final, você sairá com um novo corpo e uma mentalidade confiante.

Com essas práticas em mente, *Preparação física para homens* oferece soluções para as questões mais comuns enfrentadas dentro e fora da academia. Os métodos e os planos de treinamento são interligados e em longo prazo, para que, em vez de prendê-lo a um objetivo em particular, diversas melhorias possam ser atingidas concomitantemente. Agora, você poderá responder a todas as demandas de uma cansativa rotina de trabalho enquanto tonifica aquele músculo de que precisa para fazer sucesso na praia. Quaisquer que sejam suas necessidades atuais ou seus objetivos futuros, você descobrirá que as recomendações deste manual são de fácil utilização, focadas em resultados e efetivas. Considere-o como o parceiro de exercício perfeito: um que nunca está atrasado e que tem as respostas para suas dúvidas. Aceite sua impaciência, pois você está prestes a conseguir o físico e a saúde que sempre quis. Não apenas por um instante, mas para toda a vida. Continue lendo para descobrir o que você esteve perdendo esse tempo todo.

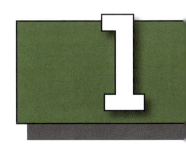

Começando

Cães. Se algum dia você pensou em tê-los, ou se já tiver um, então, com certeza, tem ao menos uma ideia de como cuidar dele. As regras para manter o rabo do seu filhote abanando são simples. Alimente-o com alimentos ricos em proteína – sem pães ou bolos. Dê-lhe bastante água, nada de bebidas gaseificadas ou cerveja. E, o mais importante, leve-o para muitas caminhadas longas e corridas. Se você não tivesse tempo para andar com seu cão, você se sentiria bem culpado e, provavelmente, nem teria cogitado fazer amizade com o melhor amigo do homem. Como você provavelmente já ouviu falar, cachorros gordos, donos gordos.

Cuidar de seu corpo não é nada diferente de ter um cachorro: alimente-o, dê-lhe água e certifique-se de estar exercitando-o bastante. Mas você não precisa trabalhar, digamos, como um cão, para viver uma vida longa e saudável. Tudo o que você precisa é se interessar pelos benefícios de fazer exercício. O exercício é melhor do que qualquer nova droga, oferece resultados mais evidentes do que as terapias mais caras e é a coisa mais próxima que temos de um elixir que cura tudo. Aqui estão os dez principais benefícios de se exercitar.

1. Longevidade
Se existe uma coisa que é mais importante do que qualquer outra, essa coisa é se manter vivo. Felizmente, hoje em dia, já estabelecemos a conexão entre nossa longevidade e o quanto suamos. Exatamente quantos anos você pode ganhar fazendo exercícios? Em um conhecido estudo que examinou a taxa de mortalidade entre mais de 17 mil homens que frequentaram a Universidade de Harvard durante 26 anos, a expectativa de vida era, aproximadamente, 2 anos maior para aqueles que gastavam 2.000 calorias por semana fazendo exercícios, quando comparados com os indivíduos sedentários (Paffenbarger et al., 1986). Um investimento bem modesto que traz um grande retorno quando consideramos que esses anos extras foram preenchidos com um estilo de vida ativo e de alta qualidade, e não apenas com bingos.

2. Prevenção de doenças
Exercícios afastam doenças melhor do que qualquer coisa que as companhias farmacêuticas possam sonhar em oferecer. As pessoas tentaram engarrafá-los e vendê-los, porém não existe substituto. As propriedades medicinais do exercício são tão poderosas que ele assusta as doenças melhor do que qualquer outra coisa. Ele ataca o diabetes, as doenças cardiovasculares, o câncer, as doenças renais, as doenças no fígado, as doenças pulmonares, o linfoma, as enxaquecas... Bem, você entendeu. Exercícios são uma poderosa imunização contra praticamente qualquer doença.

3. Saúde mental
Quando você se exercita para manter o corpo saudável, seu centro de controle também se aprimora. Além de ajudar em uma velhice tranquila, exercícios regulares mantêm suas faculdades mentais e afastam a demência. E mais: exercícios físicos mantêm seu cérebro e suas habilidades cognitivas afiados durante toda a vida. Pesquisas descobriram que exercícios regulares melhoram as habilidades de

memória, de realização de múltiplas tarefas e de planejamento. Como você pode ver, os halteres até que não são tão alterados.

4. Sensação de bem-estar

Você já os viu: aquelas pessoas sorrindo irritantemente nas propagandas de academias e de equipamentos de exercício na televisão. Ame-os ou odeie-os, eles não estão fingindo. Praticar exercícios realmente pode melhorar seu humor, principalmente porque você está fazendo algo para melhorar o seu corpo. Exercícios são melhores do que uma caixa gigante de antidepressivos. E o seu corpo ainda faz a gentileza de conceder um bônus: o prazer do exercício. Durante e após os exercícios, você produz substâncias químicas e hormônios que trazem uma sensação prazerosa, como se houvesse um aquífero motivacional dentro de você. O seu corpo o recompensa por cuidar dele. Isso que é cuidar dos seus.

5. Articulações mais saudáveis

É verdade que esportistas muitas vezes se machucam fazendo aquilo que amam. Exercitar-se pode ser perigoso, mas é menos arriscado do que não fazer exercícios, porque movimentar o corpo lubrifica as articulações. Uma pesquisa publicada no *Journal of Anatomy* descobriu que se exercitar não faz mal algum para as articulações, ao passo que sobrepeso e sedentarismo o deixam propenso a enferrujar seus joelhos e quadris (Hunter e Eckstein, 2009). Todas as articulações do seu corpo seguem um único princípio: use-as ou perca-as. Comece a se mexer se você quiser continuar se mexendo. Contudo, lembre-se de que exercícios podem ser perigosos se realizados incorretamente; não siga o princípio de sobrecarga progressiva, ou você pode se lesionar.

6. Melhora da autoconfiança

Olhar-se no espelho e ver algo de que você e outras pessoas gostem é uma maneira poderosa de melhorar seu ego. Só não exagere, ou você vai acabar como a turma do *Jersey Shore*.[1] Seja para impressionar a ruiva da contabilidade, fazer uma entrevista de emprego ou

convencer a recepcionista do hotel a lhe dar um quarto melhor, confiança sempre cai bem. Pessoas com baixa autoconfiança podem ganhar um pouco simplesmente fazendo exercícios leves, como andar, trotar ou, até mesmo, trabalhar no jardim. O simples ato de fazer algo saudável e produtivo para si mesmo pode aumentar sua autoestima, mas isso não significa que correr pelo escritório antes de falar com aquela ruiva seja uma boa estratégia.

7. Maior densidade óssea

Exercícios vão ajudá-lo a desenvolver um esqueleto de Wolverine. Bem, talvez não dê para desafiar o Logan para uma briga depois de puxar ferro, mas seu esqueleto estará muito mais forte. Uma pesquisa da Universidade de Indiana (Warden e Fuchs, 2007) descobriu que se exercitar quando jovem o deixa propenso a não ter fraturas quando envelhecer. Talvez não seja algo que você perceba todos os dias, mas se, por acaso, cair da bicicleta e não quebrar nenhum osso, você irá agradecer.

8. Mais energia

Gastar energia para ganhar mais energia. É um curioso enigma. Talvez você prefira pensar "eu não tenho energia para me exercitar"; entretanto, a coisa não funciona dessa maneira. Exercícios vão proporcionar mais energia do que uma mina de carvão. Praticar exercícios regularmente tem um papel importante na redução da fadiga e no aumento do vigor. Mesmo se você trabalha 10 horas por dia e chega em casa cansado demais para tirar os sapatos, treinos regulares darão a você o estímulo para manejar seu trabalho, sua saúde e sua vida privada com mais vigor.

9. Melhor sono

Poucas coisas podem atrapalhar mais seu dia do que uma noite maldormida. Falta de sono pode fazer você se sentir como se tivesse o peso do mundo nos seus ombros e pode afetar seu desempenho no trabalho, custando-lhe uma boa grana. Um estudo da Universidade Estadual do Oregon (Loprinzi e Cardinal, 2011) descobriu que pessoas dormem muito melhor e se sentem mais alertas durante o dia se elas fizerem, pelo menos, 150 minutos de exercí-

---

1 N.E.: *Reality show* exibido pela MTV no qual as pessoas se comportam e se vestem de maneira "espalhafatosa".

cios por semana. Considere uma boa noite de sono como a recompensa por apenas um pouquinho de esforço.

10. Melhor vida sexual

Existe um motivo pelo qual as revistas de fofocas sempre publicam escândalos dos seus atletas favoritos: estar em forma aumenta o desejo sexual. (Espero que essa descoberta não crie para você os mesmos problemas dos atletas.) Um corpo bonito irá atrair mais atenção, e, caso você esteja em um relacionamento, a sua parceira irá se beneficiar do aumento hormonal resultante dos exercícios. Suar regularmente aumenta a testosterona – o hormônio do desejo sexual – em quantidades imensas, segundo o *European Journal of Applied Physiology and Occupational Physiology* (Kinderman et al., 1982). Fugir do treino logo antes de um encontro pode ser um dos maiores erros que você já cometeu.

O maior de todos os incentivos é que se exercitar é, de fato, divertido. Uma vez que você encontrar certa atividade que gosta de fazer, o exercício físico deixará de ser uma obrigação e se tornará algo que você quer fazer. As vantagens que listei não estão disponíveis apenas para atletas ou ratos de academia. Elas estão aí, esperando por você, mesmo que você invista muito pouco tempo. Na verdade, você pode obter diversos benefícios para a saúde em apenas uma sessão de treinamento. Se você está atrás de resultados instantâneos fazendo pouco esforço, continue lendo para entrar no caminho de ter uma saúde de ferro.

Autoavaliação

Por que você deveria se importar em dar uma boa e longa olhada para si mesmo? O seu objetivo final é simplesmente ficar incrível, certo? E, claro, colher as recompensas de uma saúde melhor, aperfeiçoamento atlético e longevidade, para citar só alguns benefícios. A coisa é bem simples: pegue sua imagem atual e transforme-a na desejada. Contudo, antes de virar para a seção do livro que você acha que melhor atende aos seus objetivos, considere que o caminho mais rápido para chegar ao outro lado da montanha não é dar a volta, muito menos escalá-la, mas atravessá-la.

A próxima seção é o equipamento de perfuração que vai levá-lo através da montanha, que é a sua foto de "antes", para que você consiga chegar mais rápido à foto de "depois". Talvez não seja uma viagem tranquila, mas resolve o problema depressa. Quando você segue a técnica adequada ao seu formato de corpo e aos seus objetivos, você se torna aquela foto almejada mais rapidamente. Ser prático é fundamental. Para atingir suas metas, use os instrumentos de autoavaliação que vêm a seguir. Eles não são o principal, mas podem ser úteis para descobrir qual sua condição física atual. Esse ponto de partida é o que você vai olhar daqui a alguns meses para avaliar o seu progresso, portanto, tente ser preciso. Sorria: você está prestes a tirar uma foto de quem você é. Aproveite, pois essa imagem não irá durar muito.

Teste de gordura corporal

Celulares capazes de tirar fotos podem ter sido o ápice da tecnologia há alguns anos, mas, hoje em dia, você nem cogitaria comprar um aparelho que não tivesse câmera. Isso também acontece com leituras de gordura corporal. Antes, você tinha de consultar um *personal trainer* para fazer um teste. Isso podia ser bem caro, especialmente se você tivesse que fazer avaliações mensais. Atualmente, um medidor de gordura corporal custa metade do que um *personal trainer* cobraria. Pode valer a pena comprar um, porque você, com certeza, irá recuperar o investimento. O medidor pode não ser tão preciso quanto um *personal trainer*, mas ele lhe dará uma ideia da sua situação atual. Compre um, suba nele e faça uma leitura, mesmo que você use o aparelho que está em exibição na loja, para não gastar dinheiro. Assim que obtiver os dados, use a Tabela 1.1 para descobrir se você precisa ganhar músculos ou perder gordura.

Se você estiver abaixo do peso, procure adicionar um pouco de músculo. Em compensação, se você estiver com muita gordura corporal, siga os treinamentos de queima de gordura após ter alcançado os treinamentos para levantadores de nível intermediário, que estão no Capítulo 6. Marque sua porcentagem de gordura corporal em um diário ou no seu *smartphone*; ela faz parte de sua foto de "antes".

Tabela 1.1 Saúde e porcentagem de gordura corporal para homens

Idade (anos)	Abaixo do peso (%)	Saudável (%)	Sobrepeso (%)	Obeso (%)
20-40	< 8	8-19	19-25	> 25
41-60	< 11	11-22	22-27	> 27
61-79	< 13	13-25	25-30	> 30

Fonte: adaptada de D. Gallagher, S.B. Heymsfield, H. Moonseong, et al., 2000, "Healthy percentage body fat ranges: An approach for developing guidelines based on body mass index," *American Journal of Clinical Nutrition* 72(3): 694-704.

Teste de força

Estando acima ou abaixo do peso ideal, você deve realizar um teste para saber o quão forte está. A Tabela 1.2 lista o número de flexões que você deveria ser capaz de realizar em 1 minuto sem parar, com base na sua idade (Golding, Myers e Sinning, 1986). Aqueça seu corpo correndo 5 ou 10 minutos na esteira, repouse um pouco e entre em posição de flexão. (Consulte o Capítulo 3 para a descrição de como fazer uma flexão perfeita.) Em sua marca! Preparar! Vai!

Flexões medem a força total e a resistência de toda a parte superior do corpo. Se você for mal nas flexões, há grandes chances de você ir mal em todo o resto. Felizmente, os treinos deste livro irão ajudá-lo a fortalecer seu corpo da cabeça aos pés. Marque seu resultado em um diário de treinamento que você não perca.

Tabela 1.2 Flexões completadas em 1 minuto

Idade (anos)	Superior	Excelente	Bom	Médio	Ruim	Muito ruim
< 20	≥ 62	47-61	37-46	29-36	22-28	< 22
20-29	≥ 52	39-51	30-38	24-29	17-23	< 17
30-39	≥ 40	30-39	24-29	18-23	11-17	< 11
40-49	≥ 39	25-38	19-24	13-18	9-12	< 9
50-59	≥ 28	23-27	18-22	10-17	6-9	< 6

Fonte: adaptada, com permissão, de The Cooper Institute, Dallas, Texas. Retirado de *Physical Fitness Assessments and Norms for Adults and Law Enforcement*. Disponível em: www.cooperinstitute.org.

Teste cardiovascular

Agora, você irá testar seu coração, seus pulmões e sua resistência geral. O método mais confiável é o teste de Cooper – 12 minutos (Cooper, 1968), que avalia o quanto você consegue correr em 12 minutos. Tudo o que você precisa é de um par de tênis de corrida e de uma pista de corrida ou esteira. *Sites* gratuitos, como www.walkjogrun.net, ou aplicativos para *smartphones*, como www.mapmyrun.com, podem ajudar a marcar exatamente o quanto você correu, caso você prefira montar um circuito no seu bairro. Amarre bem o tênis e corra o máximo que conseguir em 12 minutos. Compare seu resultado com os dados da Tabela 1.3, para descobrir se precisa melhorar nessa área.

Utilize os três testes, de gordura corporal, de força e cardiovascular, para descobrir qual a situação atual do seu corpo e anote os resultados. Sabe aquela foto de formatura em que você está todo estranho? Bem, o mesmo sorriso que aparece no seu rosto quando você olha aquela foto irá surgir quando você vir essas marcas iniciais. Não fique desmotivado se eles não forem o que você esperava; pelo menos, você fez o teste, e, agora, irá progredir bastante. Melhorias sempre começam com a escolha de objetivos que são gratificantes de se atingir e que irão oferecer motivação para seguir em frente.

Tabela 1.3 Distância percorrida em 12 minutos

Resultado	Distância (m)	Distância (milhas)
Excelente	2.700	> 1,7
Bom	2.300-2.700	>1,4-1,7
Regular	1.900-2.300	1,2-1,4
Abaixo de regular	1.500-1.900	0,9-1,2
Ruim	< 1.500	< 0,9

Definindo seus objetivos

Utilize esse guia passo a passo para definir com precisão seus objetivos, de forma que eles passem a motivar seus esforços.

Primeiro passo: decida qual é seu peso ideal

Provavelmente, você já tem uma ideia clara de quanto gostaria de pesar. Isso pode significar que você gostaria de ganhar massa muscular ou que você quer perder gordura. Algumas vezes, esse objetivo pode parecer inalcançável – tudo bem. Seus objetivos não devem ser modestos ou, simplesmente, o que você acha que pode atingir; eles devem ser o que você quer alcançar. Pessoas com objetivos conservadores têm mais dificuldade em conseguir satisfação do que aquelas com objetivos ambiciosos. Você está preso ao seu corpo por toda a vida, então, o melhor é fazer bom proveito, especialmente na hora de definir os objetivos. Não existe ambição exagerada.

Com isso em mente, um dos maiores erros que um iniciante em exercícios pode cometer é se apegar muito à balança. O seu peso pode se tornar uma obsessão, e ele não é um reflexo totalmente verdadeiro do seu progresso. Se você tentar perder peso usando treinos de força, você provavelmente ganhará alguns quilos de músculo ao mesmo tempo que perde gordura. Defina o seu objetivo de longo prazo em relação a peso e confira a balança mensalmente apenas para saber como você está.

Agora que você definiu o seu peso ideal, anote-o ao lado de sua porcentagem de gordura ideal. Perda de peso e ganho muscular são objetivos de longo prazo, e todo mundo perde e ganha peso em ritmos diferentes. O segredo para atingir seu objetivo é o quanto você *deseja* atingi-lo.

Segundo passo: refinando os seus objetivos

Uma vez definido o seu objetivo em longo prazo, é hora de adicionar alguns detalhes. Ninguém se exercita apenas para sorrir toda vez que sobe na balança. Em vez disso, exercitamo-nos por uma série de motivos que nos fazem feliz. O que o faz feliz é, com certeza, muito diferente daquilo que faz outra pessoa feliz. Talvez você queira uma barriga tanquinho, bíceps maiores ou correr cinco quilômetros. Todos esses são bons objetivos que irão lhe dar motivação e ajudá-lo a personalizar seu treinamento e seus esforços.

No seu diário de treino, escreva dez coisas que você gostaria de obter com seus exercícios. Lembre-se de personalizar ao máximo os seus objetivos, e não caia na armadilha de copiar as manchetes de sua revista predileta. Você não é a massa. Você é um indivíduo com uma personalidade própria, e seus objetivos devem refletir isso. Crie objetivos únicos para que eles combinem com o que você é e forneçam uma motivação específica. Focar no "por que" em vez do "como" o ajudará a atingir suas metas mais fácil e rapidamente. Considere as seguintes diretrizes quando estiver escrevendo seus objetivos.

1. Lembre-se com muito carinho do seu bem-estar. Não desmereça os benefícios de conseguir dormir por 8 horas seguidas ou subir as escadas sem elevar seus batimentos cardíacos. Essas são metas extremamente alcançáveis e que farão você se sentir ótimo.

2. Faça objetivos realistas. Você não estará no palco do Mr. Universo usando uma sunguinha brilhante até o final do ano, portanto, não escolha algo que irá desapontá-lo depois. Pense em uma coisa que você acredita que poderá realizar com o tempo que tem e no que fará para atingi-la.

3. Seja específico. Estabelecer a meta "ser mais saudável" é como se perguntar "quanto grãos de areia tem essa praia?" É ambíguo, e não pode ser mensurado, portanto, você nunca saberá se a atingiu ou não. Anote que você quer perder cinco quilos de gordura em vez de colocar que você quer emagrecer.

4. Saiba que você precisará de um tempo de recuperação. Não pense que conseguirá treinar sete dias por semana, ou estabelecer uma meta que lhe exija perder dez quilos de gordura por mês. Para isso, seria necessário um esforço total, sem tempo para repouso ou recuperação, tanto mental quanto física. Na verdade, treinar de três a cinco dias por semana aumentará a produtividade dos seus treinamentos.

5. Escolha objetivos que você possa acompanhar, seja anotando o seu progresso em um diário de treino ou riscando dias no calendário. Se quiser mais energia, faça uma tabela medindo seu nível de energia de 1 a 10, diariamente. Isso será uma fonte de motivação quando você olhar para trás e ver como se sentia quando começou as marcações.

DICA — Escreva seus objetivos de um modo positivo em vez de negativo. "Eu quero perder somente um treino por semana" é negativo, mas "eu quero aproveitar quatro sessões de exercício por semana" é positivo.

Terceiro passo: defina um período de tempo

Após definir seu objetivo, decida o quão rápido você quer alcançá-lo. Se a resposta for "agora mesmo", você não está sozinho – todos nós queremos resultados instantâneos. Relaxe um pouco e não se pressione o tempo todo. Analise seus compromissos familiares e de trabalho para os próximos seis meses e trabalhe em torno dessas datas. Entretanto, não se dê tempo demais, pois você desperdiçará o seu ímpeto de melhorar. Ganhar um quilo de músculo em seis meses é fácil demais; tentar ganhar essa quantidade em três semanas é possível, mas um desafio e tanto. Retorne aos seus objetivos e escreva em quanto tempo você acredita que pode alcançar cada um deles.

Quarto passo: registrando

Talvez você pense que um diário de treino é algo para iniciantes e pessoas com transtorno obsessivo-compulsivo (TOC); porém, na verdade, é uma coisa muito importante para o sucesso em longo prazo. Ele o ajuda a manter um registro rigoroso e inteiramente preciso. Com essas informações, você pode compreender o que funcionou e o que não funcionou. Se, há dois meses, você estava ganhando um quilo de músculo por semana, por que não está mais? Analise o diário e você poderá ver quais tipos de ganhos obtinha com cada programa de treinamento.

O diário prové um auxílio emocional extremamente importante, fornecendo evidência de resultados e podendo servir para o planejamento de seu sucesso em longo prazo. Ele não precisa ser uma agenda antiga preenchida a lápis; muitos aplicativos gratuitos para *smartphones*, como IFitness ou RunKeeper Pro, ajudarão a registrar seu desenvolvimento. As Figuras 1.1 e 1.2 são exemplos de diários de treino e de alimentação, caso você prefira a confiabilidade e a nostalgia do papel.

Diário de treino

Data _____   Peso _____

Número da semana dentro do ciclo de treinamento _____

Exercícios	Séries	Repetições	Repouso (segundos)
1.			
2.			
3.			
4.			
5.			
6.			
7.			
8.			
9.			
10.			

FREQUÊNCIA CARDÍACA EM REPOUSO (BATIDAS/MINUTO)			SONO (HORAS)		
Qualidade do sono	1	2	3	4	5
Nível de energia	1	2	3	4	5
Qualidade do treinamento	1	2	3	4	5
Dor muscular	1	2	3	4	5
Motivação	1	2	3	4	5
Saúde	1	2	3	4	5
Nutrição	1	2	3	4	5

Escala: 1 – excelente; 2 – bom; 3 – razoável; 4 – ruim; 5 – péssimo.

Fonte: traduzido de R. Klerck, 2014, *Body Trainer for Men* (Champaign, IL: Human Kinetics).

Figura 1.1 Modelo de diário de treino.

Modelo de diário de alimentação

Data _____

Hora	Refeição	Alimentos, líquidos, suplementos alimentares ingeridos	REAÇÕES		
			Antes de comer	Logo depois de comer	Duas horas depois de comer
	Café da manhã				
	Lanche da manhã				
	Almoço				
	Lanche da tarde				
	Jantar				
	Lanche da noite				
	Treinamento				

Fonte: traduzido de R. Klerck, 2014, *Body Trainer for Men* (Champaign, IL: Human Kinetics).

Figura 1.2 Modelo de diário de alimentação.

Quinto passo: agende recompensas para si próprio

Apenas você pode decidir de quais metas e incentivos precisará para triunfar. Querer cortar alimentos de baixo valor nutritivo não significa precisar abrir mão dos hambúrgueres para sempre. Em vez disso, vá jantar em seu restaurante favorito no sábado para se recompensar por ter cortado toda a comida ruim durante a semana. A vida funciona melhor quando está equilibrada. Privar-se das coisas que fazem a vida valer a pena nunca irá funcionar em longo prazo. A melhor estratégia é achar o equilíbrio e descobrir maneiras de fazer todas as coisas que você ama ao mesmo tempo que atinge seus objetivos. Existe uma grande chance de você aproveitar muito mais os seus vícios quando realizá-los de vez em quando.

Você pode se recompensar semanalmente, mensalmente ou assim que atingir o objetivo final. Apenas lembre-se de não exagerar. Um prêmio semanal poderia ser uma ida a um restaurante, uma recompensa mensal talvez seja uma viagem de fim de semana para a Oktoberfest com tudo incluso, e uma recompensa final poderia ser uma viagem para um paraíso tropical com mesas de bufê completas. Você também pode se premiar com coisas que não tenham a ver com seu objetivo. Se você quer evitar alimentos calóricos, presenteie-se com um novo par de jeans, daqueles que você não vai querer perder porque engordou.

Sexto passo: encontre os recursos necessários para atingir seus objetivos

Essa é a hora de começar a movimentar as peças que irão lhe ajudar a atingir os objetivos que você anotou. Procure pela academia que melhor atende às suas necessidades ou monte uma academia em casa. Abra espaço na sua agenda e avise todo mundo sobre essa nova pessoa que eles irão encontrar. Se você costuma beber algumas cervejas depois do trabalho, avise seus colegas que decidiu usar esse tempo para se exercitar e explique o porquê. No começo, talvez eles o azucrinem, mas, em longo prazo, irão compreender e, em pouco tempo, estarão perguntando quais os seus segredos. Se precisar, compre roupas próprias para exercício e deixe a mochila da academia pronta. Essas ações irão reafirmar seus objetivos e, lentamente, fazer o seu cérebro aceitar que aquele antigo você será virado do avesso.

Isso não quer dizer que a motivação para começar virá fácil. Talvez você encontre dificuldades para dar o passo final. A próxima seção, feita para ajudá-lo a encontrar motivação, começa com uma história inspiradora.

Encontrando e mantendo a motivação

Começar a jornada nem sempre é fácil. Claro, já faz tanto tempo que você está resistindo a isso que enrolar um pouco mais é quase natural. Porém, existem alguns truques que você pode fazer para se convencer de que cuidar melhor de si é a coisa certa.

Se você está lendo isso agora é porque, lá no fundo, você fez um pequeno, mas indestrutível, compromisso de se exercitar. Talvez você ainda não o tenha ratificado com ações, mas seu subconsciente tomou as rédeas e decidiu que era hora do seu anfitrião mudar. O problema é fazer seu consciente concordar com essa decisão e fornecer comprometimento, esforço e disciplina necessários. Quando esses fatores estiverem trabalhando em uníssono, nada irá se interpor no caminho do sucesso.

No entanto, isso costuma ser mais fácil de falar do que de fazer, porque compromisso, esforço e disciplina trabalham juntos, como um time de basquete 3 contra 3. Quando um deles falha, os outros têm que trabalhar mais forte para você pontuar. Fazer esses traços trabalharem juntos pode parecer algo como procurar uma agulha num palheiro: impossível.

As dicas e os truques que vêm a seguir são fáceis de entender e darão inspiração, ajudando-o a se motivar. Você não tem que aderir 100% a elas; em vez disso, ajuste-as à sua personalidade e à sua situação. Pense nisso como um exercício de formação de equipe que fará tanto seu cérebro quanto seu corpo mais fortes, saudáveis e bem preparados.

Estudo de caso: o completo novato

Mark Whitfield (47 anos) foi mirrado a sua vida toda e queria passar de magrelo para fortão antes de suas férias no exterior. Ele se decidiu por cinco objetivos:

1. Ganhar 10 quilos de massa muscular.
2. Desenvolver braços que ele pudesse mostrar com orgulho.
3. Conseguir um abdome que ficasse bonito na praia.
4. Achar tempo para se exercitar pelo uma vez a cada dois dias.
5. Ter confiança para tirar a camisa em público.

Os problemas

Mark é um dos principais fotógrafos de Londres e está sempre viajando. Ter uma dieta alta em proteínas e em calorias enquanto se viaja a trabalho pode ser difícil. Mark se sentia constrangido de ir à academia pela primeira vez, e sua idade representava uma desvantagem para o ganho de massa muscular.

As soluções

Mark se associou a uma rede que tem academias em todo o país, para que pudesse encontrar uma academia sempre que viajasse. Ele começou usando *shakes* de proteína pré-misturados e montando uma marmita todo dia, para que tivesse a certeza de que sempre haveria os nutrientes corretos em quantidades suficientes para sustentar seu trabalho muscular. Mark, um cara muito amigável, acabou conhecendo quase todo mundo em cada uma das academias, o que fez o exercício parecer um evento social. Os outros membros da academia logo o aceitaram e ofereceram conselhos e amizade, o que serviu de incentivo para ele continuar. Por ser um completo novato, Mark ganhou músculos com facilidade, o que compensou qualquer desvantagem da idade.

O programa de alimentação

Por ter um metabolismo incrivelmente rápido, Mark teve que desenvolver um novo apetite e mudar sua velha rotina de três refeições ao dia. Quando suas marmitas terminavam, ele se abastecia de refeições ricas em proteínas onde fosse possível e seguia o programa nutricional para desenvolvimento muscular do Capítulo 2. Ele ocasionalmente parava em uma cafeteria, mas as calorias eram revertidas para o ganho de músculos e de tamanho. O seu potencial de queima de caloria era naturalmente alto, portanto ele nunca deixava a fome apertar.

O treinamento

Mark era um completo iniciante; dessa maneira, praticamente qualquer coisa funcionaria. Entretanto, ele poderia se lesionar e perder a motivação, caso a dor pós-treinamento se tornasse muito grande. Ele seguiu o programa do Capítulo 5, que utiliza muitas repetições e trabalha o corpo inteiro em cada sessão, ajudando os seus músculos a se acostumarem gradualmente a serem testados. Mark sentiu um pouco de dor nas primeiras duas semanas, mas, superado o choque inicial, ele adorou a sensação gratificante de ter trabalhado os músculos e, aos poucos, aumentou os pesos e diminuiu as repetições.

A motivação

O desejo de ficar sem camisa durante o verão fez crescer em Mark a ambição de se exercitar. Ele não queria ser o único parecendo um iogurte nas fotos de família depois de uma viagem à Espanha. Curtir mais tempo com sua família passou a ser sua inspiração, apesar das obrigações profissionais fornecerem forte oposição. Ele comprou proteína suficiente para cinco meses, metade pré-misturada, para que pudesse levá-la para onde fosse. O investimento foi um pouco alto, mas deixou no seu subconsciente a clara mensagem de que ele pretendia ir longe e de que desistir custaria mais do que apenas alguns músculos.

Os resultados

Mark ganhou mais de dez quilos de massa magra em apenas dois meses e manteve uma cintura fina. Depois de dois meses, sua filha comentou que ele parecia um modelo. Se isso não é motivação suficiente para seguir em frente, então, eu não sei o que é. Hora de marcar uma nova viagem.

• **Junte as coisas que você ama.** Leve sua garota para uma corrida ou uma pedalada pelo parque, seguida de um piquenique saudável e rico em proteínas. Viaje com a família para a praia, jogue bola e corra bastante atrás dela e de seus filhos. O segredo para mais preparo físico é a integração. Quanto mais você juntar o trabalho físico com as atividades do dia a dia, menos ele parecerá exaustivo e não consumirá tanto seu tempo.

• **Coloque suas estatísticas em um lugar público.** Anote semanalmente sua gordura corporal, máximo de repetições no supino, peso e tudo o que for relevante para você. Coloque as informações em um lugar em que todos possam ver, como um papelzinho no quadro de notícias da empresa, na copa do escritório ou nas redes sociais. Busque melhorar esses resultados toda semana. Se você se sentir bastante corajoso, escreva algo piegas no papel junto com seus resultados. No início você será ridicularizado, porém acabará chamando a atenção para o seu compromisso emocional e fará as pessoas lhe perguntarem sobre isso.

Você poderá usar isso a seu favor quando seus resultados começarem a melhorar.

• **Diga a si mesmo que está indo apenas por 8 minutos.** Nos dias em que não estiver se sentindo muito bem, faça que o único requisito do seu treinamento seja curto e fácil. Pense em fazer apenas uma série de seu exercício predileto. Assim que começar, você já estará no fim. Se mesmo assim não estiver com vontade de treinar, vá para casa – você não terá perdido nada. Com esse truque você nunca irá de fato parar de treinar; haverá apenas alguns espaços em branco no seu diário de treino.

• **Peça a um amigo para que seja extremamente honesto com você.** Deixe seu orgulho de lado e peça ao seu colega de treinamento lhe dizer em quais grupos musculares você é mais fraco. Você não precisa ficar pelado ou algo do tipo, apenas peça para que ele seja totalmente franco e aguente a pancada. Esse choque de realidade fará você melhorar. Se for realmente corajoso, pergunte à sua companheira o que ela gosta e desgosta em você.

Focalize o seu treinamento na parte mais mal avaliada pelos próximos dois meses, depois, volte a perguntar para ganhar mais motivação.

• **Inscreva-se em um evento.** Inscrever-se em uma corrida de 10 quilômetros, em um encontro ciclístico ou em um desafio de resistência é um jeito simples e duradouro de dar um empurrão inicial na sua motivação e ajudará a focalizar suas atenções em uma data e objetivo definitivos. Quando o fim está em vista, a jornada torna-se mais fácil.

• **Crie um elo entre exercícios e longevidade.** Confira o seu colesterol. Tente baixar seu colesterol LDL (lipoproteínas de baixa densidade) em 20 pontos e aumentar seu colesterol HDL (lipoproteínas de alta densidade) em 5 pontos. Você reduzirá o risco de ter uma doença cardíaca e estabelecerá uma meta importante e concreta. Peça ao médico uma receita para fazer um novo exame de sangue em um mês. Você somente terá que ir ao laboratório, que em pouco tempo fornecerá os resultados.

• **Crie uma competição.** Homens são vidrados em uma competição, portanto, fazer uma aposta pode ajudar a melhorar seu desempenho. Desafie seu inimigo, seu amigo, seu colega de trabalho arrogante ou seu vizinho barulhento para uma competição. A primeira pessoa a erguer 100 quilos no supino ou perder 5 quilos de gordura vence. Adicione um incentivo monetário ou físico e você estará mais ligado do que rádio de preso. Funciona melhor se for alguém de quem você não gosta muito. Mesmo se ele não sabe que você o considera um bocó.

• **Agende uma avaliação de gordura corporal a cada dois meses.** É uma data final clara para o simples objetivo de diminuir gordura e ganhar músculos. Resultados tangíveis são a melhor motivação. Praticamente todas as academias oferecem avaliações de gordura corporal; apenas se certifique de que seja sempre o mesmo treinador que está realizando a avaliação, para garantir resultados precisos. Tente realizar todos no mesmo horário, pois seu índice de gordura pode variar de acordo com a quantidade de água e comida ingerida e o horário.

• **Planeje todos os seus treinos com antecedência.** Organize todos os seus treinamentos no início de cada mês e risque-os ao completá-los. Em um mês comum, você deverá tentar realizar um total de 20 treinos. Se, no final do mês, estiver faltando algum, jogue-o para o mês seguinte. Certifique-se de que tem um plano de contingência para o caso de tempo ruim e reuniões extraordinárias.

• **Segure sua motivação.** Se você se sentir desmotivado ou tentado, aperte aquele pneu em volta da sua barriga. Balance-o, e, depois, empurre o seu dedo indicador para dentro até sentir algo duro – seu abdome. Você quer vê-lo? Bem, então, deixe o hambúrguer de lado e comece a se exercitar.

• **Associe-se a uma nova academia.** Caso você não consiga se convencer de ir à sua academia, mude de academia. Ache uma que seja mais próxima de você ou uma que seja luxuosa, se isso o agrada. Na verdade, o melhor seria mudar para uma daquelas academias bem simples de fundo de quintal, que são mais baratas do que um pão na chapa. Essas academias genuínas estão cheias de pessoas que não se importam em assistir a uma TV de plasma enquanto elas correm ou puxam ferro. Elas vão à academia com um objetivo em mente, e não deixam que nenhuma distração atrapalhe. Treine numa dessas por uma semana, e você se sentirá igualmente inspirado.

Estudo de caso:
Começar e não desistir

As ambições de preparação física de Adam Pratt (29 anos) vêm e vão como as ondas do mar. Ele nunca se dedicou a nenhum tipo de treinamento, mas gosta de pensar que está em forma. Em um mês, ele está supermotivado, e, no seguinte, não sai da frente do computador. Ele já experimentou triatlo, escalada, academia, corrida, *kitesurf*, caiaque, e por aí vai. Em teoria, sua abordagem está no caminho certo, pois integrar diferentes tipos de treinamento é a melhor maneira de conseguir um preparo de verdade e que o deixa pronto para tudo, inclusive, uma vida longa. Infelizmente, essa mistura só adianta se você, de fato, suar a camisa, e a única coisa que ele nunca abandonou foi o gosto pela cervejinha depois do treino. Toda vez que encontrava uma nova atividade, ele se atirava de cabeça: equipamento novo, associação no clube, fim de semana fora. Um mês depois, sua mesa de centro parecia pertencer a um alpinista que escalou o Everest, mas seu equipamento de escalada estava mofando no armário. Ele trabalha muito e consegue triunfar em meio ao caos, entretanto, sente dificuldades com direcionamento. Recentemente, nasceu o seu primeiro filho, a maneira mais fácil de ficar sem tempo livre, o que adiciona outro elemento de desordem à sua vida. Então, o que o inspirou a conseguir um corpo do qual pode se orgulhar?

O primeiro passo foi admitir a si mesmo que seu compromisso com o exercício físico era fraco. Eu pedi para que ele colocasse seus equipamentos de corrida na calçada. Isso não deu muito certo, pois eram tantas coisas que elas foram parar no meio da rua. Depois que eu o fiz marcar cada um deles com a última data em que eles haviam sido usados, ele entendeu a mensagem. Ele percebeu que havia investido dinheiro, mas não esforço no problema. Ele fez um acordo consigo mesmo: tudo o que não fosse utilizado pelo menos uma vez a cada semestre seria vendido. Dessa maneira, a sua carteira engordaria enquanto sua barriga emagreceria, pois agora ele teria que treinar.

Mas essa bronca foi apenas uma das suas motivações. Havia outro fator, menos rude: um filho. Apesar de saber que seu filho o amará incondicionalmente, Adam compreendeu que mostrar uma falta de comprometimento com tudo, inclusive com sua saúde, seria um péssimo exemplo. Ele percebeu que teria de estar em forma para brincar com um filho cheio de energia durante os próximos anos e que necessitaria de um físico imponente para mostrar à sua família que ele poderia cuidá-los e protegê-los. Adam sabia que não precisava de peitorais à prova de balas, mas necessitava ser capaz de carregar sua família até um lugar seguro, caso houvesse um incêndio. Afinal, é sua – e de todo pai – a responsabilidade de ser forte o suficiente para manter aqueles que ama longe do perigo. Exagero? Talvez, mas se isso não serve de motivação, então, nada mais serve. Com esses dois elementos em mente, todo aquele equipamento que ele vinha acumulando finalmente foi usado. Ele ainda faz um pouco de tudo (inclusive pegar aquela cervejinha depois do treino), mas ele agora está forte, em forma e domina diversos esportes. Tudo o que precisa é esperar seu filho largar as fraldas e se juntar a ele.

Em sua marca, preparar, vai!

Agora, você já deve saber tudo o que precisa sobre si mesmo. O seu ponto de partida está claro, e o caminho para o físico perfeito começou a se desenhar. Não se preocupe se surgirem novos objetivos ou se aparecerem alguns problemas. Isso acontece com todo mundo. É apenas uma coisinha irritante chamada vida, famosa por ser complicada. Não vivemos em um mundo em que tudo funciona conforme imaginamos, e, se assim fosse, a vida seria bem entediante. Caso se depare com algum obstáculo que pareça intransponível e ameace arruinar seu desenvolvimento, lembre-se de que sempre é possível começar de novo.

Depois de apenas alguns meses seguindo os programas deste livro, você estará equipado com a força física e mental necessária para saber que pode mudar tudo. Pegue um pedaço de papel, faça as avaliações (nas quais você estará melhor) e defina novos objetivos que levem em consideração sua nova situação. Pode parecer que você está voltando à estaca zero, mas esse não será o caso, pois você terá melhorado. Você definiu e dominou os seus problemas, e, agora, está com controle total sobre o seu físico. Você tem tudo para atingir o sucesso. Tudo o que deve fazer é continuar lendo, porque os únicos músculos que trabalharam até agora foram aqueles que controlam seus olhos. Você está prestes a aprender sobre o funcionamento interno dos seus músculos mais importantes, inclusive aqueles que estão sendo usados para segurar este livro neste exato instante.

Boa alimentação

Puxar ferro e ter uma boa genética não são os pontos principais para ficar grande ou queimar gordura. Garfo e faca são suas armas mais poderosas para mudar seu corpo. Continue lendo para saber como e por quê.

Você pode estar usando o melhor programa de treinamento conhecido pela humanidade. Você pode puxar tantas toneladas que todos param para olhá-lo ou correr rápido o suficiente para vencer maratonas. Você pode até conseguir a quantidade perfeita de sono e de tempo de recuperação. Isso tudo não adiantará nada se você não comer os tipos certos de nutrientes. Músculos crescem apenas quando existe uma disponibilidade suficiente de nutrientes para bancar sua expansão. Se você não tiver proteínas, gorduras e carboidratos saudáveis flutuando pelo seu corpo, seu sistema não utilizará essas calorias extras para expandir seus bíceps. Felizmente, as regras de uma alimentação saudável se aplicam igualmente para os que estão tentando perder peso e os que querem ganhá-lo. Tudo o que você tem de fazer é ajustar as porções conforme seu interesse. Coma mais para ficar grande. Coma menos para ficar pequeno. Simples, não?

Os alimentos que você deve comer para crescer e os que você deve comer para diminuir são exatamente os mesmos. Seu corpo responde a alimentos saudáveis e ricos em nutrientes de maneira mais rápida; portanto, para atingir resultados no menor tempo possível, você não pode se empanturrar na loja *fast-food* do bairro. Calorias extras provenientes de más escolhas alimentares funcionam caso você esteja tentando ficar maior, porém elas podem causar problemas de saúde em longo prazo. Ser um cadáver bonito não vale a pena. Tudo o que você ingere causa um efeito colateral. Ação-reação. Nenhum alimento é neutro. Se não estiver fazendo bem a você, então, provavelmente, está fazendo mal. Antes de aprender a comer para aumentar de tamanho ou perder gordura, você precisa adotar as regras de ouro para ficar saudável por dentro e por fora. Aviso: elas podem surpreender seus padrões de alimentação já estabelecidos. Infelizmente, não existe como amenizar a maneira correta de se comer. É possível escolher apenas o que interessa a você nessa lista e esquecer o resto, mas, se seguir à risca, você desfilará um abdome tanquinho e braços musculosos até o século XXII.

O seu guia de alimentação saudável

O seu corpo evoluiu para se alimentar de coisas que pudessem ser obtidas na natureza. Se você não pode matar, pegar ou plantar, então, melhor não comer muito disso. Esse é o conselho mais importante. Siga-o religiosamente e você terá uma saúde de ferro. Se você não consegue pronunciar o nome do ingrediente, não o coloque na despensa, simplesmente não coma. Como não faz muito tempo que os homens se alimentam desses ingredientes, não há como saber o que eles farão a você no futuro. Para chegar à velhice, coma da mesma maneira que seus avós comiam. Existem muitas opções hoje em dia, e, com tantas calorias escondidas em estranhas embalagens, é impossível saber o que você está, de fato, pondo no seu corpo. Alimente-se como as pessoas mais velhas faziam e, talvez, você viva o suficiente para andar no seu próprio *skate* voador (*hoverboard*).[1]

Para garantir que você não se sinta como se estivesse vivendo uma vida de privações, permita-se uma ou duas refeições em que haja uma combinação de todas as suas comidas favoritas. É nelas que você poderá comer seus hambúrgueres, bolos, bebidas gaseificadas e pães de farinha branca. Você precisa dessas refeições para se manter são. Contudo, tente cozinhar você mesmo tudo o que for possível desses alimentos, para que eles tenham alguns nutrientes e você saiba exatamente o que há dentro deles.

Preste atenção em como você se sente, se bem ou mal, depois de cada refeição. Se algum alimento não faz bem a você, então, não coma. Isso pode incluir alguns velhos favoritos, como leite. Muitas pessoas são intolerantes à lactose e não sabem. Se leite faz bem a você, então, tome o quanto quiser – apenas escute o que seu corpo está tentando lhe dizer. Entretanto, não interprete mal essas mensagens corporais, pois açúcar pode ser bem atraente. Apesar de ter que limitar o consumo de açúcar, você não deve substituí-lo por adoçantes químicos, pois eles não existem há muito tempo. Se você é louco por doces, limite seu consumo para uma ou duas colheres de sopa por dia.

Tente comer de seis a oito refeições por dia. Se estiver tentando perder peso, limite suas porções a uma vez e meia o tamanho do seu punho. Se estiver tentando ganhar peso, coma porções que são duas ou três vezes o tamanho do seu punho. Isso ativa o seu metabolismo e faz você queimar mais calorias, mas se você está treinando, então, as calorias extras vão direto para os seus músculos.

Nunca fique sem comer por mais de 3 horas. Se você não receber doses regulares de combustível, seu corpo entra no modo faminto, como se estivesse em um período de miséria. Aí, na próxima vez que for comer, você irá armazenar nutrientes, e, portanto, engordar. Se o seu corpo estiver bem alimentado o tempo todo, você irá perder peso ou ganhar músculo de maneira regular.

Comece cada dia com um café da manhã substancioso, pois a parte do dia em que você fica mais tempo sem comer é quando está dormindo. Você faz, literalmente, um jejum durante a noite; por isso, o café da manhã também é chamado de *desjejum*. O problema: enquanto você dorme, seu corpo rouba aminoácidos (unidades formadoras das proteínas) do seu tecido muscular para abastecer o cérebro e o sistema nervoso. Nesse estado catabólico, o seu corpo começa a canibalizar os músculos que você trabalhou tanto para conseguir. Alguma vez você acordou se sentindo menor? Esse é o motivo. Um café da manhã rico em proteínas é a solução.

Não limite a ingestão de proteínas pela manhã. Você deve comer dois gramas de proteínas por quilograma de peso por dia. Por exemplo, se você pesa 93 quilos, você precisa comer 186 gramas de proteínas a cada dia. Se sua carga de treinos aumentar drasticamente, você pode comer três ou quatro gramas de proteínas por quilograma de peso, mas, no máximo, por seis semanas.

Para garantir que está saudável, sempre coma de cinco a oito porções de frutas ou de vegetais por dia. Tentando ficar rasgado? Limite a quantidade de frutas para duas porções ao dia – frutas costumam ser ricas em calorias e açúcares naturais – e complete o espaço deixado com vegetais. Todos os vegetais e todas as frutas são importantes, nenhum deles é ruim para você. Apenas lembre-se de comê-los com moderação, dependendo dos seus objetivos.

Por fim, beba, pelo menos, dois litros de água por dia. Use a seguinte fórmula para calcular quanto você deve tomar antes de se exercitar: 65 mililitros de fluido por quilograma de peso. Por exemplo, um cara de 81 quilos deve beber 500 mililitros antes de treinar.

Nutrição pré e pós-treino

As refeições que vêm antes e depois das sessões de treino estão entre as refeições mais importantes da sua dieta, pois elas abastecem

---

1 N.E.: alusão ao *skate* flutuante do filme *De volta para o futuro*.

seu treinamento e reabastecem seu corpo depois dele. Se você não der ao seu corpo os nutrientes de que ele precisa para treinar forte e construir músculos (e, dessa forma, bancar a queima de gordura), você começará com o pé esquerdo e não irá muito longe. Aqui estão as informações principais sobre as melhores estratégias de alimentação.

Alimentação pré-treino

O objetivo da refeição pré-treino é aumentar a reserva de glicogênio (energia) nos seus músculos e no seu fígado, para que você tenha bastante combustível para se exercitar. Carboidratos e proteínas, como os que estão listados no boxe "Abasteça sua despensa", fornecem ao músculo o combustível que ele precisa para agir. Coma, aproximadamente, de 60 a 90 minutos antes do seu treino para garantir que a refeição foi digerida e pode ser usada para fornecer energia.

Experimente um *shake* de *whey protein* com aveia ou com algum carboidrato misturado. Você pode tomar *shakes* de proteína o tempo todo. Se puder, compre a proteína simples, sem marcas ou aditivos, na loja de alimentos orgânicos. Adicione o sabor por conta própria, com uma banana e um copo de bagas congeladas. Agora, vá com tudo para o treino e continue lendo para saber o que você deve comer depois.

Abasteça sua despensa

PROTEÍNA	CARBOIDRATO
Frango	Arroz integral
Peixe branco e gorduroso	Arroz *basmati*
Queijo *cottage*	Batata-doce
Peru	Abóbora
Cortes nobres de carne vermelha	Pastinaca
Whey protein	Lentilha
Ovos	Feijão
Queijo	Raízes
Lentilha	Quinoa
Camarões grandes e pequenos	Aveia laminada
Quinoa	
Abacate	
Nozes	
Feijão	
Sementes de abóbora	
Grão-de-bico	
Sementes	

Alimentação pós-treino

Com sua licença, café da manhã: a refeição mais importante do dia é o pós-treino. Não deixe de incluir bastante proteína, o nutriente responsável por reparar o tecido e pelo crescimento e formação do novo tecido (em outras palavras, crescimento muscular). Tire vantagem daquela primeira hora pós-exercício para restabelecer seus níveis de proteína e carboidrato. Coma três gramas de carboidrato para uma de proteína para otimizar os ganhos de suas sessões de treinamento. A melhor opção é tomar um *shake* de proteína assim que largar o último halter e fazer uma refeição saudável, mais ou menos, 1 hora depois.

Smoothies e comidas de fácil preparo excelentes para o pré e pós-treino

Quando você está sem tempo, encher a barriga pode demorar mais do que uma sessão de treinamento. Se estiver na rua, você tem que esperar alguém preparar a comida para você, e ainda assume o risco de que essa comida não se adéque às suas metas de treino. Se estiver em casa, você tem que escolher a refeição, preparar, comer e limpar tudo.

Felizmente, existe uma maneira de agilizar os seus hábitos alimentares saudáveis: beba a sua comida. *Smoothies* são uma das refeições mais rápidas e saudáveis que você pode preparar. Você pode bebê-los em segundos, e a limpeza consiste em lavar seu liquidificador. Os nutrientes atendem aos seus objetivos e o deixam com uma sensação de satisfação por horas, e a preparação leva apenas de 3 a 5 minutos. Aqui estão algumas das melhores receitas para ajudá-lo a atingir seus objetivos da maneira mais saborosa possível.

Shake cura dor

4 fatias grossas de abacaxi fresco
1 talo de aipo
2,5 cm de gengibre (pedaço)
200 ml de água

O abacaxi tem um componente conhecido como bromelina, que alivia a dor e age como um anti-inflamatório natural. O aipo é usado para combater dores associadas com artrite e gota, e o gengibre contém substâncias químicas com propriedades anti-inflamatórias e que agem sobre a dor.

O imunizador

450 ml de leite de coco
2 ovos crus
1 copo dosador de *whey protein*
1 punhado de bagas (morangos, framboesas, mirtilos) ou ½ a 1 banana
2 colheres (sopa) de farinha de amêndoa
1 colher (chá) de mel
1 colher (sopa) de óleo de linhaça

As gorduras do coco não são armazenadas como gordura. Elas são facilmente digeridas e passam diretamente para o fígado, o que aumenta os níveis de energia e ajuda o sistema digestivo com a redução do estresse no pâncreas. As gorduras são similares às do leite materno e auxiliam o sistema imunológico. Pessoas com fadiga crônica podem conseguir sérios benefícios com o consumo de leite de coco, pois ele ajuda a acelerar o metabolismo, o que auxilia na perda de peso. Ele também é antibacteriano, antimicrobial e antifúngico, e pode beneficiar aqueles com candidíase (fúngica e de levedura) ou com problemas digestivos e as pessoas que sofrem regularmente com resfriados. As bagas são uma ótima fonte de vitaminas, de minerais, de antioxidantes e de enzimas. Nozes fornecem gorduras essenciais e proteínas. Mel é a melhor coisa para se usar como adoçante, porque se trata de um produto natural. Óleo de linhaça é uma excelente fonte de ácidos graxos ômega-3, que ajudam os impulsos elétricos a se moverem do cérebro para os músculos através de membranas existentes em volta de todas as células do corpo e, também, previne doenças cardíacas.

Shake pré-treino superbarato

1/2 copo de aveia
1 banana
1 iogurte pequeno (50 g)
3 colheres (sopa) de leite em pó
400 ml de água

A melhor estratégia alimentar para o pré-treino é fazer o simples. Os ingredientes devem ser mínimos, e você não deve comer nada tão ácido que possa incomodá-lo durante o treino. Esse *shake* contém a mistura perfeita de carboidratos, de proteínas e de gorduras de rápida e de lenta digestão, para energizar qualquer sessão de treinamento, e ele não voltará para atormentá-lo enquanto você se exercita.

Shake pós-treino superbarato

2 ou 3 fatias de abacaxi em calda
1 maçã cortada
1 tangerina espremida
Gengibre a gosto
3 ou 4 colheres (sopa, cheias) de farinha de amêndoa
1/4 de copo de semolina
450 ml de água

O gengibre e o abacaxi, que é rico em bromelina, reduzem a inflamação. O abacaxi, a maçã e a tangerina, ricos em vitamina C, ajudam a acelerar sua recuperação dos exercícios. A semolina repõe os carboidratos perdidos durante o treino e ajuda a levar a proteína da farinha de amêndoa para seus músculos.

O energizador

75 g de morangos congelados
115 g de manga
125 ml de suco de laranja
250 ml de leite desnatado
2 colheres (sopa) de mel
1/8 de copo de *whey protein*
Ovos em pó ou 4 claras de ovo cruas

O mel é um antioxidante e provê 17 gramas de carboidrato por colherada, o que o torna um grande fornecedor de energia nas suas refeições pré e pós-treino. A manga contém potássio, que o ajuda a obter um sistema nervoso mais saudável e libera a energia do restante das proteínas, das gorduras e dos carboidratos do *shake*.

Shake de proteína do homem pobre

1/2 copo de semolina
1/2 copo de aveia crua
1 banana
1 ovo
3 ou 4 colheres (sopa) de leite em pó
6 gotas de essência de baunilha
120 ml de leite de cabra
120 ml de água

Os muitos carboidratos da semolina, as proteínas do ovo, do leite em pó e do leite de cabra e as gorduras fazem desse *shake* a combinação perfeita de calorias para adicionar massa regularmente a qualquer corpo.

Acelerador de metabolismo

1 copo dosador de proteína sabor baunilha
4 pedaços pequenos de abacaxi
1/2 pêssego
Suco de 1/2 limão
450 ml de água gelada
1 punhado de gelo picado

Abacaxi e pêssego são ricos em fibras. Quando combinados com a proteína, eles levam mais tempo para deixar o estômago e deixam você saciado por um período mais longo. Você não sentirá vontade de fazer lanchinhos extras.

Melhor proteína completa para todos os treinamentos

1 banana
2 damascos
240 ml de leite integral
1 copo dosador de *whey protein*
2 colheres (sopa) de linhaça em flocos
1/2 copo de aveia crua
120 g de iogurte integral
2 colheres (chá) de mel

A aveia e a linhaça fornecem carboidratos e ácidos graxos ômega-3, que repõem a energia perdida e ajudam você a ganhar músculos. Iogurte e leite fornecem gorduras naturais e proteínas, e as frutas são ricas em antioxidantes, que maximizam a recuperação.

Boa alimentação

Shake Big Bertha[2]

2 copos dosadores cheios de proteína sabor morango
1 copo dosador raso de proteína sabor chocolate
3 morangos frescos
1 banana
1 colher de sorvete de baunilha
100 ml de leite de cabra
1/4 de copo de aveia
1/8 de copo de semolina em pó
400 ml de água

Esse almoço líquido carrega uma quantidade enorme de calorias naturais e de proteínas. O potássio da banana e do morango o ajuda a absorver essas proteínas e calorias. Esse *smoothie* é uma deliciosa fonte de alimentação, que o ajudará a se energizar e se recuperar do seu treinamento.

Shake para força muscular

1 copo (americano) de morangos
1 copo (americano) de mangas fatiadas
120 ml de suco de laranja
240 ml de água
1 colher (sopa) de mel
1/8 copo de *whey protein* em pó ou 4 claras de ovo cruas

Os ovos desse *smoothie* ajudam a elevar seu nível de gordura, o que, por sua vez, cria a testosterona necessária para aumentar sua força. Eles também fornecem proteínas suficientes para ajudar seus músculos a crescerem e se recuperarem o mais rápido possível.

Shake matutino do homem em dieta

2 colheres (sopa) de linhaça
2 ou 3 colheres (sopa) de café pronto
4 colheres (sopa) de leite em pó
1 iogurte integral pequeno (50 g)
400 ml de água gelada

Linhaça, cafeína (do café), proteína do leite e iogurte comprovadamente auxiliam o emagrecimento. Beber água gelada aumenta a velocidade do metabolismo em até 30%.

---

2 N.E.: Big Bertha é uma super-heroína de história em quadrinhos, que tem o poder de ficar grande e forte.

Shake matutino do crescimento

1/3 de copo de aveia crua
1 banana
1 copo de bagas congeladas variadas
1 colher (sopa) de óleo de peixe (ômega-3) ou de azeite de oliva
1 ovo
2 colheres (sopa) de leite em pó
1 iogurte integral pequeno (50 g)
350 ml de água

A aveia e o óleo/azeite fazem você se sentir saciado por várias horas, e a banana lhe dá energia instantânea para começar o dia. O ovo, o iogurte e o leite em pó fornecem a proteína de fácil digestão que os seus músculos pedem após muitas horas sem comer.

E agora, para onde?

Agora que já tem uma boa ideia de como comer para ficar saudável, você pode ajustar sua alimentação conforme seu objetivo: ganhar músculo ou queimar gordura. Este capítulo discute primeiro as maneiras de obter músculos, porque essas maneiras são a fundação de como comer enquanto se está treinando. Você, então, pode adaptar essa fundação com base no seu objetivo de perder gordura. Pode lamber os beiços, porque você está prestes a perder a barriga.

Coma para aumentar seus músculos

Erguer, puxar, empurrar e jogar pesos não faz, nem nunca fará, os músculos crescerem. A recuperação desse puxar, empurrar e jogar é que constrói merecidos músculos. A maior parte da recuperação está no repouso. Isso acontece quando você está dormindo, trabalhando no escritório ou assistindo a seus filmes. Repousar é bem fácil, a não ser que você sofra de hiperatividade.

Quando você tiver terminado de deixar sua marca no sofá, o próximo – e igualmente importante – passo no crescimento muscular é em direção à geladeira. Comida é para o músculo o que mentiras são para um polí-

tico: essencial para o poder e o sucesso. Você precisa inundar seu corpo com calorias extras para que ele as utilize para reparar os danos que você causa aos seus músculos quando usa o supino.

Mas como seu corpo armazena essas calorias extras? Músculos. No entanto, você não precisa ser grande para ser forte. Assista à competição de halterofilismo nas Olimpíadas e você verá homens e mulheres de aparência pequena levantando quantidades absurdas de aço. Eles também conseguem se fortalecer levantando pesos, mas limitam suas calorias para que não as armazenem como porções exageradas de músculo ou gordura. Para ganhar músculo sem acumular gordura, tudo o que você precisa fazer é comer bastante do tipo certo de calorias. É aí que as abordagens diferem.

A primeira abordagem pode ser resumida em única uma palavra: *mais*. Essa abordagem envolve consumir uma mistura de muita proteína e muito carboidrato. A segunda abordagem se vale de um conhecido inimigo das dietas: gordura. A alta demanda calórica de ambas as abordagens é responsável pelos braços musculosos de praticamente todos os fisiculturistas que já se espremeram dentro de uma minúscula sunga. Os resultados costumam variar um pouco; portanto, continue lendo para descobrir o básico sobre como ficar grande.

Método rico em carboidratos e proteínas

O método rico em carboidratos e em proteínas é o mais fácil de seguir e o mais comum entre homens que tentam ficar fortes rapidamente. Ele segue uma única regra: coma bastante proteína e carboidratos em cada refeição. Com esse método, você irá comer de cinco a oito refeições por dia. Certifique-se de comer uma delas antes do treino e uma depois de se exercitar. (*Shakes* de proteína contam como uma refeição.)

O motivo desse método funcionar é simples: coma mais calorias do que gasta e seu corpo irá armazená-las como músculo. Infelizmente, certa porção dessas calorias também irá ficar como gordura. É um pequeno preço a se pagar. Você pode fazer uma dieta depois, se quiser ficar rasgado.

Quando sair para jantar, simplesmente coma mais. Nenhum alimento está proibido. Você tem que, literalmente, comer tudo o que vir pela frente. É fácil, pode ser saudável (se você escolher os alimentos certos) e funciona rapidamente. A dieta que vem a seguir é um exemplo funcional do tipo de alimento que você deveria comer para começar a deixar suas camisas apertadas. *Bon appétit*, rapaz.

Exemplo de semana rica em carboidratos e em proteínas

Segunda-feira
Café da manhã: três ovos mexidos com 50 g de muçarela ou queijo *cheddar* e 2 punhados de broto de espinafre, 250 ml de suco de fruta.

Lanche: 100 g de amêndoas e frutas secas, 1 maçã, 1 laranja.

Almoço: 200 g de lombo bovino grelhado, 1 copo de arroz integral, vegetais variados.

Lanche: 150 g de iogurte natural sem açúcar com um punhado de mirtilo, sementes variadas, nozes e mel, 1 banana cortada.

Jantar: 300 g de filé de salmão, purê de batata com casca, vegetais variados.

Terça-feira
Café da manhã: omelete de três ovos com cogumelos picados, azeite de oliva, 1/2 ce-

bola picada, 1 pimentão picado e 2 porções de broto de espinafre.

Lanche: 200 g de iogurte natural sem açúcar com uma porção de bagas e 200 g de sementes variadas e nozes, 1 maçã.

Almoço: carne ao estilo chinês salteado com vegetais, arroz integral.

Lanche: 200 g de queijo *cottage* com sementes variadas, frutas secas e nozes.

Jantar: 2 peitos de frango, 1 batata-doce, vegetais variados.

Quarta-feira
Café da manhã: 2 punhados grandes de aveia preparados em 250 ml de leite desnatado com 2 colheres (sopa) de mel e *whey protein*.

Lanche: salmão em lata, *cream cheese*, pimenta-do-reino e *dill* (misturados), cenouras fatiadas.

Almoço: Batatas pequenas assadas com feijão, *chili*, queijo e linguiça de porco fatiada.

Lanche: 1 peito de frango grelhado e temperado, 2 beterrabas pequenas.

Jantar: 250 g de *chili* de carne moída magra com milho, purê de batata-doce.

Quinta-feira
Café da manhã: *smoothie* contendo *whey* concentrado em pó, 1 porção de mirtilo e framboesas, 40 g de iogurte natural, 2 colheres (sopa) de linhaça, 1 colher (sopa) de aveia em flocos e 1 banana.

Lanche: antepasto (comprado ou feito em casa) contendo azeitonas cortadas, bolinhas de muçarela e pimentões com azeite de oliva, 2 maçãs, 1 banana.

Almoço: 400 g de *sushi*, arroz integral.

Lanche: mexilhão ou ostras em lata com cenouras fatiadas, 1 copo (americano) de oxicocos, 1 laranja.

Jantar: 2 fatias de peru assado ou peitos de frango com limão, molho de alho e ervas, vegetais refogados.

Sexta-feira
Café da manhã: 3 ovos inteiros mexidos com 3 claras de ovo, 2 cogumelos grandes com queijo, pão de centeio.

Lanche: sardinha em lata com bolinhos de aveia, 2 maçãs, 1 banana.

Almoço: 2 peitos de frango grelhados, uma batata-doce, salada com azeite de oliva.

Lanche: abacate, salada de maionese e camarão com azeite de oliva, 1 banana, 1 maçã.

Jantar: 2 filés grelhados de peixe branco, 1 copo de arroz integral com molho de carne leve, vegetais variados.

Sábado

Café da manhã: 2 arenques, 3 ovos *poché*, 1 pimentão cortado e refogado, 1 fatia de pão de centeio.

Lanche: 200 g de iogurte natural, 1 porção de nozes variadas, 2 maçãs, 1 banana.

Almoço: 4 fatias grossas de rosbife, mostarda, alface e tomate sobre duas fatias de pão de centeio.

Lanche: 200 g de *homus*, 3 cenouras grandes, 1 laranja, 1 maçã.

Jantar: 2 ou 3 pães sírios (feitos com farinha integral) com 350 g de carne e salada mista.

Domingo

Café da manhã: 2 copos (americanos) de granola, 475 ml de leite desnatado, 200 g de iogurte natural sem açúcar, 2 ovos cozidos.

Lanche: 125 g de queijo *cottage* com bolinhos de aveia, 50 g de amêndoas, 1 maçã, 1 laranja.

Almoço: 200 g de hambúrguer feito com carne moída magra e uma fatia de queijo com pão de hambúrguer integral, salada mista.

Lanche: salada de atum com azeite de oliva, 1 manga grande.

Jantar: 3 ou 4 costeletas de cordeiro, 1 copo de cuscuz, vegetais verde-escuros, salada com azeite de oliva.

Método rico em gordura e em proteína

Se você pedir para algum desinformado dizer qual nutriente ele acredita ser pior, a primeira palavra a sair de sua boca provavelmente será *gordura*. Gordura é um sinônimo para saúde ruim. Infelizmente, ninguém conseguiu pensar em um nome melhor para o pneuzinho que se acumula em volta da cintura; portanto, a gordura no seu prato acabou ficando com o mesmo nome da gordura do seu corpo. A gordura ficou com a reputação manchada na época da Jane Fonda,[3] mas as coisas mudaram desde então, e pesquisas recentes concederam à gordura um perdão oficial. Ela recebeu sua absolvição recentemente, quando uma análise de 21 pesquisas (com uma amostra de quase 20 mil pessoas) mostrou que a gordura não está ligada a nenhuma doença cardiovascular (Siri-Tarino et al., 2010). Ela não entope suas veias nem interrompe a batida do seu coração. É curioso notar que os índices de obesidade começaram a disparar quando a gordura era considerada o inimigo público número um. Isso ocorreu principalmente porque as pessoas substituíram a gordura por açúcares e carboidratos, que são muito piores para o seu tanquinho.

A gordura pode oferecer nove calorias por grama, o que é mais do que qualquer outro nutriente; porém, o funcionamento das calorias de gordura é diferente do funcionamento das calorias de outros nutrientes. O doutor Mauro Di Pasquale, antigo campeão mundial de levantamento de peso e autor da obra *The Anabolic Diet*, começou a suspeitar da maneira como a gordura era entendida. Ele pesquisou e descobriu que pessoas com uma dieta rica em gordura e em proteínas ganhavam mais músculos e tinham níveis mais altos de testosterona. A proteína é o combustível que abastece o crescimento muscular, e a testosterona é o hormônio masculino relacionado ao talento na cama e ao aumento muscular. Mas o sistema de Pasquale não era apenas ovos e *bacon*. Ele recomendava seguir uma dieta rica em proteínas e em gordura durante a semana, seguida de uma dieta rica em carboidratos e proteínas no fim de semana. Isso significa que você pode comer todas as suas porcarias prediletas no sábado e no domingo. A lógica por trás desse sistema é que quando seu corpo está inundado com tanta gordura que ele acredita já ter o suficiente, ele para

---

3 N.E.: alusão aos vídeos de exercícios aeróbios da atriz Jane Fonda, famosos nas décadas de 1980 e 1990.

de armazená-la e passa a queimá-la. Pasquale também sugere que levantadores utilizando esse sistema perdem menos músculos quando emagrecem e ganham mais músculos quando crescem. Entretanto, seu plano é um tanto restritivo, visto que você deve alterar drasticamente seus hábitos alimentares durante a semana. São permitidos apenas 30 gramas de carboidrato por dia; esses ficam reservados para vegetais com pouco carboidrato, como os que estão listados na dieta a seguir. Afinal, você tem que se manter saudável. Esse sistema é similar à dieta Atkins, porque não se pode comer muitos carboidratos. O lado bom é que você está liberado para se deliciar nos fins de semana, que é um momento em que você está distante da sua rotina e, muitas vezes, comendo em restaurantes. O nível do seu sucesso será determinado pela disciplina durante a semana. Tudo o que você deve fazer é escolher um dos planos.

Além de bíceps maiores e abdome à mostra, você deve esperar pelos efeitos[4] a seguir.

O bom: mais energia e fome reduzida. Gordura é rica em energia; portanto, sua disposição não irá variar. Isso significa que você não irá se sentir pesado após a refeição e acordará com a energia de uma criança de 5 anos.

O ruim: uma primeira semana difícil. Seu corpo estará se ajustando às suas novas fontes de energia; portanto, você pode estranhar um pouco. Tenha paciência, e você logo estará no caminho para atingir seus objetivos.

O feio: movimentos peristálticos erráticos. Levará algum tempo para seu intestino se acostumar ao novo regime. Tome algum suplemento de fibra para ajudar.

O dinheiro: carboidratos são baratos; proteína saudável, não. Você passará a comer mais produtos caros de origem animal; portanto, compre em quantidade para se livrar de algum abacaxi.

---

4 N.E.: os quatro itens apresentados fazem referência ao filme *The Good, the Bad and the Ugly*, no qual os três personagens do título estão atrás de dinheiro.

Exemplo de semana rica em gordura e em proteína

Segunda-feira

Café da manhã: 4 ovos fritos, 4 a 6 pedaços de *bacon* sem nitrato.

Lanche: charque, maçã.

Almoço: *wrap* de cordeiro com carne adicional (coma metade do *wrap*).

Lanche: 100 g de queijo *cottage* com bolacha de água e sal.

Jantar: 400 g de bife de salmão, couve-de--bruxelas, alho-poró, cogumelos.

Terça-feira

Café da manhã: 4 ovos *poché* sobre salmão defumado.

Lanche: uma lata de ostras em óleo.

Almoço: *chili* de carne com feijão (sem arroz nem massa).

Lanche: abacate e atum misturados com azeite de oliva.

Jantar: 4 costeletas de porco, couve-flor, brócolis, aspargos.

Quarta-feira

Café da manhã: três ovos mexidos, queijo *cheddar*.

Lanche: 100 g de nozes variadas.

Almoço: *sashimi*, feijão desidratado.

Lanche: abacate e camarões cozidos com azeite de oliva.

Jantar: frango refogado com aspargos, aipo, espinafre, cebola e pimentões.

Quinta-feira

Café da manhã: 3 ovos cozidos com 2 ou 3 arenques.

Lanche: 25 g de amendoim torrado, 1 copo (americano) de leite, 100 g de queijo *cottage*.

Almoço: 200 a 300 g de bife cortado e enrolado com abacate, mostarda, cebola e espinafre.

Lanche: charque, maçã.

Jantar: tiras de lombo bovino (marinadas com molho de soja e pimenta), brócolis e couve-flor salpicada com alho e azeite de oliva.

Sexta-feira

Café da manhã: 4 ovos fritos na manteiga, 4 fatias de *bacon* sem nitrato.

Lanche: 1 salame, 1 punhado de noz-pecã.

Almoço: abacate, atum, salada de espinafre.

Lanche: 1 pacote de charque, algumas fatias de queijo.

Jantar: costeletas de cordeiro, brócolis, milho, repolho.

Sábado

Café da manhã: panquecas com banana e creme de avelã.

Lanche: diversas fatias de torrada com manteiga de amêndoa, maçã, banana.

Almoço: peixe grelhado, batata-doce, salada.

Lanche: banana, iogurte, cereal.

Jantar: sua refeição de baixo valor nutritivo predileta (por exemplo, *pizza*, hambúrguer).

Domingo

Café da manhã: 3 ou 4 *muffins* com ovos ou geleia.

Lanche: patê, cenouras.

Almoço: massa (à sua escolha).

Lanche: queijo, bolacha de água e sal.

Jantar: sua refeição de baixo valor nutritivo predileta (por exemplo, macarrão cremoso, batata *chips*).

Principais questões sobre alimentação para crescimento muscular

A seguir, estão as respostas para as questões mais comuns sobre ganho muscular.

P: Isotônicos e bebidas minerais podem me ajudar a aumentar de tamanho?

R: Para responder à sua própria pergunta, dê uma olhada no teor calórico de seu isotônico. Provavelmente, você nunca soube o quão rica em energia a água poderia ser. Água mineral não contém calorias, o que significa que você está tomando uma água com sabor. Tudo bem, você obterá algumas vitaminas, mas também irá ganhar alguns quilos. Alguns isotônicos contêm tantas calorias quanto um refrigerante e são adocicados com açúcar e aspartame. Isso faz deles simplesmente um refrigerante metido, e cria o perigo de você ser levado a tomar menos água. Aliás, a Coca-Cola processou a Vitamin Water por dizer que a água vitaminada fazia bem. Se estiver procurando por vitaminas, é melhor tomar um multivitamínico e continuar tomando água mineral, especialmente se quiser perder peso. Se quiser aumentar de tamanho, beba bastante água mineral e tome a água vitaminada de vez em quando, se estiver longe da cozinha.

P: Vale a pena gastar mais para comprar alimentos orgânicos se eu quero ganhar músculos?

R: Isso depende do grupo em que você acredita: nos *hippies* ou nos engravatados. Um estudo dos engravatados da Universidade de Stanford (Smith-Spangler et al., 2012) descobriu que não existe nenhuma diferença nutricional entre as comidas produzidas orgânica e convencionalmente. Os níveis de proteína, de gordura e de carboidratos eram exatamente iguais; entretanto, o estudo não mediu o sabor dos alimentos. Preço é um fator importante, porque comer bem é mais caro que comer alimentos de baixo valor nutritivo. Uma boa estratégia é sempre comprar alimentos sazonais e produzidos localmente, porque comida fresca é melhor para você. Tanto alimentos geneticamente modificados (GM) quanto orgânicos têm que ser transportados, o que reduz seus nutrientes. Se você não consegue ir ao mercado, procure *sites* de mercados e seja um *hippie* vestido de gravata que recebe comida na porta de casa.

P: Se estou tentando aumentar de tamanho e ser saudável, devo escolher soja em vez de laticínios?

R: Primeiramente, leite é para bebês. Você não é um bebê, certo? Soja pode ser útil ocasionalmente, junto com cereal. Para pessoas com intolerância à lactose, leite de soja fortificado com cálcio é fonte alternativa de proteína e de cálcio. Contudo, o cálcio do leite é mais bem absorvido que o do leite de soja, e leite tem vitamina D, que é necessário para os ossos. Leite desnatado já foi relacionado com pressão sanguínea saudável, saúde do cólon e da próstata e, até mesmo, perda de gordura. Os defensores da soja dizem que ela pode prevenir o câncer de próstata e reduzir os riscos de doenças cardíacas. No entanto, ela costuma ser recomendada para mulheres na menopausa. Sendo um homem com H maiúsculo, você talvez queira evitar qualquer coisa que ajuda sua mãe a balancear seus hormônios.

P: **É justa a recente fama dos ácidos graxos ômega-3?**

R: Em uma palavra, sim. Ácidos graxos ômega-3 podem, comprovadamente – melhor tomar fôlego –, ajudar a memória, melhorar a capacidade aeróbia, reduzir as chances de um ataque cardíaco, vencer inflamações, reduzir dores nos ligamentos, ajudar a reduzir a gordura corporal e aumentar o tamanho muscular. Tente falar tudo isso rápido. Procure um suplemento com pelo menos 1.000 miligramas de ácido docosa-hexaenoico, a substância que dá a esse ácido graxo sua potência, e tome duas ou três doses por dia. Se tiver problemas com o refluxo, guarde-os no *freezer*, e os arrotos com sabor de peixe ficarão para trás. Se os seus planos contemplam uma saúde melhor, uma vida mais longa e um abdome definido, não deixe de pegar um pouco desse peixe todos os dias.

P: **Por que carnes como salame e *bacon* são sempre desprezadas pela imprensa?**

R: Quase todos os nutricionistas dirão a você que essas carnes fazem uma bagunça no seu corpo. É adicionado nitrato de sódio às carnes curadas para preservar o gosto e o frescor. Caso não o fosse, o *bacon* seria cinza em vez de rosa, e ninguém compraria um alimento com jeito de cadáver. Seu sistema digestivo converte nitratos em nitrosaminas, que já foram associadas ao câncer em animais e em humanos. Apesar de todos os estudos negativos, muitos comitês de segurança alimentar defendem seu uso, principalmente por falta de uma alternativa viável. O júri científico ainda não se decidiu nesse quesito; portanto, você terá que decidir por conta própria. Mas é melhor prevenir do que remediar. Felizmente, você deve conseguir encontrar carnes embutidas na sua padaria, caso não queira abrir mão dos sanduíches de presunto.

P: **O que devo fazer caso esteja morrendo de fome e não haja nenhum lugar de comida saudável por perto?**

R: Se você estiver em um restaurante, não existe um *chef* no mundo que não faça um bife com vegetais cozidos. Tudo o que você tem de fazer é pedir. Essa é uma opção saudável para quem quer perder peso ou ganhar músculos. Mas, se estiver decidido em ganhar massa muscular, mesmo que isso signifique um pouco de gordura, coma qualquer coisa. Será melhor preencher o vazio com algo rico em proteína, como um *wrap* ou um hambúrguer, do que com qualquer coisa doce ou que tenha açúcar. Nada é pior para sua ambição de ganhar músculos do que um estômago vazio.

P: **O quão importantes são as datas de validade?**

R: Não desperdiçar comida irá ajudar sua saúde financeira; porém, alimentos que não estão mais no auge tendem a ter menos sabor e valor nutritivo. É muito possível que o alimento não lhe faça mal, mas tome cuidado com carnes, especialmente frango e peixe, com mais de três dias após a data de validade, pois carnes tendem a contrair bactérias mais facilmente. Uma boa cheirada costuma ser o suficiente para o seu corpo decidir se consegue encarar aquilo ou não.

P: **Empanar o peixe é realmente muito ruim?**

R: Para empanar, você, geralmente, utiliza ingredientes transgênicos baratos, como ovos de galinha não orgânicos e farinha branca. Esses ingredientes podem anular as coisas boas do peixe, quando ele for frito. Porém, se você for pedir comida, então, peixe é a melhor opção, pois é uma boa fonte de proteína saudável. Peça grelhado, e não haverá problemas.

P: **Massa fresca ou seca é melhor para ganhar músculos?**

R: Do ponto de vista nutricional, não há diferença entre as duas. A variedade fresca tem mais água, porém, uma vez cozinhadas, ambas ficam iguais. A maioria dos caras costuma comer muitos carboidratos e pouca proteína; portanto, se você quiser ficar rasgado, não coma massas à noite.

P: **Qual o suco concentrado de fruta mais saudável: com ou sem polpa?**

R: O suco concentrado é produzido quando a água é retirada do suco fresco para que ele possa ser transportado mais facilmente. Depois de transportado, a água é adicionada ao concentrado e – pronto! – você pode tomá-lo como suco. O sabor do suco concentrado é apenas similar ao do fresco, mas o conteúdo nutricional é igual. A polpa é rica em flavonoides, que são antioxidantes similares à vitamina C. Além disso, a polpa contém fibras, que ajudam na digestão e na perda de peso. Tomar a creatina com o suco concentrado faz com que ela seja absorvida pelos músculos rapidamente.

Agora que você já sabe usar a sua alimentação para ganhar massa muscular, o próximo passo é aprender a usar os alimentos para perder gordura. A seção final deste capítulo ensina como emagrecer da maneira mais rápida e saudável possível, sem nem mesmo ter que suar.

Coma para perder gordura

Se você consegue fazer matemática básica, então, consegue queimar gordura. Nenhuma pílula mágica, comida sem caloria, nenhum segredo ou suplemento – legal ou ilegal – funciona melhor, mais rápido, mais barato e saudável do que a boa e velha comida.

Se você comer mais calorias do que queima, então, irá armazenar essas calorias. Elas têm que ir para algum lugar, certo? Geralmente, esse lugar é sua barriga. Felizmente, o mesmo mecanismo que o fez um pouco mais macho do que você gostaria pode igualmente ajudá-lo a atingir seu peso ideal. Você apenas tem que ajustar o conteúdo e as porções consumidas.

A boa nutrição, sozinha, não lhe fará perder peso ou melhorar seu rendimento. Na verdade, a falta de nutrientes irá iniciar sua jornada de queima de gordura. A nutrição é o principal item a se ajustar se você quer emagrecer e render mais. Isso porque comida lhe dá energia. Até mesmo os famigerados carboidratos de que todo mundo ouve falar são úteis para lhe dar a energia necessária para se exercitar. Para perder gordura por meio da alimentação, tudo o que você deve fazer é seguir estas regras simples. Nada de dieta. Nada de programa super-rápido de perda de peso que o faz abusar do prato de sopa. E, definitivamente, nada de evitar seus pratos favoritos. O segredo é se tornar uma nova pessoa seguindo estas simples regras.

Regra nº 1: coma pouco e frequentemente

Mesmo se sua principal fonte de informação for o jornal encontrado no banheiro do trabalho, você provavelmente já ouviu dizer que é preciso comer seis ou mais pequenas refeições ao dia para perder peso. Essa estratégia faz o seu corpo queimar combustível constantemente e garante que você esteja sempre comendo e nunca passe fome. É similar à maneira como os nossos ancestrais se alimentavam: sempre colocando comida nas suas bocas barbudas conforme caçavam ou colhiam. Entretanto, você não deve comer seis refeições enormes por dia. Em vez disso, coma porções do tamanho da palma de sua mão na hora do lanche e de dois punhos cerrados nas refeições principais. Alternativamente, você pode manter todas as refeições com mais ou menos o mesmo tamanho. Comer porções iguais comunica ao seu corpo que a comida é abundante e que ele não precisa armazenar nada como gordura.

O mantra "comer seis pequenas refeições ao dia" funciona bem no mundo perfeito em que todos nós trabalhamos em casa e estamos sempre a dois passos da cozinha. Porém, ele não é muito prático se você trabalha em um escritório, está viajando ou, simplesmente, está ocupado. Felizmente, um estudo da Universidade de Purdue (Leidy et al., 2010) descobriu que comer três refeições de tamanho normal contendo altas quantidades de proteína magra pode fazer você se sentir mais saciado do que comer refeições pequenas e frequentes. No estudo, as três refeições maiores tinham menos de 750 calorias cada e foram rigorosamente repartidas para induzir a perda de peso. Os pesquisadores notaram que comer proteína durante o café e o almoço – refeições em que as pessoas nem sempre a incluem – fez com que o sistema funcionasse, e que proteínas, como carnes, ovos e legumes, eram boas escolhas. Uma boa desculpa para pedir um delicioso bife de 250 gramas na hora do almoço.

Regra nº 2: encha-se de fibras e de proteínas

Esses dois nutrientes formam a parceria perfeita para a perda de peso. Ambos diminuem a velocidade da digestão, fazendo você se sentir saciado por mais tempo, e reduzem o desejo por açúcar. E mais: as fibras também ajudam a eliminar as calorias do seu corpo e a se livrar do almoço de maneira mais rápida. Em longo prazo, uma dieta rica em fibras ajuda as pessoas a não engordarem. O quanto é o suficiente? Atualmente, a recomendação diária para ingestão de fibras é de, aproximadamente, 25 gramas, mas você não precisa parar por aí. Coma o quanto puder. Isso não lhe fará mal, desde que você tome bastante água. Isso também vale para a proteína; tenha a certeza de que está comendo bastante em cada refeição. Se estiver tentando ganhar músculo – e você deveria estar, para maximizar a queima de gordura –, ingira por volta de dois gramas de proteína por quilograma de peso. Caso você esteja na Austrália, isso significa jogar um camarão a mais no molho *barbecue*.

Regra nº 3: racione os carboidratos

Desde 1980, a ingestão de comida do homem comum aumentou em 500 calorias por dia, e quase 80% desse aumento pode ser atribuído aos carboidratos. Nesse meio tempo, o crescimento da obesidade se tornou um sério problema para a economia mundial. Carboidratos são ricos em calorias que seu corpo utiliza rapidamente. Isso pode fazer com que você se sinta completamente cheio após a refeição e, 1 hora depois, com fome o suficiente para fazer churrasco do primeiro gato que vacilar. O que fazer para manter seu peso ideal? Limite a ingestão dos alimentos ricos em carboidratos, como grãos e batatas, para, no máximo, duas porções ao dia. Coma-as antes ou depois do seu treinamento ou a qualquer hora antes do almoço. Isso garante que você utilize esses alimentos ricos em energia para se abastecer para uma sessão de treinamento, ou para se recuperar dela. Será ainda melhor se você sempre comer versões desses alimentos minimamente processadas e ricas em fibras. Desse modo, você ficará mais magro e saudável.

Regra nº 4: deixe as contas para os contadores

Ao perder peso, você nunca deve perceber que o está fazendo. Tem que ser algo natural e instintivo. O desejo de comer alimentos ruins é, muitas vezes, causado pela ausência dos nutrientes corretos. Ao comer regularmente os alimentos certos, você eliminará a fome e controlará sua ingestão de caloria. Isso não irá acontecer se você tentar calcular cada caloria que passa pelos seus lábios.

Isso não significa que você pode se esbaldar com quantos alimentos saudáveis e naturais quiser. Alimentos naturais, como frutas, podem ser cheios de calorias e são ricos em frutose. Isso pode ser tão perigoso para o tamanho da sua barriga quanto açúcar. Limite-se a algumas porções de frutas por dia e prefira comer vegetais. Você pode dar uma olhada no valor calórico (www.nutritiondata.self.com) dos seus alimentos prediletos, para ter uma noção de sua densidade energética.

O mais importante: não evite gordura. A gordura pode ser rica em calorias, mas é essencial para a vida, porque ela aumenta sua imunidade e seu metabolismo, estimula a atividade cerebral e o ajuda a absorver as vitaminas A, D, E e K e os antioxidantes. Entretanto, você deve diferenciar a gordura boa da ruim. Existe espaço tanto para as gorduras insaturadas (azeite de oliva e ômega-3) quanto para as saturadas (aquele negócio branco na ponta do seu filé). Ambos os tipos ajudam a produção de hormônios de aumento muscular e queima de gordura, mantêm seus ligamentos saudáveis e protegem seu corpo contra uma horda de doenças. Porém, não existe espaço algum para as gorduras trans. Seria melhor você começar a fumar. Gorduras trans, que podem ser encontradas na maioria dos restaurantes de comida frita, entopem suas artérias e colaboram na acumulação de peso. Comida de baixo valor nutritivo pode fazer a vida valer a pena, mas o que não vale a pena é morrer por causa dela. Limite-se a uma ou duas refeições por semana no seu lugar predileto de *fast-food*. Você sentirá que ainda pode comer seu lanche predileto e o gosto será duas vezes melhor, porque você teve que se abster por um tempo.

Regra nº 5: fique de olho no que bebe

Já se foram os dias em que beber alguma coisa significava matar a sede. Hoje em dia, a variedade de bebidas que temos para escolher faz a água parecer banal. No entanto, o fato é que você não precisa de nenhuma delas. A maioria não lhe trará nenhum benefício para a saúde, e quase todas – exceto H_2O – aumentarão sua ingestão de calorias. Refrigerantes cheios de açúcar, bebidas de fruta, álcool e outras bebidas ricas em calorias, como bebidas com café, estão colaborando para a crise de obesidade. Com tudo o que tomamos, estamos ingerindo muitas calorias a mais do que costumávamos.

Está com sede? Simplesmente se acostume a tomar água e você emagrecerá. Água suprime o apetite e a sede costuma mascarar a fome. E, o mais importante: a água ajuda o seu corpo a metabolizar gordura. Deixar seu corpo ressecado causa estresse nos rins e os impede de funcionar corretamente. Já sentiu uma pequena dor na lombar depois de uma noitada? São os seus rins respondendo. Se eles não estiverem operando corretamente, a carga de trabalho passa para o seu fígado. Este, por

sua vez, é responsável por converter a gordura armazenada em energia, e não consegue fazer o trabalho eficientemente se tiver que trabalhar dobrado porque você está desidratado e seus rins, extenuados. Ou seja, deixe de lado as bebidas borbulhantes e enfie a boca no bebedouro. Eles são fáceis de encontrar.

Regra nº 6: coma seu café da manhã

A pressa matinal costuma fazer do café da manhã a refeição mais fácil de ser pulada; porém, abrir mão dessas valiosas calorias o deixa numa terrível desvantagem se quiser mudar o estado da sua barriga. De acordo com um estudo publicado na *American Journal of Epidemiology* (Purslow et al., 2008), homens que obtiveram de 22% a 50% de suas calorias diárias no café da manhã ganharam apenas 0,7 quilogramas em 4 anos, ao passo que aqueles que absorveram apenas 11% de suas calorias diárias no desjejum ganharam 1,4 quilogramas. O melhor tipo de café da manhã? Alimentos com um baixo índice glicêmico, como torrada com feijão ou um grande pote de granola, que são digeridos devagar e fazem você se sentir cheio o resto do dia. Arrume seu despertador para 8 minutos mais cedo e se delicie com esse banquete. Logo você dará bom-dia para seu abdome.

Programa de alimentação para queimar gordura

Usar garfo e faca para emagrecer não pode ser uma missão sem gosto. E seu estômago também não pode se contorcer pedindo mais. Por quê? Você nunca irá seguir um programa que o deixa desesperado para preencher o vazio deixado pela fome. Por esse motivo, os exemplos de refeições listados a seguir são todos ricos em fibras e em proteínas, e deixarão você mais cheio do que a carteira do Rupert Murdoch.[5] Esse programa funciona com a simples premissa de que, se você não estiver com fome, não irá comer demais nem ficar tentado pelo cheiro saindo da padaria do bairro. Uma pesquisa publicada no *American Journal of Clinical Nutrition* (Johnstone et al., 2008)

---

5 N.E.: magnata australiano-americano dos meios de comunicação.

descobriu que uma dieta rica em proteínas e com poucos carboidratos é efetiva na redução da fome e na promoção da perda de peso em curto prazo, mas que uma dieta saudável e balanceada é mais bem sucedida na manutenção do emagrecimento em longo prazo.

Essa dieta combina ambos os métodos em curto e em longo prazo para lhe fornecer um programa de alimentação sustentável que irá deixar você rasgado e mantê-lo assim pelo resto da sua vida. Ele também irá debelar a vontade de retornar aos velhos hábitos. Preparar as refeições é simples e fácil, e você poderá comprar os ingredientes no supermercado ou no mercadinho local. Se você não gosta de cozinhar e prefere ir a restaurantes que não servem esses pratos, simplesmente peça ao *chef* que prepare algo rico em proteínas e vegetais; um bife com vegetais será o suficiente. Essa amostra de menu é um exemplo funcional dos tipos de comida que são perfeitos para a perda de peso. Você não tem que segui-lo à risca, mas pode. Repita essa semana e, depois, adicione suas próprias variações e algumas receitas diferentes para incrementá-la. Mande ver. Sua versão mais magra está a menos de um mês de você.

Exemplo de semana para queimar gordura

Segunda-feira

Café da manhã: 3 ovos mexidos inteiros com 50 g de queijo muçarela ou *cheddar* e 2 punhados de broto de espinafre, 250 ml de suco de frutas.

Lanche: 200 g de amêndoas e frutas secas.

Almoço: 200 g de lombo bovino grelhado, 2 a 3 copos (americanos) de vegetais variados.

Lanche: 100 g de iogurte natural sem açúcar com 1 colher (sopa, cheia) de mirtilos e mel de *manuka*, sementes variadas e nozes, banana picada.

Jantar: 300 g de filé de salmão, purê de batata-doce com casca, vegetais variados.

Terça-feira

Café da manhã: omelete de 3 ovos com cogumelos fatiados, azeite de oliva, 1/2 cebola picada, pimentão fatiado e 2 punhados de broto de espinafre.

Lanche: 200 g de iogurte natural sem açúcar, 100 g de sementes variadas e nozes, 1 maçã.

Almoço: bife ao estilo chinês refogado com vegetais, 1/2 copo de arroz integral.

Lanche: 200 g de queijo *cottage* com sementes variadas, frutas secas e nozes.

Jantar: 2 peitos de frango grelhados, 1 batata-doce, vegetais variados.

Quarta-feira

Café da manhã: 2 colheres (sopa, cheias) de aveia cozidas com 250 ml de leite desnatado, 2 colheres (chá) de mel e 2 colheres (chá) de *whey protein*.

Lanche: salmão em lata, *cream cheese*, pimenta-do-reino e *dill* (misturados), cenouras fatiadas.

Almoço: batata-doce pequena com feijão, *chili*, queijo e linguiça de porco fatiada.

Lanche: 1 peito de frango temperado e grelhado, 2 polpas de beterraba pequenas.

Jantar: 250 g de *chili* de carne moída magra com milho, purê de batata-doce.

Quinta-feira

Café da manhã: *smoothie* contendo *whey* concentrado ou isolado em pó, 1 colher (sopa, cheia) de mirtilos, 1 colher (sopa, cheia) de framboesas, 40 g de iogurte natural, 2 colheres (sopa) de linhaça, 1 colher (sopa) de aveia laminada e 1 banana.

Lanche: antepasto (comprado ou feito em casa) contendo azeitonas cortadas, bolinhas de muçarela, tomates e pimentões com azeite de oliva.

Almoço: 200 a 300 g de *sushi* ou *sashimi*, algas e arroz integral.

Lanche: mexilhões ou ostras em lata com cenouras fatiadas, 1 copo (americano) de oxicocos, 1 laranja.

Jantar: 2 fatias de peru assado ou peitos de frango no limão, molho de alho e ervas, vegetais refogados.

Sexta-feira

Café da manhã: 3 ovos mexidos com 3 claras de ovo, 2 cogumelos grandes e queijo.

Lanche: sardinha em lata com talos de aipo ou cenoura, 1 maçã.

Almoço: 2 peitos de frango grelhados, 1 batata-doce, 300 g de salada com azeite de oliva.

Lanche: abacate, maionese e salada de camarão com azeite de oliva, 1 banana.

Jantar: 2 filés de peixe branco grelhado, 1 copo de arroz integral com um pouco de molho de carne, vegetais variados.

Sábado

Café da manhã: 2 arenques defumados, 3 ovos *poché*, 1 pimentão fatiado e refogado, 1 fatia de pão de centeio.

Lanche: 200 g de iogurte natural, 1 colher (sopa, cheia) de nozes variadas, 2 maçãs, 1 banana.

Almoço: 4 fatias grossas de rosbife, mostarda, alface e tomate em 2 fatias de pão de centeio.

Lanche: 200 g de *homus*, 3 cenouras grandes, 1 laranja.

Jantar: 2 ou 3 folhas de alface grandes recheadas com 350 g de carne, salada mista.

Domingo

Café da manhã: 2 copos de granola, 475 ml de leite desnatado, 200 g de iogurte natural e sem açúcar, 2 ovos cozidos.

Lanche: 125 g de queijo *cottage*, palitos de cenoura, 50 g de amêndoas.

Almoço: 200 g de carne moída magra para hambúrguer e uma fatia de queijo no pão de hambúrguer integral, salada mista.

Lanche: salada de atum com azeite de oliva, 1 manga grande.

Jantar: 3 costeletas de carneiro, 1 copo (americano) de cuscuz, vegetais verde-escuros, salada temperada com azeite de oliva.

Perguntas frequentes

Aqui seguem as respostas para as questões mais comuns sobre alimentação e queima de gordura.

P: **Eu trabalho à noite. Como devo adaptar minha dieta?**

R: Simples. Nada muda; é apenas postergado por algumas horas. Se você dorme quando chega em casa do trabalho, então, treine antes de ir trabalhar, da mesma maneira que um trabalhador diurno faria sua sessão logo cedo, antes de entrar no trabalho. Caso você enrole um pouco ao voltar para casa e durma lá pelo meio-dia, vá à academia por volta das 7 ou 8 horas da manhã, fazendo o seu treino após o trabalho, igual à maioria das pessoas. Independentemente de quando você treina, seus músculos sempre precisarão do mesmo equilíbrio de nutrientes abastecendo seus treinos. Coma uma refeição rica em proteínas e em carboidratos 45 minutos antes de se exercitar. Um *shake* de proteína seria a melhor pedida, mas você também pode comer algumas cenouras com *homus*, ou uma batata-doce e atum ou frango. Planeje-se com antecedência, e você será recompensado com uma academia sem filas, graças aos seus treinos fora do horário de pico.

P: **Toda vez que eu vou ao restaurante, quero devorar a cesta de pão. Por quê?**

R: Existe um nome para pessoas que sofrem disso: *todo mundo*. Você não é um viciado, simplesmente está com fome, que é o motivo pelo qual foi a um restaurante. Diminua esse impulso lanchando 2 horas antes de sair. Tomar um *shake* de proteína funciona bem e, provavelmente, irá reduzir a conta do jantar pela metade. Assim que chegar ao restaurante, peça uma salada ou entrada de camarão. Se o garçom trouxer o pão, diga que não quer.

P: **Bebidas quentes são muito ruins para minha missão de conseguir um tanquinho?**

R: Na verdade, elas ajudam. E você nem precisa deixar o açúcar de lado. Consumir uma porção de 5 gramas de açúcar todos os dias, o que significa de 16 a 20 calorias, não irá aumentar sua barriga. Evitar essa colherada de açúcar lhe economizaria menos de um quilograma de calorias por ano. Porém, se você for um fanático por açúcar, encontre pequenas maneiras de reduzir esse doce quociente em tudo que come, inclusive a primeira xícara do dia. Se você se livrar de todo o açúcar, incluindo alimentos ricos em açúcar, como iogurte, bebidas gaseificadas e cereais, estará no caminho certo para perder gordura em pouco tempo. Esteja atento e verifique as embalagens, pois existem açúcares escondidos em alimentos que você nem imaginaria, como molho de tomate. Resumindo, dispense o açúcar. Você já é doce o suficiente.

P: **A dieta da minha mulher funcionará para mim?**

R: Sim, mas você não precisa contar para seus amigos. Qualquer coisa que fizer você comer menos funcionará. As verdadeiras questões são se a dieta é saudável, se você é ativo e se consegue segui-la. Você será mais bem-sucedido em não fugir da dieta se você e sua esposa trabalharem como uma equipe. Vocês podem motivar um ao outro e cozinhar as refeições juntos, e você pode usar um pouco da sua competitividade masculina para perder peso. Para ter sucesso, você precisa de objetivo, de estrutura, de responsabilidade e de exercícios. Ah, claro, tente comer menos também.

P: **Quando eu comecei a dieta, perdi bastante peso rapidamente, mas, agora, a coisa está devagar. Por quê? Eu ainda como bem e me exercito.**

R: A maior parte dos caras para de avançar por causa de problemas com a alimentação. Se você comer muito pouco, seu corpo acha que está morrendo de fome e acumula gordura como uma medida de emergência. Outro problema pode ser excesso de tensão, pois ela faz seu corpo liberar um hormônio do estresse chamado cortisol, que inibe a queima de gordura. Você também pode comer um pouco mais antes dos treinamentos, para que consiga treinar mais pesado. Versatilidade é o segredo para o sucesso em longo prazo. Mudar sua rotina de exercícios e, então, mudar sua alimentação, sem deixar de fazer uma dieta de poucas calorias, são passos que o ajudarão a sair desse marasmo.

P: **Após um longo dia no trabalho, o que mais quero fazer é comer a noite toda. Como posso evitar isso?**

R: Comer de madrugada pode deixar sua barriga redonda como a lua. Independentemente do quanto você se revira na cama, não conseguirá queimar as calorias como faz quando está acordado. Isso não significa que precise passar fome. Você deve comer algo para reduzir a onda de baixa glicose no sangue que virá durante a noite. Opte por uma saudável pedida redutora de apetite: aveia, maçã e queijo ou um pequeno sanduíche de peru com centeio. Se estiver com desejo de doce, experimente um iogurte de frutas, cereais com um pouco de açúcar mascavo em cima ou bagas com um toque de calda de chocolate. Queijo *cottage* também é uma boa opção, porque leva tempo para ser digerido. Evite alimentos apimentados e ricos em gordura, que podem interferir com seu sono. Caso você queira muito comer algum alimento pouco saudável, tente ao menos compensá-lo ingerindo algo saudável. Sua barriga irá sumir como em um passe de mágica.

P: **Como funciona o esquema de dia livre? O quão livre ele realmente é?**

R: Pense nos dias livres como o prêmio por ter seguido sua dieta. Você tem que curtir a vida e, especialmente, a comida. Ganhar peso não é a única questão incluída aqui. São necessárias mais de 3.500 calorias para fazer você ganhar 0,45 quilograma de gordura; portanto, você teria que comer escandalosamente para notar alguma diferença. O verdadeiro problema é que uma única leva de gordura e de carboidrato em demasia pode aumentar o nível de estresse sobre os seus órgãos e tornar mais difícil para o seu cérebro resistir a novas tentações. Resumindo: o dia livre não significa um abandono da dieta. Limite suas concessões para apenas alguns dos seus alimentos proibidos prediletos. Uma vez seguindo uma dieta saudável por tempo o suficiente para sentir uma diferença na sua aparência e no seu bem-estar, você perceberá que aquelas antigas tentações gordurosas deixaram de ser tão atraentes.

P: **Eu treino à noite. O que devo comer depois? Um grande jantar?**

R: Tome um *shake* de proteína após o treino e, depois, prepare uma pequena refeição de carne e verduras, sem carboidratos como massas ou batatas. Nenhum estudo afirma que comer antes de dormir faz você engordar; pelo contrário, o número total de calorias que você ingere durante o dia determina o tamanho da sua cintura. Entretanto, para garantir, deixe 1 hora entre sua última mordida e o apagar das luzes. Seu metabolismo diminui um pouco à noite, e não será fácil digerir o conteúdo de um estômago cheio. E o mais importante: comer muita coisa antes de dormir pode interferir no seu sono. Porém, isso também pode ser dito de ir para cama com fome. Não deixe de fazer um pequeno lanche, caso tenha jantado cedo ou esteja sentindo fome. Sacie suas vontades com os grupos de alimento que você pulou durante o dia. Se você deixou de comer laticínios ou frutas, coma um iogurte com bagas, tome um *smoothie* ou coma uma maçã e queijo. Se estiver precisando de amido, uma tigela de aveia é a melhor pedida. Nunca vá dormir com o estômago gritando por comida, pois uma noite bem-dormida será melhor para a sua missão de emagrecer.

P: **Eu adoro sanduíches. Os carboidratos são ruins para o meu tanquinho?**

R: Não, se você fizer escolhas sábias. Comece com uma sólida base de pão de centeio, que é rico em fibras e o deixará saciado por um longo tempo. Construa paredes sólidas no interior, optando por proteínas integrais, como peito de frango cortado ou um pouco de carne. Decore com, pelo menos, três frutas e vegetais de cores diferentes e você tem a refeição perfeita para construir um corpo que vale a pena ter.

P: **É verdade que o aipo tem calorias negativas?**

R: Isso é uma grande bobagem. O aipo tem 10 calorias a cada 100 gramas. Não há como perder peso comendo um alimento que demanda mais energia para absorvê-lo do que ele fornece. Para conseguir uma barriga tanquinho, você precisa de dieta balanceada, e não de truques baratos de emagrecimento.

E agora?

Agora que tem uma ideia básica de como comer, você pode começar os programas de treinamento. Sua nova dieta dará a você a energia necessária para completar seus treinos, e as estratégias nutricionais pós-treino o ajudarão a se sentir menos dolorido no dia seguinte. Se você já se alimenta da maneira que foi descrita neste capítulo, continue assim. Caso contrário, mude sua dieta uma semana ou duas antes de iniciar seu treinamento. Instituir duas grandes mudanças, como começar a se exercitar e mudar o seu jeito de comer, pode abusar da sua zona de conforto. Talvez seja um pouco demais e o deixe suscetível a jogar a toalha. Adentre aos poucos na sua nova rotina com pequenos passos, e não tente revolucionar completamente sua dieta. Ao começar a se exercitar, adicione ou subtraia certos alimentos de acordo com seus objetivos. Conforme o tempo passa, você perceberá que está interagindo com sua alimentação de uma maneira diferente. Utilize esse método e você será recompensado com um corpo que age e se parece bem diferente do que ele um dia foi. Coma bem e fique bem.

Ganhos musculares específicos

Treinar todos os seus músculos pode parecer como um programa do Big Brother, com cada participante brigando para dar aos halteres mais tempo no ar. E dividir o seu tempo igualmente entre cada parte do corpo não é uma missão nada fácil. Um pequeno resfriado aqui, um casamento de fim de semana ali ou uma viagem a negócios acolá podem facilmente detonar seu plano de equilíbrio. E, caso algum grupo muscular ganhe menos atenção, ele pode começar a ficar para trás.

Para garantir que você saiba o que tem, este capítulo divide seu corpo nos principais grupos musculares: braços, ombros, peitorais, costas, abdome e pernas (Figura 3.1). Ele também fornece a estratégia para fazer esses músculos se desenvolverem e ficarem incríveis. Você não precisa memorizar tudo. Apenas dê uma primeira lida e, depois, volte quando estiver treinando cada parte do corpo e quiser detalhes mais profundos. A informação estará em algum lugar do seu cérebro, e os exercícios

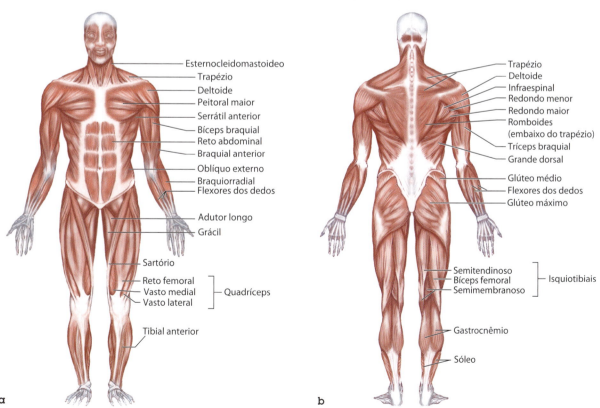

Figura 3.1 Principais músculos do corpo: (a) de frente; (b) de costas.

hão de ajudar a sua memória a se lembrar do que foi lido. Prossiga a leitura deste capítulo para descobrir do que você é feito.

O primeiro passo nessa excursão ensina a você o motivo de seus músculos crescerem quando você levanta coisas pesadas e diminuírem quando você corre. Aqui está sua anatomia, apresentada junto de uma explicação do como e por que você é construído com uma infinita capacidade para melhorar.

Por que seus músculos crescem

Saber por que seus músculos crescem irá ajudá-lo a aumentar sua força e seu tamanho. Porém, não precisa se preocupar: é bem simples.

Desenvolver o seu corpo por meio do crescimento muscular é difícil, brutal e exigente. Está bem distante do brilho e do *glamour* que o gerente da academia, todo vestido de Nike, contou quando você foi se inscrever. A história que explica por que seus braços crescem quando você ergue halteres é mais bem contada pelo lado sombrio da Hollywood de alguns anos atrás. Considere a lenda do homem musculoso mais famoso da história dos cinemas, Conan, interpretado originalmente pelo jovem Arnold Schwarznegger.

Conan é escravizado ainda jovem. Ele e seus companheiros são presos no deserto e chicoteados para empurrarem um pesado moinho colocado sobre uma roda em círculos. Com o passar dos anos, os membros da equipe que empurravam a roda vão morrendo de exaustão, gerando mais peso para os outros empurradores. Ao final, Conan é o único sobrevivente e está empurrando a roda sozinho; isso lhe dá poderosos músculos. Sua força o ajuda a escapar. As lições seguintes o ensinam como ele ganhou força, tamanho e liberdade. Vale a pena entender essas histórias, para que você possa construir o seu próprio físico lendário.

Primeira lição: devagar se vai longe

Conan não começou empurrando a roda sozinho. Ele tinha a ajuda dos seus companheiros escravos, o que tornava o peso menor. Caso ele tivesse tentado empurrá-la sozinho, ela não iria se mexer e ele ficaria frustrado e, possivelmente, machucado.

Você não deve pedir às outras pessoas que o ajudem a puxar ferro, mas deve começar a se desenvolver devagar e gradualmente para chegar a treinos mais desafiadores. Estabeleça uma meta razoável e progrida em sua direção em um ritmo que possa aguentar. Pressa leva a lesões.

Segunda lição: teste seu valor

Conan se fortaleceu continuamente porque ele levantava cargas mais pesadas a cada dia e ano que passava. Se os escravos fracos não tivessem largado a função de empurrar, ele teria usado o mesmo tamanho de pesos todos os dias. Ele não teria se tornado mais poderoso, porque seus músculos não teriam que se adaptar, nem crescer, nem se fortalecer.

Para crescer, você precisa sobrecarregar seus músculos, aumentando o peso gradualmente. Do mesmo modo, caso você pare de obter resultados com seu treinamento, seus músculos precisam de um novo estímulo, na forma de mais repetições, séries, peso ou exercícios, para mudar a situação e criar um novo desafio.

Terceira lição: torne-se controlador

Não era permitido a Conan empurrar o moinho de forma desrespeitosa ou irregular. Ele o empurrava de maneira devagar, controlada e do mesmo modo que os levantadores experientes gostam de vencer seus halteres: pouco a pouco. Isso também vale para o seu treinamento. Erguer o peso devagar e deliberadamente coloca seus músculos sob tensão por um tempo maior. Nunca utilize o impulso para mover os pesos. Se você não pode controlá-los, quer dizer que eles estão muito pesados, e você está deixando a gravidade roubar o esforço destinado aos seus músculos. Você também fica propício a se machucar, o que significaria ficar sem puxar ferro até melhorar. Por sorte, uma lesão não significa virar comida de leão, como em *Conan, o Bárbaro*.

Quarta lição: seja consistente

A história de Conan ilustra a importância da consistência em um programa de treinamento.

Se fosse permitido que ele tirasse alguns meses livres ou empurrasse a roda só em dias agradáveis, sua força teria minguado e ele talvez nunca se recuperasse. Ao se manter firme dia após dia, Conan provou o quão importante é ter uma rotina consistente para o ganho de força e de musculatura. Todo dia é um passo a mais em direção ao seu objetivo. Nunca tema dar um passo maior hoje do que você deu ontem.

Quinta lição: questione-se após cada treinamento

Eventualmente, Conan se questionou por que estava empurrando a roda, lutou e escapou. Você também deve questionar as suas ações. O que vai fazer hoje? É desafiante o suficiente para prepará-lo para as metas de amanhã? Como isso o afeta? Aumentar o peso do agachamento hoje lhe dará pernas poderosas, porque, como Conan, você está colocando estresse sobre seus quadris, glúteos e tendões. A resposta deles é se tornarem maiores para lidarem com a nova carga.

Sempre trabalhe em direção ao futuro. Talvez você pense que isso é tudo o que precisa saber: puxar ferro, ficar grande. Entretanto, entender como isso funciona irá ajudá-lo a treinar melhor, organizar ciclos de repouso e melhorar os ganhos. Continue lendo para descobrir o que se passa por baixo de sua pele.

Primeiro tipo de ganho de preparo físico: neurológico

Para um completo novato, ganhos de força obtidos nas seis primeiras semanas de um programa de treinamento vêm de melhoras na comunicação entre cérebro e músculos. O cérebro de um levantador experiente está mais acostumado a dizer aos seus músculos: "Sim, eu consigo fazer isso". De certa forma, o cérebro segura os músculos de um levantador novato simplesmente para protegê-lo de uma lesão. Com prática, o corpo desenvolve uma atitude "eu consigo" que ajuda o levantador a puxar mais peso ou correr mais longe. Isso gradualmente dissolve o mecanismo natural de autoproteção.

Sem esse mecanismo, você talvez seria capaz de levantar 100 quilos no supino na sua primeira visita à academia. Seu cérebro permite que você pegue somente 60 quilos porque ele é gentil o suficiente para protegê-lo. Ao levantar peso com mais frequência, seus nervos aumentam em eficiência e acostumam-se a puxar ferro. E o principal: eles entendem que esse fascínio incessante por pesos é, na verdade, seguro. Eles param de suspeitar da carga que você está levantando ou da distância que está correndo e permitem que seus músculos trabalhem ao máximo de suas capacidades. Seu subconsciente eventualmente cede ao seu consciente. Por esse motivo, você irá progredir rapidamente no começo de um programa de treinamento de força – ou preparação física. Continue lendo para descobrir por que pode levar até dois meses para começarem os ganhos substanciais de tamanho e condicionamento.

Segundo tipo de ganho de preparo físico: miológico

Eu disse *miológico*, não *mitológico*. Uma vez maximizados os ganhos neurológicos, é hora de iniciar a nova série de melhorias. É assim que funciona: primeiro a cabeça, depois os músculos.

Você tem dois tipos de fibras musculares: tipo I, ou de contrações lentas, que o ajudam em exercícios de resistência, como corridas; e tipo II, ou de contrações rápidas, que são as fibras grandes, responsáveis pelo tamanho e pela força quando você está treinando com pesos. Para danificar fibras tipo II o suficiente para fazê-las crescer, você deve manter os seus músculos tensos o suficiente para recrutarem células satélites, que ajudam a aumentar, a manter e a reparar os seus músculos. Essas células geralmente ficam dormentes, até que você comece a praticar levantamentos. Os levantamentos causam microrrupturas nas fibras musculares, que fazem as células satélites se multiplicarem e irem para as áreas danificadas, por exemplo, seu tríceps após uma pesada série de mergulhos. Elas capturam as proteínas dos seus alimentos e usam para fortalecer seus músculos, e – *voilà!* – sua camiseta fica apertada.

Infelizmente, isso não é tão simples como parece. Existe um debate em torno de como os músculos ficam maiores: se porque novas fibras musculares são adicionadas ou porque as fibras existentes engrossam. Alguns estudos defendem a primeira teoria e descreditam a segunda. A coisa mais importante a fazer é entender as melhores práticas antes de começar. Muitas das melhores práticas são limites que você deve impor a si mesmo; outras, simplesmente apresentam os estudos mais recentes que podem agilizar seus resultados. Elas estão dispostas neste capítulo. Dê uma olhada e você saberá mais que a maiorias das pessoas que se exercitam antes mesmo de levantar um halter ou amarrar o tênis de corrida.

Agora que você conhece os princípios básicos para o sucesso, aqui estão as regras para desenvolver a musculatura. Quebre-as e você acabará dando dois passos para frente e três para trás. Passo adiante e vamos embora.

Cinco regras para o crescimento muscular

É muito difícil equilibrar o tempo para trabalho, lazer, família e exercícios que darão a você a musculatura e a saúde para aguentar tudo isso. Se você está voltando agora a suar a camisa, ou simplesmente quer encontrar uma nova maneira de treinar, pode respirar aliviado, pois aqui encontra as regras para ambos. Antes de sair correndo, descubra um pouco do básico. Aviso: algumas dessas informações podem desafiar cada um dos dogmas de preparação física que você já ouviu, então, prepare-se para uma surpresa. Lembre-se dessas poucas verdades, e você irá se presentear com uma vida inteira de músculos.

Primeira regra: para resultados rápidos, trate o seu corpo como uma coisa só

Você não é uma soma das partes. Independentemente do que diz o fortão da sua academia, os seus músculos funcionam melhor se você utilizar todos no mesmo treino. Na verdade, é impossível isolar os músculos. Eles estão interligados por fáscias, tendões e ligamentos.

Claro, é possível enfatizar um grupo muscular, mas é difícil isolá-lo. Pense na barra fixa. Ela pode trabalhar as costas, mas também trabalha bíceps, antebraço e abdome.

Um estudo revolucionário (McLester, Bishop e Guilliams, 1999) provou isso. Os cientistas da Universidade do Alabama descobriram que programas de treinamento de corpo inteiro acarretam um ganho muscular médio de 2,27 quilogramas a mais em relação às sessões com foco em um único grupo muscular. Não se confunda: praticar um ou dois grupos musculares em um treino, como fazem os fisiculturistas, funciona. Dê uma olhada no Capítulo 7 para saber como fazê-lo. Entretanto, essa estratégia pode sair pela culatra se você perder alguns dias de treino.

Treinamentos de corpo inteiro espalham o estímulo de crescimento muscular para todos os músculos durante a semana inteira. Seus peitorais, em vez de crescer apenas nos dias que seguem seu treino de peito, irão crescer a semana inteira. Pense nos programas de treinamento de corpo inteiro como a galinha dos ovos de ouro do mundo da musculação. Quando aparece uma reunião de trabalho imprevista, nenhum músculo será ignorado. Você simplesmente treina três dias na semana em vez de quatro e continua crescendo em proporções perfeitas, e livre de lesões. Para o crescimento muscular mais rápido possível, trate os seus músculos como um time que se sai melhor quando todos os jogadores trabalham juntos.

Segunda regra: o ponto de partida é o número de dias em que você pode treinar por semana

Conforme você aprendeu no Capítulo 1, definir os objetivos de se exercitar é a parte fácil. Difícil é achar tempo para alcançar esses objetivos. O primeiro passo: abra sua agenda e decida quantos dias por semana você pode treinar. Seja realista. Um prognóstico apurado irá determinar o sucesso ou o fracasso do seu crescimento muscular.

Todos estão sempre entusiasmados no começo de um programa de treinamento. Ser otimista e pensar que irá treinar seis vezes por semana costuma terminar em desapontamento.

Pode funcionar na primeira semana, mas sua vida pode ficar ocupada na segunda semana e suas prioridades podem mudar. Seja conservador ao decidir quantas sessões você consegue realizar em uma semana, porque o tempo, com certeza, irá desmascarar suas estimativas e revelar a verdade, deixando-o magrelo ou forte.

É claro que o número de dias em que você conseguirá treinar por semana mudará a cada mês, muitas vezes, dependendo do tempo, da sua próxima viagem de pesca ou de quando a vida apertar. Isso não é uma desvantagem; é a vida. O truque para alcançar um desenvolvimento contínuo é dar uma misturada. Treine cinco dias por semana durante seis ou oito semanas e então experimente três dias por semana durante dois meses. A vida é uma constante mudança, e crescimento é opcional. Escolha com sabedoria. A variedade irá incitar novos ganhos em tamanho e em força ano após ano.

Terceira regra: variedade é essencial

É fácil encontrar um ritmo e ficar preso a ele. Simplesmente olhe para o resto dos caras na sua academia. Eles parecem confortáveis com o peso que estão levantando e esse é, provavelmente, parte do motivo para eles terem uma aparência flácida. Isso não é o que você quer.

Você não precisa de um monte de exercícios chiques para desenvolver sua musculatura pelos próximos anos; no entanto, precisa mudar as repetições, séries, períodos de repouso e de intensidade em que se exercita. Seu corpo irá parar de obter resultados de uma rotina de treinos em 4 a 8 semanas. Os ganhos de um atleta diminuem após mais ou menos quatro semanas, enquanto iniciantes podem seguir com o treino por até 12 semanas. Seus músculos são excelentes em se adaptarem ao estresse que você impõe sobre eles. O truque é continuar desafiando-os. Mude seu programa assim que perceber que não está conseguindo aumentar os pesos.

A regra de ouro? Ouça o que seu corpo está dizendo. Se você não está progredindo a cada semana significa que os seus músculos estão entediados e é hora de tentar algo novo. Verifique o item "Renove seu treinamento", no Capítulo 6, de modo que aprenda a manipular seu treinamento usando os exercícios já utilizados, para que esteja sempre avançando em direção aos seus objetivos.

Quarta regra: compreenda o básico

Esta aula de "Musculação I" explica o básico do desenvolvimento muscular.

- Repetição: fazer um exercício, como uma flexão, apenas uma vez.
- Série: fazer um grupo de repetições sem pausa. Por exemplo, completar cinco flexões.
- Velocidade de levantamento: tempo que você leva para baixar e erguer um peso.
- Repouso: a duração de uma pausa que você faz entre as séries.
- Frequência: quantas vezes você treina, calculado, geralmente, por semana.
- Ordem: forma que você organiza os exercícios.

Ao ajustar essas variáveis, você pode criar milhares de exercícios que irão manter você musculoso até a terceira idade.

Quinta regra: resolvendo o debate sobre intensidade e volume

Pergunte a 10 treinadores se uma rotina de treino baseada em volume ou intensidade gera os melhores resultados, e você obterá dez respostas diferentes. Contudo, o que significa cada abordagem? Se você seguir uma rotina de volume, você irá bombardear seus músculos com uma quantidade massiva de séries e de repetições (várias vezes por semana, em sessões de 60 a 90 minutos) para que a única escolha que eles tenham seja se adaptar e crescer. Se usar uma rotina de intensidade, fará treinamentos breves, mas intensos (duas ou três vezes por semana em sessões de 30 a 60 minutos), com cargas extremamente pesadas, e, então, terá alguns dias de repouso para se recuperar, que é quando você cresce.

Ambos os tipos de rotina têm seus méritos. A primeira é baseada no trabalho e a segunda, no repouso. A solução? Ajeite-se cuidadosamente e sente-se com firmeza em cima do muro. Experimente uma mistura das duas. Use uma rotina de volume por alguns meses e, então, tente uma abordagem baseada em intensidade por um tempo. Você logo perceberá qual abordagem traz os melhores resultados.

Para iniciantes, é melhor começar com uma rotina baseada em volume, como o primeiro treinamento para iniciantes do Capítulo 5. Uma rotina baseada em volume o ensina a ter uma boa técnica de exercício, porque ela não exige que você levante impiedosamente cargas altas que podem comprometer a qualidade do movimento.

Neste ponto, você já entende as regras básicas para se exercitar e como colocá-las em prática. O próximo passo é adquirir os materiais que vão tirar esse projeto do papel. O restante deste capítulo inclui diretrizes para trabalhar cada uma das principais partes do seu corpo e descrições dos exercícios que estão inclusos nos treinamentos e nos programas de todo o livro. Prepare-se, pois aqui está o conteúdo fundamental sobre o desenvolvimento específico dos músculos que todo homem quer ter mais. Vamos começar com o grupo muscular mais visível: os braços.

Braços: imergindo na cultura dos muques

Os seus braços são formados por dois músculos: tríceps e bíceps. A principal causa de braços finos é o treinamento exagerado do bíceps e da parte frontal do braço e a falta dele para o tríceps. O tríceps representa 66% do músculo do braço; portanto, apesar de estar voltado para trás, ele adiciona uma massa crucial aos seus braços.

Quer expandir esse muque? Treine os músculos que estão ao redor dos braços. Entretanto, preste atenção a este aviso: essas rotinas de treinamento não devem ser preenchidas com horas a fio de rosca bíceps. O bíceps representa apenas 3% da sua massa muscular corporal, por isso, gastar 1 hora com ele pode ser uma perda de tempo.

A melhor maneira de trabalhar seus bíceps é pareá-los com o tríceps. O seu bíceps se movimenta, enquanto o seu tríceps relaxa, e vice-versa; portanto, o seu tríceps estará aquecido de qualquer maneira. Muitos treinadores juntam treinos de bíceps com treinos de pernas, de peitorais e de costas, e juntam os treinos de tríceps com treinos de peitorais ou de ombros. Antes de começar, você deve conhecer as regras fundamentais para tornar seus braços tão grandes que vai parecer que você carrega melancias por aí o tempo todo.

Fortaleça a equipe de suporte

Para um grande crescimento dos braços, trabalhe os músculos que os suportam, o que significa todos – inclusive as pernas. Se você tentar levantar uma carga muito pesada para os seus músculos de sustentação, sua postura ficará comprometida, e a tensão do peso não recairá sobre os seus bíceps. Muito provavelmente, o seu corpo irá transferir a carga para a lombar. Apesar de estar levantando halteres de 50 quilos, todo o trabalho será feito pela sua lombar. Poucas pessoas irão parabenizá-lo por ter uma bela lombar.

Crescimento muscular não é localizado

Em um estudo da Universidade Estadual Ball (Rogers et al., 2000), alguns homens fizeram treinamentos de corpo inteiro que incluíam exercícios compostos, como agachamentos e supinos. Metade do grupo também realizou rosca bíceps e extensão de tríceps. Os braços dos participantes de ambos os grupos cresceram exatamente na mesma proporção, provando que você não necessita de horas de rosca ou de extensão para ficar com braços maiores. A lição disso tudo: trabalhe o corpo inteiro e seus braços crescerão.

Braços grandes necessitam de mais músculos em todo lugar

Muitos treinadores e fisiculturistas famosos acreditam que para ganhar dois ou três centímetros de braço são necessários cinco ou dez quilogramas a mais de peso total. Isso sustenta os dois pontos anteriores: é mais fácil ganhar esse tipo de massa muscular fazendo exercícios compostos, como a barra, do que com a rosca bíceps. Quando está com dor de cabeça você não quebra uma aspirina na testa; você a toma para que aja em todo seu corpo. Faça

Execução é crucial

Estender e flexionar o ligamento do cotovelo pode parecer uma coisa difícil de errar. É tão simples quanto uma dobradiça, certo? Porém, você errará drasticamente se usar o resto do corpo para obter impulso. Faça todo o possível para manter uma execução perfeita. Flexione um pouco os joelhos aqui, ou balance um pouco as costas ali, e você não sentirá os seus bíceps queimando. Para manter uma execução perfeita, faça os exercícios de braço na frente de um espelho, peça que um amigo o corrija ou se encoste a uma parede para manter as costas retas. E o mais importante: deixe o seu ego com a recepcionista da academia e use pesos leves o suficiente para que você mantenha uma execução perfeita.

Use movimentos isoladores moderadamente

Não há problema em trabalhar um pouco os seus braços isoladamente, mas pense nisso como a cereja do bolo. Quando movimentos isoladores, como rosca bíceps e *pulleys*, são realizados juntos com mergulhos com peso e remadas, seus braços rapidamente explodem de tamanho.

Fique instável

Não saia correndo para a bola suíça, BOSU ou prancha de equilíbrio mais próxima após ler esse título. A efetividade desses itens é limitada para todos os tipos de treinamento, especialmente se o seu objetivo é o desenvolvimento muscular. Em vez disso, pegue um par de halteres e caminhe lentamente enquanto os ergue. As fibras musculares terão que se esforçar para mantê-lo estável mesmo durante uma caminhada bem lenta.

Fique de olho naquela praga chamada gravidade

Quando você está treinando os bíceps e faz uma rosca, os últimos 7 a 20 centímetros do movimento recebem a ajuda de um amigo confiável: a gravidade. Para impedir que isso aconteça, deite-se sobre um banco inclinado enquanto faz a rosca. Para roscas em pé, você pode se inclinar para a frente ao final do movimento, para contrabalançar a gravidade. Felizmente, essa força não atrapalha o seu treinamento de tríceps.

Vá com calma, rapaz

Em todos os exercícios de braço, concentre-se bastante em reduzir a velocidade das repetições. Esticar e dobrar os ligamentos do cotovelo leva muito pouco tempo – provavelmente, o menor tempo entre todos os ligamentos, porque a distância percorrida pelo peso é muito pequena. Preste atenção ao encerrar uma rosca ou extensão. Espero que tenha coragem o suficiente para usar cargas grandes que o forcem a ir devagar, especialmente na hora de abaixar o halter.

Experimente

O fato de os braços serem uma parte do corpo tão localizada permite que você os teste com diferentes protocolos. Alguns caras mostram um crescimento incrível fazendo exercícios pesados, ao passo que outros conseguem ganhos enormes fazendo de 15 a 20 repetições com pesos leves. Tudo depende da genética, então, tenha calma para descobrir para onde tende a sua. Isso também vale para a frequência. Se não estiver aumentando rapidamente, tente treinar seus braços duas vezes por semana, por exemplo, na segunda e na sexta-feira.

Cuide dos seus cotovelos

Caso sinta um estalo nos seus cotovelos enquanto estiver treinando, especialmente em exercícios de tríceps, como o testa, pare imediatamente. Não tente insistir – isso apenas inflamará a área ainda mais. Em vez disso, pegue um óleo de massagem e dê uma boa esfregada nos bíceps, nos tríceps e nas articulações do cotovelo. Eles estão em um ponto acessível, portanto, nada impede de você se tratar.

Agora que tem todos os truques na manga, aqui estão os exercícios que você realizará para colocá-los em prática. Lembre-se de recrutar os serviços de um amigo quando estiver fazendo levantamentos pesados. Não há nada de másculo nem de seguro em ficar preso debaixo do aço.

Bíceps

Rosca martelo

Prepare-se para ter a força de braço necessária para rasgar a lista telefônica ao meio.

Músculos
Bíceps, abdome.

Execução
1. Posicione-se com os pés afastados na largura dos ombros e segure um halter em cada mão (Figura 3.2a). As palmas das mãos devem ficar voltadas para fora.
2. Flexione os cotovelos e erga os pesos até os ombros (Figura 3.2b).
3. Faça uma contração dos seus bíceps ao chegar no ponto mais alto do movimento; em seguida, abaixe os pesos lentamente até a posição inicial.

VARIAÇÃO: Rosca martelo sentado
Sente em um banco de academia. Realize a rosca martelo.

Figura 3.2 Rosca martelo. (a) Posição inicial. (b) Erga os pesos.

Rosca com barra EZ (Rosca Scott)

Aqui está o remédio para obter braços do tamanho de um trem. Esse exercício o ajudará a ganhar sua próxima disputa de braço de ferro tão rápido que a torcida não terá nem tempo de gritar seu nome. O singular eixo manobrável da barra EZ permite que seus pulsos virem e aumenta a tensão no bíceps.

Músculos
Bíceps.

Execução
1. Fique em pé e segure a barra EZ usando uma pegada invertida (Figura 3.3a).
2. Flexione os cotovelos e erga o peso até os ombros (Figura 3.3b).
3. Mantenha a posição por 1 segundo; em seguida, abaixe o peso para a posição inicial, levando de 2 a 3 segundos.

Figura 3.3 Rosca com barra EZ. (*a*) Posição inicial. (*b*) Erga o peso.

Bíceps

Barra fixa com pegada invertida

Alguns treinadores acreditam que você não deveria nem chegar perto de um halter para fazer uma rosca se não consegue realizar nem seis barras. Você não precisa dar ouvidos a esse pessoal. Contudo, para o caso de se encontrar com algum deles, aprenda a fazer este aqui.

Músculos
Grande dorsal, bíceps, antebraço, abdome.

Execução
1. Segure a barra fixa com uma pegada invertida e alinhe suas mãos com seus ombros. Pendure-se na barra com os cotovelos retos.
2. Flexione os cotovelos e puxe seus peitorais em direção à barra (Figura 3.4).
3. Olhe por 1 segundo para a frente; em seguida, desça devagar para a posição inicial.

NOTA: Tome cuidado para não oscilar ou se balançar para a frente e para trás. Ao se manter firme, você trabalhará mais o abdome.

Figura 3.4 Barra fixa com pegada invertida.

Bíceps

Rosca na polia baixa

Você está prestes a ganhar a guerra contra as mangas da sua camiseta.

Músculos
Bíceps.

Execução
1. Posicione-se em frente a uma polia com os pés afastados na largura dos ombros. Prenda a corda na parte mais baixa da polia. Segure uma ponta da corda em cada mão, e mantenha os braços esticados (Figura 3.5a).
2. Flexione os cotovelos e erga a corda em direção aos ombros (Figura 3.5b).
3. Leve de 2 a 3 segundos para abaixar seus braços de volta à posição inicial. Assim, você conseguirá a força para abrir a tampa de geleia mais apertada que houver.

Figura 3.5 Rosca na polia baixa. (a) Posição inicial. (b) Puxe a corda em direção aos ombros.

Bíceps

Rosca direta com barra

Esse aumentador de bíceps tem inflado os braços de gerações, desde a época de Charles Atlas.[1] Prepare-se para um treinamento das antigas.

Músculos
Bíceps.

Execução
1. Posicione-se com os pés afastados na largura dos ombros e segure a barra com uma pegada invertida (Figura 3.6a).
2. Mantendo os braços próximo ao corpo e a omoplata flexionada, erga o peso até que ele alcance seus ombros (Figura 3.6b).
3. Contraia seus bíceps; em seguida, reverta o movimento e abaixe a barra devagar para a posição inicial.

Figura 3.6 Rosca direta com barra. (a) Posição inicial. (b) Erga o peso.

---

1 N.E.: famoso fisiculturista e desenvolvedor de exercícios que viveu entre 1892 e 1972.

Bíceps

Flexão de cotovelo com arremesso

Arremessar seu peso por aí pode formar braços musculosos.

Músculos
Bíceps.

Execução
1. Posicione-se com os pés afastados na largura dos ombros, e segure a barra com uma pegada invertida (Figura 3.7a).
2. Mantendo os braços próximo ao corpo e a escápula flexionada, erga o peso de forma explosiva, jogue-o no ar (Figura 3.7b) e pegue-o novamente.
3. Volte devagar para a posição inicial e, depois, repita o movimento.

Figura 3.7 Flexão de cotovelo com arremesso. (a) Posição inicial. (b) Erga o peso e jogue-o.

Tríceps

Tríceps na polia alta (Tríceps *pulley*)

Se a polia fosse uma máquina dos Jetsons,[2] o puxador acoplável teria um botão que avisaria: "Puxe para baixo para obter braços maiores".

Músculos
Tríceps.

Execução
1. Prenda o puxador no ponto mais alto da polia, e posicione-o, para que fique logo abaixo da altura dos peitorais. Segure o puxador com uma pegada pronada, e alinhe suas mãos com os ombros (Figura 3.8*a*).
2. Mantenha os cotovelos perto do corpo e puxe a barra na direção do chão, até que seus braços estejam completamente estendidos (Figura 3.8*b*).
3. Contraia seu tríceps; em seguida, leve o puxador à posição inicial devagar, para obter braços que nunca irão se cansar de levantá-lo da cadeira, independentemente do estado das pernas.

Figura 3.8 Tríceps na polia alta. (*a*) Posição inicial. (*b*) Puxe a barra para baixo.

---
2 N.E.: família de uma antiga série de desenho animado que retratava um mundo futurista.

Tríceps

Extensão vertical de cotovelos com halteres

Se a frente da sua manga já está esfiapando com bíceps maiores, é hora de moldar a parte de trás desse braço.

Músculos
Tríceps, abdome, ombros.

Execução
1. Em pé, segure um halter em cada mão. Eleve os braços acima da cabeça, de forma que seus cotovelos estejam próximo às orelhas (Figura 3.9a).
2. Flexione os cotovelos e abaixe os pesos para trás da cabeça (Figura 3.9b). Estenda os braços, e erga os pesos novamente sobre a cabeça.
3. Leve de 2 a 3 segundos para abaixar os pesos. Se isso não fizer de você o cobrador oficial de laterais do time, então, nada o fará.

Figura 3.9 Extensão vertical de cotovelos com halteres. (a) Posição inicial. (b) Flexione os cotovelos e abaixe os pesos.

Tríceps

Supino com pegada fechada

Este movimento é ideal para aumentar sua força e adicionar massa muscular para a parte de trás dos seus braços. Sem fugir. Bote carga até ficar com medo de olhar para a barra. Peça para um colega ajudá-lo, se houver alguém disponível.

Músculos
Tríceps, ombros, peitorais.

Execução
1. Deite-se sobre um banco plano com os joelhos flexionados e os pés inteiros no chão. Segure a barra com uma pegada pronada, e posicione as mãos a um palmo de distância (Figura 3.10a).
2. Lentamente, desça a barra, até que ela atinja seus peitorais (Figura 3.10b).
3. Mantenha brevemente a posição; em seguida, empurre a barra novamente para cima, até que seus braços estejam estendidos, mas não trave os cotovelos.

Figura 3.10 Supino com pegada fechada. (*a*) Posição inicial. (*b*) Abaixe a barra até seus peitorais.

Tríceps pulley com corda

Este exercício lhe dará a força para empurrar para longe de você as pessoas que seus novos braços musculosos provavelmente irão atrair.

Músculos
Tríceps, abdome, ombros.

Execução
1. Prenda a corda no ponto mais alto da polia. Segure uma ponta da corda em cada mão e flexione os cotovelos (Figura 3.11a).
2. Estenda os cotovelos e puxe a corda para baixo, mantendo os cotovelos próximo ao corpo (Figura 3.11b).
3. Leve de 2 a 3 segundos para soltar o peso à posição inicial.

Figura 3.11 Tríceps pulley com corda. (a) Posição inicial. (b) Puxe a corda para baixo.

Tríceps

Tríceps testa com barra EZ

Pode parecer fácil, mas não é. Isso é bom: se é *difícil*, significa que funciona.

Músculos
Tríceps, ombros.

Execução
1. Posicione-se em decúbito dorsal sobre o banco e segure a barra EZ, com as mãos alinhadas com os ombros (Figura 3.12a).
2. Flexione os cotovelos e abaixe o peso para trás de você (Figura 3.12b). Mantenha os cotovelos próximo à cabeça.
3. Estenda os braços, e volte à posição inicial.

Figura 3.12
Tríceps testa com barra EZ.
(a) Posição inicial.
(b) Abaixe o peso.

Tríceps

Mergulho no banco

Neste exercício, a ponta da cama ou uma cadeira firme o ajudarão a atingir seu objetivo de ter braços maiores. Manter as costas retas flexiona seu abdome da mesma maneira que no exercício de prancha. É um movimento 2 em 1, para braços e abdome.

Músculos
Tríceps, abdome.

Execução
1. Segure-se em uma cadeira ou em um banco, que devem estar posicionado atrás de você. Flexione um pouco os joelhos e apoie a sola dos pés no chão. Trave os cotovelos (Figura 3.13a).
2. Flexione os cotovelos e desça seu corpo, mantendo as costas o mais retas possível (Figura 3.13b).
3. Estenda os braços e volte à posição inicial.

NOTA: Superfícies altas tornam esse movimento mais fácil, e superfícies baixas fazem-no mais difícil.

Figura 3.13 Mergulho no banco. (*a*) Posição inicial. (*b*) Abaixe seu corpo.

Ombros que podem sustentar o mundo

Ombros são compostos por três músculos: deltoide posterior, medial e anterior. Eles acumulam menos gordura do que qualquer outro músculo, portanto, merecem admiração. Você também pode considerar o seu trapézio, que desce a partir do pescoço, como um dos músculos do ombro; no entanto, algumas pessoas o consideram como um músculo das costas.

Se quiser maximizar a largura do seu formato V e ser o mais forte possível em levantamentos para os braços, as costas e os peitorais, os ombros são o músculo a se trabalhar. Eles entram em ação praticamente toda vez que você pega um halter. Sim, mesmo em um treino de pernas em que você está pegando pesado. Isso os faz extremamente importantes na complementação do seu físico, além de ajudar o resto do seu corpo a ficar maior e mais forte. Ainda mais: eles o ajudam a desacelerar seus braços depois de um arremesso, manter uma postura perfeita e se sobressair em quase todos os esportes. Eles se parecem um pouco com o técnico de um time vencedor: os jogadores podem levar a glória, mas, nos bastidores, é o técnico que mantém tudo funcionando e parecendo bonito para a torcida. Preste atenção nos pontos-chave a seguir.

Proteja-os com a sua vida

Segurar um livro, levantar uma xícara de café ou abrir uma porta. Todas essas atividades do dia a dia que não demandam muita força exigem que seus ombros trabalhem um pouco. É fácil imaginar o que acontece com todos os músculos auxiliados pelos ombros, caso eles se machuquem. Seus braços, seus peitorais e suas costas provavelmente irão atrofiar, desperdiçando horas de trabalho árduo. A lição: caso sinta um estalo em seu ombro enquanto estiver puxando ferro, pare imediatamente. Se você pensa que vencer a dor irá lhe valer uma medalha de honra, está assistindo a muitos filmes de ação.

Levante apenas o que puder abaixar

Praticamente todos os exercícios com pesos livres para os ombros envolvem levantar o peso acima da cabeça, ao lado do corpo ou em frente ao corpo. Isso significa que você sempre erguerá a carga contra a força da gravidade e, depois, deixará a gravidade atuar ao abaixar os pesos. Contudo, você coloca os seus ombros em risco ao largar os pesos, pois o movimento brusco pode danificar seus ligamentos. Para eliminar esse risco, sempre leve de 2 a 4 segundos para abaixar os pesos. O tamanho dos pesos deve estar limitado ao que você consegue controlar na descida.

Use-os com sabedoria

Os ombros são os *socialites* do circuito de festas musculares: eles participam quando você treina peitorais, costas, braços e, até mesmo, pernas. Por terem esse cronograma tão cheio, é importante que você não exagere ao treiná-los. Procure deixar ao menos um ou dois dias de repouso entre os treinos de peitorais e de ombros, pois esses músculos participam ativamente nos supinos. Isso também vale para os treinos de costas. A melhor estratégia é treinar peitorais ou costas na segunda ou na terça-feira, repousar na quarta, treinar pernas ou braços na quinta, e os ombros na sexta-feira ou no sábado. Isso permite que os músculos dos ombros descansem as fibras fatigadas e não percam o embalo da festa.

Prefira halteres

Praticamente todos os exercícios feitos com uma barra ou aparelho podem ser realizados com halteres, e é preferível fazer essa substituição sempre que possível. Barras criam desequilíbrios de força nos ombros rapidamente. Esses desequilíbrios aparecem quando você treina peitorais e costas com halteres. Além disso, barras e aparelhos podem causar lesões e interferir na sua simetria. Os aparelhos estão ajustados para atenderem a um conjunto fixo de movimentos, e os seus ombros podem não responder bem a diretrizes tão rígidas. Afinal, o ombro é a articulação mais versátil do corpo. Mantenha-os saudáveis e mantenha-se feliz usando halteres. Você será recompensado com uma aparência atlética.

Olhe para trás
É fácil se apegar apenas aos músculos frontal e lateral do ombro. São os músculos que se destacam quando você está se olhando no espelho e que lhe adicionam tamanho e largura. São eles também os músculos que trabalham quando você treina outros músculos. A parte anterior dos seus ombros, comumente ignorada, é, em parte, responsável por manter os seus ombros para trás e fazer seus peitorais parecerem maiores. Eles também adicionam largura quando você está de perfil, para que qualquer um que esteja olhando da bancada do bar pense duas vezes antes de mexer com você.

Trabalhe o cardio com consciência
Os músculos da perna são grandes e fortes o suficiente para aguentar uma boa sessão de musculação e, ainda, emendar uma sessão de treinamento cardiovascular na bicicleta. Os ombros, entretanto, são mais delicados e podem ter uma sobrecarga de estresse, caso sejam cobrados novamente em atividades de cardio, como natação, treinamento elíptico ou remo[3]. Essas atividades podem ser boas para um desaquecimento ou aquecimento, mas preste atenção em como seus ombros estão se sentindo enquanto você sua bastante na piscina.

Não economize no desenvolvimento
Como regra, a base do seu regime de treinamento de ombros deve ser exercícios de desenvolvimento. Isso significa que você tem que erguer algo pesado sobre a cabeça. Você pode fazer isso realizando exercícios de desenvolvimento muscular de corpo inteiro, como o arremesso ou o *power clean*. Outras opções são o desenvolvimento Arnold e o desenvolvimento sentado com halteres. Como você pode notar,

existem muitas variações. A maioria delas trabalha os três músculos do ombro, acelerando o seu ganho muscular. Vá experimentando todas e você logo terá ombros de gigante.

Fique de olho na intensidade
O Capítulo 6 descreve técnicas para aumentar a intensidade, como *drop sets*, superséries e repetições roubadas. Apesar de essas técnicas funcionarem muito bem nos treinos de ombro, limite o seu uso, pois elas podem exigir muito do sistema nervoso. De todos os seus músculos, os ombros são os mais propensos a sofrerem com o estresse muscular, porque os ligamentos do ombro são muito frágeis. Mantenha os seus treinos simples e diretos e você será recompensado com aumentos regulares de largura e de tamanho.

Sentado ou em pé?
Praticamente todos os movimentos de ombro podem ser realizados ou sentado ou em pé. A maior diferença é que você provavelmente conseguirá usar pesos maiores nas versões sentadas, desde que mantenha uma postura perfeita. As versões em pé queimam mais calorias e exercitam mais o abdome, pois você tem que enrijecer o corpo para continuar ereto. Contudo, ficar em pé também facilita "roubar" no exercício, graças a qualquer pequena flexão dos joelhos. A melhor estratégia é alternar entre as duas posições. Lembre-se de aumentar a carga utilizada quando estiver sentado.

Seja explosivo
Um exercício ocasional de explosão irá aumentar a força de toda a parte superior do seu corpo e melhorar sua forma atlética. Você terá aquela força extra em praticamente todos os segmentos esportivos e aumentará o tamanho dos pesos que está pegando nos treinamentos de força. Em uma série por semana, jogue uma *medicine ball* ou um saco de areia sobre a cabeça ou à sua frente. Faça isso com frequência, e, talvez, o *Fantástico* queira entrevistá-lo por causa da distância que está arremessando *frisbees*. Para conseguir aquela força que não apenas aparenta, mas, também, atua, faça os exercícios a seguir.

---

3 Nota do revisor científico: aparelho que simula os movimentos do remador, muito utilizado em academias.

Ombros

Elevação lateral com halteres

Você está prestes a sentir um pouco de dor, portanto, fortaleça-se mentalmente. Dor é o seu corpo se livrando das fraquezas.

Músculos
Ombros.

Execução
1. Posicione-se com os pés afastados na largura dos ombros e segure um halter em cada mão. Deixe os pesos pendurados e flexione levemente os cotovelos. As palmas de suas mãos devem estar viradas uma para a outra (Figura 3.14a).
2. Erga os braços para os lados até a altura dos ombros, mantendo-os estendidos (Figura 3.14b).
3. Abaixe os braços lentamente, voltando para a posição inicial.

NOTA: Existe um debate tratando da necessidade de parar de erguer os braços quando os pesos chegam à altura dos ombros. Se você não tem problemas nos ombros e consegue superar esse movimento, pode usar esse método para ganhar músculos.

Figura 3.14 Elevação lateral com halteres. (a) Posição inicial. (b) Erga os braços para os lados.

Ombros

Desenvolvimento sentado com halteres

Para obter ombros de titã perfeitamente proporcionais, tudo o que você precisa é deste exercício.

Músculos
Ombros, abdome.

Execução
1. Sente-se na ponta de um banco. Ajuste o encosto para a vertical ou um pouco abaixo disso.
2. Segure um halter em cada mão e erga-os, até que fiquem cada um de um lado da sua cabeça (Figura 3.15a). Estenda os cotovelos e empurre os pesos acima da sua cabeça (Figura 3.15b). Não trave os cotovelos ao completar o movimento.
3. Abaixe os halteres lentamente, retornando à posição inicial.

Variação: Desenvolvimento em pé com halteres

Faça esse exercício em pé, mantendo os pés alinhados com os ombros.

Figura 3.15 Desenvolvimento sentado com halteres. (a) Posição inicial. (b) Erga os pesos acima da cabeça.

Ombros

Crucifixo invertido no cabo

Este exercício fará seus ternos parecerem dos anos 1980: cheios de ombreiras.

Músculos
Ombros.

Execução
1. Ajuste as duas alças para a posição mais baixa do aparelho de cabo *crossover*. Posicione-se no meio da estação de cabo *crossover* e segure a alça esquerda na mão direita e a alça direita na mão esquerda (Figura 3.16a). Mantenha os cotovelos levemente flexionados.
2. Puxe simultaneamente suas mãos para os lados. Pare quando suas mãos estiverem alinhadas com a parte mais alta dos seus ombros (Figura 3.16b).
3. Mantenha brevemente a posição; em seguida, abaixe as mãos, refazendo o trajeto.

Figura 3.16 Crucifixo invertido no cabo. (a) Posição inicial. (b) Erga as mãos para os lados.

Ombros

Power clean (ou arremesso até o ombro)

Este exercício irá arremessar sua força nos ombros, na lombar e nas pernas lá para cima.

Músculos
Quadríceps, isquiotibiais, glúteos, lombar, ombros, trapézio, abdome.

Execução
1. Posicione-se com os pés afastados na largura dos ombros, e posicione os pés embaixo de uma barra. Flexione os joelhos, estenda totalmente os braços e segure a barra com uma pegada pronada. Mantenha as costas retas.
2. Levante a barra, estendendo rapidamente suas costas e seus joelhos (Figura 3.17a). Puxe a barra com os braços, mantendo-a o mais próximo possível do corpo. Quando a barra estiver logo abaixo do seu queixo, entre debaixo dela e gire os cotovelos para fora (Figura 3.17b).
3. Mantenha brevemente a posição, gire os cotovelos de volta à posição anterior e abaixe a barra devagar, até chegar à posição inicial. Veja só: você logo, logo estará pronto para as Olimpíadas.

Figura 3.17 *Power clean.* (*a*) Tire a barra do chão. (*b*) Gire os cotovelos para fora.

Ombros

Crucifixo invertido no banco inclinado

Este exercício trabalha os músculos do ombro que desaceleram o braço toda vez que você arremessa ou impulsiona algo. Não conseguir reduzir a velocidade dos braços sobrecarrega os ligamentos do cotovelo, e pode causar uma lesão que irá prejudicar o seu desenvolvimento muscular.

Músculos
Ombros.

Execução
1. Posicione-se em decúbito ventral em um banco inclinado, que deve estar a 45°, de modo que você possa ver por cima dele. Segure um halter em cada mão, com as palmas das mãos viradas uma para a outra (Figura 3.18a).
2. Mantenha os cotovelos levemente flexionados e erga os halteres, até que eles estejam alinhados com seus ombros (Figura 3.18b).
3. Permaneça na posição por 1 segundo; então, desça os braços devagar, até a posição inicial. Mantenha suas costas retas durante todo o movimento. Em breve, você terá ombros que puxam para trás com facilidade e parecem mais largos.

Figura 3.18
Crucifixo invertido no banco inclinado. (a) Posição inicial. (b) Erga os halteres, até que estejam alinhados com seus ombros.

Ombros

Remada alta com halteres

Imagine que você está em pé para cantar o Hino Nacional e, ao mesmo tempo, remando pela seleção brasileira; essa é a remada alta.

Músculos
Trapézio, ombros, parte superior das costas.

Execução
1. Posicione-se com os pés afastados na largura dos ombros e segure um halter em cada mão, à sua frente.
2. Com as palmas das mãos viradas para o seu corpo, erga os pesos, até que estejam alinhados com a base dos seus peitorais e logo abaixo do queixo (Figura 3.19).
3. Mantenha brevemente a posição; em seguida, abaixe os pesos lentamente.

Figura 3.19 Remada alta com halteres.

Ombros

Desenvolvimento Arnold
(Desenvolvimento frente com halteres com giro)

Quem criou esse exercício foi Arnold Schwarzenegger – por isso o nome –, e ele tinha um dos ombros mais largos que a humanidade já conheceu.

Músculos
Deltoide posterior, deltoide medial, tríceps, trapézio superior.

Execução
1. Fique em pé e segure um par de halteres na altura dos peitorais, com as palmas das mãos viradas para você (Figura 3.20a).
2. Levante os pesos acima da cabeça. Ao mesmo tempo, gire os pulsos, para que as palmas das mãos estejam voltadas para frente no final do movimento (Figura 3.20b).
3. Mantenha brevemente a posição; em seguida, leve de 2 a 4 segundos para trazer os pesos novamente para baixo. Gire os pulsos enquanto realiza o movimento, para que as palmas das mãos se voltem para você. Não fique surpreso se tiver que ir ao alfaiate encomendar um novo terno para caber nessa silhueta alargada.

Figura 3.20 Desenvolvimento Arnold. (a) Posição inicial. (b) Levante os pesos acima da sua cabeça.

Ombros

Elevação frontal com halteres

Poucos movimentos são tão simples quanto levantar algo grande e pesado que esteja à sua frente. Felizmente, simplicidade cria músculos melhor do que qualquer outra coisa.

Músculos
Ombros, trapézio.

Execução
1. Posicione-se com os pés afastados na largura dos ombros e segure um halter em cada mão (Figura 3.21a).
2. Eleve os pesos à frente do corpo, até que estejam alinhados com os seus ombros (Figura 3.21b).
3. Leve de 2 a 3 segundos para abaixar os pesos de volta à posição inicial.

NOTA: Alguns treinadores sugerem parar quando os pesos estão alinhados com os ombros. Caso não tenha lesões, erga os pesos o máximo que o movimento permitir para obter mais músculos e mais força.

Figura 3.21 Elevação frontal com halteres. (a) Posição inicial. (b) Erga os halteres à frente do corpo.

Peitorais: desenvolvendo um tórax que você irá apreciar

Seu peito é constituído por dois músculos: o músculo peitoral maior (o maior entre os dois) e o músculo peitoral menor. Este último fica embaixo do primeiro e é utilizado principalmente para empurrar suas costelas para cima quando você respira. Ele é bem útil.

Peitorais grandes são, provavelmente, um dos seus principais objetivos. Peitorais maciços adentram todos os cômodos antes do resto do corpo e causam uma forte primeira impressão. Caso tenha peitorais decentes, é possível que pergunte a alguém: *"Quanto você pega no supino?"*. Porém, não se engane achando que o supino é o único exercício responsável por criar peitorais dignos de nota. Sim, é um ótimo exercício para ganhar força, mas usar uma variedade de exercícios é melhor para criar camadas concretas de músculo no seu peito, e não traz o risco de ter que empurrar muitos quilos de aço para longe do coração. Aqui estão as regras mais importantes que você deve seguir para ficar com um peito que mais parece uma muralha.

Prefira halteres

Com o tempo, treinar com barras irá tornar os seus desequilíbrios de força e de músculo mais evidentes. Isso porque o seu lado mais forte rouba uma fração do esforço do seu lado mais fraco. Se você for destro, muitas vezes, o seu lado direito se torna mais forte e musculoso do que o esquerdo. Você parecerá menos simétrico e, eventualmente, desenvolverá uma lesão. Treinar com halteres elimina esse problema, e pode ser tão efetivo quanto treinar com barras. Se você está treinando apenas para obter força, vá com tudo para cima das barras. No entanto, se quiser um pouco de tudo, alterne entre a barra e os halteres.

Vá devagar

Abaixar a barra lentamente (de 2 a 4 segundos) é excelente para fortalecer os peitorais. Ache um colega que o ajude a erguer os pesos, para que possa abaixá-los. Adicione esse treino à sua programação de peitorais sempre que precisar de um ganho extra de força ou de potência.

Cuidado com os ombros

A maioria das pessoas se prende aos principais exercícios de desenvolvimento, como o supino e o mergulho nas barras paralelas, para desenvolver os peitorais. Com razão, visto que esses exercícios permitem que você use o máximo de peso e ganhe o máximo de músculo. Porém, eles também exigem bastante dos músculos dos ombros, portanto, preste atenção em como você está se sentindo. Estalos ou barulhos de algo raspando dentro do seu ombro significam que você precisa tirar um repouso de duas semanas do treino de peitorais. Se você machucar continuamente os seus ombros, você não conseguirá treinar nada, a não ser as pernas. Você não é o Rambo, e esse tipo de dor não tem que ser superado na marra.

Execução é essencial

Mesmo se não estiver levantando toneladas de aço no supino, é bem possível que queira responder à pergunta *"Quanto você pega no supino?"* com um sorriso. Você pode ficar propenso a lotar a barra de pesos e se exigir ao máximo nos exercícios de peitorais. Isso pode levar a erros de execução e a lesões graves. Usar uma barra como colar não fica bem. Aumente o peso apenas quando conseguir executar os movimentos perfeitamente e sempre peça ajuda a um colega. Seus ombros e sua lombar irão lhe agradecer se tornando à prova de balas.

Nem sempre pegue pesado

Pesos grandes impressionam, mas esse tipo de embromação só serve na academia. Peitorais grandes são algo que se carrega para além da porta. Seu ego pode limitar o alcance do seu movimento porque você está tentando trabalhar com cargas muito pesadas. Um movimento leve e completo é um ótimo complemento para o seu levantamento pesado. Apenas lembre-se de incluir uma variedade de exercícios, em vez de gastar todo o seu tempo fazendo exercícios isolados. Portanto, deixe de lado os pesos gigantes, que parecem ter saído de uma história do Popeye, e pegue os pesos pequenos (não os cor-de-rosa) para sentir a esticada.

Use cintos fora da academia, não dentro

Não utilize um cinto de levantamento de peso no aparelho de supino. Atletas de levantamento de peso olímpico (LPO) e *powerlifting* usam cintas em dois momentos: quando levantam os pesos de competição e quando precisam manter as calças na cintura. Eles primeiro precisam treinar sem o cinto para desenvolver força do tronco, e isso também vale para você. Procure melhorar a estabilidade dos seus ombros, do tronco e dos quadris durante os treinamentos. Nada disso acontecerá se você botar o cinto no dia de treinar peitorais.

Fique longe das bolas suíças

Você pode querer combinar os seus treinos de peitorais e de abdome utilizando uma bola suíça. Entretanto, o balanço incessante tornará impossível a utilização de cargas pesadas o suficiente para estimular o crescimento muscular. Um estudo publicado no *Journal of Strength and Conditioning Research* (Uribie et al., 2010) descobriu que fazer exercícios de desenvolvimento de peitorais com halteres na bola suíça resulta em uma diminuição na força dos peitorais, quando comparado com o mesmo exercício realizado em um banco. Nunca tente brincar de bola durante os exercícios. Use pesos grandes em um banco plano e estável para obter peitorais grandes e firmes.

Desafie seus peitorais com flexões

Apesar de flexões parecerem sem graça, elas são excelentes para o desenvolvimento dos seus peitorais. Muitos sábios da musculação louvam os benefícios da modesta flexão para o desenvolvimento do peito. Você pode fazer algumas flexões todos os dias sem arriscar incorrer em *overtraining*.[4] Tente estabelecer a meta de cem por dia. Quando você conseguir alcançar esse objetivo, seus peitorais já estarão incrivelmente maiores.

Não se esqueça da parte superior dos peitorais

A parte mais ordinariamente esquecida no corpo do levantador comum é a porção superior dos peitorais. Essa é aquela parte que aparece quando você usa camisetas com uma gola em V. Trabalhar essa área fará seus peitorais parecerem maiores de todos os ângulos. Em uma semana, comece com exercícios no banco plano e, na semana seguinte, comece com o banco inclinado, que trabalha a parte superior dos peitorais.

Cerre os dentes

Se você quiser aumentar os músculos do peito ao máximo, provavelmente, irá trabalhar os peitorais até que eles sucumbam às suas demandas. Aqui está uma dica para maximizar sua potência: trave o maxilar quando fizer o supino ou qualquer outro exercício pesado. Isso ajudará seus músculos a irem de 0 a 100 mais rápido, permitindo que você levante uma quantidade significativamente maior de peso. Não deixe de usar um protetor bucal. Um sorriso "quebrado" não ajudará os seus peitorais a crescer. Dê uma olhada na série de exercícios a seguir para descobrir como aumentar seus peitorais enquanto exibe um sorriso vencedor.

---

4 N.T.: desequilíbrio entre estresse e recuperação, com consequente queda no rendimento do atleta, que não melhora após um período de duas semanas.

Peitorais

Supino inclinado com halteres

Esta é a maneira de deixar os peitorais mais íngremes. Este movimento o deixará com uns músculos na parte superior do peito que, quando você usar uma camisa com gola em V, levará as mulheres a quererem ver mais.

Músculos
Porção superior do peito, tríceps, ombros.

Execução
1. Deite-se em um banco inclinado, ajustado para 30° ou 45°. Posicione os pés inteiros no chão e segure um halter em cada mão, acima dos peitorais.
2. Mantenha sua cabeça, seu tronco e seus quadris pressionados contra o banco. Abaixe os pesos para cada um dos lados (Figura 3.22a).
3. Estenda os braços e levante os pesos, até que estejam acima do seu queixo no final do movimento (Figura 3.22b).

NOTA: Não trave os cotovelos completamente no final do movimento.

Figura 3.22 Supino inclinado com halteres. (a) Posição inicial. (b) Levante os pesos.

Peitorais

Supino reto com halteres

Este escultor de peitorais deixará o seu peito com uma vitrine maior que a da C&A, portanto, faça-o corretamente.

Músculos
Peitorais, tríceps, ombros.

Execução
1. Deite-se em um banco plano e segure um halter em cada mão, acima de você e com os braços estendidos.
2. Mantenha sua cabeça, região dorsal e lombar pressionados contra o banco. Flexione os cotovelos e leve de 2 a 3 segundos para abaixar os halteres para cada lado de seu peito (Figura 3.23a).
3. Mantenha brevemente a posição; em seguida, estenda os cotovelos e levante os pesos (Figura 3.23b).

NOTA: Não trave os cotovelos completamente no final do movimento.

Figura 3.23
Supino reto com halteres.
(a) Posição inicial.
(b) Empurre os pesos para cima.

Peitorais

Mergulho nas barras paralelas

Você já assistiu aos ginastas musculosos brincarem com esse aparelho. Agora é sua chance de desenvolver a força e a potência olímpica que eles têm.

Músculos
Peitorais, tríceps, ombros.

Execução
1. Segure nas barras paralelas do equipamento de mergulho e erga-se, até que o peso do seu corpo esteja sustentado pelas suas mãos.
2. Mantenha os braços retos, mas não travados. Flexione os joelhos e cruze os tornozelos (Figura 3.24a).
3. Mantendo os cotovelos próximo ao corpo, abaixe por 3 segundos, até que seus braços estejam paralelos ao chão (Figura 3.24b). Espere 1 segundo antes de se erguer novamente. Mantenha os cotovelos destravados no ponto mais alto do movimento, para trabalhar até dois terços do músculo do braço, algo considerável, e esculpir peitorais dignos de um ginasta.

Figura 3.24 Mergulho nas barras paralelas. (a) Posição inicial. (b) Abaixe até que os seus braços fiquem paralelos ao chão.

Peitorais

Crucifixo com halteres

Prepare-se para dar um grande abraço no seu amigo imaginário. Isso em nome de peitorais maiores, é claro.

Músculos
Peitorais, ombros, tríceps.

Execução
1. Posicione-se em decúbito dorsal em um banco plano. Segure um halter em cada mão e eleve-os diretamente acima de seus peitorais (Figura 3.25a).
2. Flexione os cotovelos e abaixe os pesos lentamente para os lados, o mais distante que conseguir. Mantenha as costas firmes contra o banco (Figura 3.25b).
3. Erga os pesos até a posição inicial. O resultado? Os peitorais do Hércules são todos seus.

Variação: Crucifixo inclinado com halteres
Para uma variação, faça o movimento descrito deitado sobre um banco inclinado ajustado em 30° ou 45°.

NOTA: Tente manter a mesma angulação nas articulações dos cotovelos quando estiver abaixando e erguendo os pesos.

Figura 3.25
Crucifixo com halteres.
(a) Posição inicial.
(b) Abaixe os pesos para os lados.

Peitorais

Pullover com halteres

Você jogará um *frisbee* mais longe, carregará sua bagagem com mais facilidade e nocauteará aquele cara desagradável mais rapidamente, tudo com um único movimento. Este exercício gera força no centro dos seus peitorais, dando-lhe uma aparência musculosa de todos os ângulos. Ele também define o abdome inferior, que é um pouco difícil de trabalhar.

Músculos
Peitorais, tríceps, ombros, abdome, grandes dorsais, antebraços.

Execução
1. Pegue um halter leve em cada mão e posicione-se em decúbito dorsal em um banco plano. Coloque os pés no chão.
2. Junte os halteres, de forma que estejam tocando um no outro (Figura 3.26a). Flexione os cotovelos a, aproximadamente, 30° e, em seguida, abaixe os pesos atrás da cabeça, o mais distante que conseguir (Figura 3.26b).
3. Erga os pesos refazendo o trajeto.

Figura 3.26
Pullover com halteres.
(a) Posição inicial.
(b) Abaixe os pesos atrás da cabeça.

Peitorais

Crossover (cruzamento de cabos)

A adaptabilidade e a constante resistência dos cabos irão desafiar o seu físico de novas maneiras. Aqui está um dos melhores exercícios de peitorais que você pode usar.

Músculos
Peitorais, ombros, abdome, tríceps.

Execução
1. Fique em pé, com os pés afastados, entre as torres do *crossover*. Ajuste as alças para uma altura um pouco acima da altura dos peitorais. Segure uma alça em cada mão.
2. Coloque os braços para trás do seu corpo (Figura 3.27a). Cruze as alças em um ponto à frente do seu peito (Figura 3.27b). Os seus braços devem formar uma cruz à frente do corpo. Está permitido se sentir como um gângster nessa parte.
3. Contraia os peitorais e solte devagar, até voltar à posição inicial; assim, você conseguirá um buraco tão grande entre os peitorais que será possível prender uma moeda entre eles.

Figura 3.27 *Crossover*. (a) Posição inicial, com os braços atrás do corpo. (b) Cruze os braços na frente do peito.

Peitorais

Arremesso deitado com *medicine ball*

Hora de achar um lugar com um teto alto. Usuários de academias que parecem calabouços podem ter dificuldade. Este exercício funciona melhor se feito ao ar livre.

Músculos
Peitorais, ombros, abdome, tríceps.

Execução
1. Deite-se em um banco plano. Posicione a *medicine ball* no seu peito e segure-a com as duas mãos (Figura 3.28a).
2. Arremesse a bola para o alto (Figura 3.28b); em seguida, pegue-a e volte à posição inicial.

Figura 3.28 Arremesso deitado com *medicine ball*. (a) Posição inicial. (b) Jogue a bola para o ar.

Peitorais

Flexão explosiva

Você não precisa de equipamentos chiques para acelerar a velocidade dos seus socos e saques. Tudo o que você precisa é da boa e velha gravidade, e deste exercício.

Músculos
Peitorais, tríceps.

Execução
1. Entre na posição de flexão e posicione as mãos um pouco além da direção dos ombros. O seu corpo deve formar uma linha reta dos ombros até os tornozelos.
2. Mantenha as costas retas e abaixe o corpo, até que seus braços estejam mais baixos do que os cotovelos (Figura 3.29a). Permaneça nessa posição por 1 segundo.
3. Impulsione-se para cima com força, o mais alto que conseguir, para que suas mãos saiam do chão (Figura 3.29b). Bata palmas enquanto estiver no ar, se puder.

NOTA: Mantenha as costas retas durante todo o exercício.

Figura 3.29 Flexão explosiva. (a) Posicionamento embaixo. (b) Mãos fora do chão.

Peitorais

Arremesso de *medicine ball* em pé

Prepare-se para fazer barulho com este exercício de explosão que irá pegar em cheio toda a parte superior do seu corpo.

Músculos
Ombros, abdome, peitorais.

Execução
1. Fique em pé, com os pés afastados na largura dos quadris. Segure a *medicine ball* acima da cabeça com os braços estendidos, como se estivesse segurando um troféu de campeão (Figura 3.30a). Imagine a torcida vibrando.
2. Rapidamente, flexione o tronco e arremesse a bola no chão, à sua frente (Figura 3.30b). Cuidado com os pés.
3. Pegue a bola quando ela pingar de volta – cuidado com o rosto – e erga-a novamente para a posição inicial. Deleite-se com a glória de suas recém-encontradas velocidade e explosão.

Figura 3.30 Arremesso de *medicine ball* em pé. (*a*) Posição inicial. (*b*) Arremesse a bola no chão.

Peitorais

Flexão

Para peitorais que podem servir de arma, enfie o nariz na terra, soldado.

Músculos
Ombros, peitorais, tríceps, abdome.

Execução
1. Posicione-se em decúbito ventral. Suporte o corpo com os metatarsos e alinhe as mãos com os ombros (Figura 3.31a). Mantenha os braços estendidos, mas não travados.
2. Flexione os cotovelos e abaixe até o chão (Figura 3.31b). Mantenha os cotovelos próximo ao corpo.
3. Quando o seu peito encostar no chão, estenda os cotovelos e empurre-se de volta à posição inicial.

Variação: Flexão inclinada
Posicione os pés em um objeto elevado, como um banco de praça ou de academia, e posicione as mãos no chão. Faça a flexão.

Figura 3.31 Flexão. (*a*) Posição inicial. (*b*) Abaixe o peito até o chão.

Costas: fique com um torso em forma V

Se estiver procurando por músculos grandes, nenhum deles é maior em área total de superfície que aqueles na parte superior das costas, chamados grandes dorsais. Eles têm alguns ajudantes – seus bíceps e seus ombros – que podem roubar o trabalho durante alguns exercícios de costas, diminuindo, assim, o seu potencial de conseguir uma forma V. Porém, existem maneiras de remover esses ladrões da equação.

Costas largas, parecendo uma naja, são um símbolo de poder tanto no campo quanto na sala de reuniões. Para sua silhueta parecer atlética e imponente, seus ombros e a parte superior das costas têm de ser mais largos do que a cintura. As sessões de queima de gordura dos Capítulos 8 e 9 ajudarão a afinar a cintura, ao passo que as regras e os exercícios aqui descritos vão alargar a sua forma V, fazendo sua cintura parecer mais fina instantaneamente. Força na parte superior das costas também lhe ajudará a manter seus ombros para trás e segurar sua postura no lugar. E, se você for um esportista, o ajudará em praticamente todas as empreitadas atléticas, seja natação, surfe, escalada ou, simplesmente, jogar uma bola para o amigo com tanta força que ele terá que soprar os dedos depois de pegá-la. Continue lendo para fazer da sua silhueta um sinal de paz.

Segurar firme é vital

Se você for um criacionista, seus grandes dorsais são as sobras das asas dos anjos, e se você for um evolucionista, eles são antigos músculos dos macacos que seus antepassados utilizavam para balançar nas árvores. Praticamente todos os exercícios de costas envolvem segurar em alguma coisa: um peso, uma barra, o que seja. O objetivo é se pendurar por tempo suficiente para criar tensão nos músculos das costas. Contudo, se sua pegada ceder antes dos músculos das costas, você estará fadado a uma forma U em vez de uma forma V. Se isso estiver acontecendo, separe um tempo para fortalecer sua pegada ou use fitas. Após alguns exercícios de costas, suas mãos irão se fortalecer e deixar você com aquele aperto de mão que sela qualquer negócio.

Aperte depois de puxar

Quase todos os exercícios de costas pedem que você puxe algo pesado na direção dos seus peitorais ou do seu rosto. Os seus ombros estarão quase unidos no final dos movimentos, e é essencial que você faça um esforço consciente para espremê-los e segurar a posição no final de cada repetição. Isso adiciona tensão a todos os exercícios e ajuda a manter seus ombros para trás e o seu peito estufado quando você estiver em pé.

Pense neles

Como os músculos das costas não costumam aparecer no espelho, a não ser que você esteja verificando o desenvolvimento dos seus glúteos, o seu cérebro pode se esquecer da existência deles. Para maximizar seu crescimento, crie um elo entre mente e músculo, imaginando os músculos das costas contraindo e relaxando enquanto você empurra os pesos para a frente e para trás. Muitos vencedores do Mr. Olympia juram que essa técnica funciona. Convencer um homem que tem braços maiores que a cabeça de que isso é mentira pode ser um pouco difícil.

Varie sua pegada

Quando estiver fazendo movimentos como remadas, barra fixa e puxadas, não deixe de variar sua pegada. Quanto mais aberta a pegada, mais difícil o exercício e mais músculos trabalhados. Pegadas mais fechadas tendem a trabalhar os músculos do meio das suas costas, fazendo você parecer mais robusto, ao passo que as pegadas abertas trabalham as extremidades dos seus grandes dorsais, fazendo você parecer mais largo. Misture-as o máximo que puder, e você logo terá costas que serão bonitas vistas de qualquer ângulo.

Mantenha suas costas no nível dos seus peitorais

Para um físico livre de lesões, suas costas devem ser tão fortes quanto seus peitorais. Isso significa que você deve ser capaz de puxar o mesmo tanto que consegue empurrar. Os seus peitorais provavelmente ganharão um treino completo toda semana, portanto, certifique-se de que suas costas estão acompanhando tanto em força quanto em resistência. Você pode até montar uma supersérie com exercícios de peitorais e de costas, uma verdadeira festa de desenvolvimento muscular.

Levante o queixo

Quando estiver treinando as costas, você ficará tentado a trazer a cabeça para baixo, na direção do peso que está puxando. É da natureza humana ficar de olho nas coisas que se aproximam da gente. Porém, isso, muitas vezes, faz os levantadores puxarem o queixo para baixo, o que irá afetar sua espinha dorsal. Aqui está uma solução simples: olhe para a frente e mantenha o queixo erguido. Isso, por tabela, é um excelente movimento para o desenvolvimento das suas costas.

Alongue

Se você já deu um mau jeito nas costas, sabe que ele nem sempre se resume àquele pequeno desconforto que você só sente quando se mexe de determinada maneira. Você pode ficar de cama por muitos dias até achar um quiroprático que o conserte. A solução? Nos dias em que não estiver treinando costas, pendure-se em uma barra fixa por 30 segundos. Isso ajudará no fortalecimento da sua pegada, o que é útil para os treinos de costas, e irá alongá-las, impedindo os nós de se formarem. Quando for treinar as costas, faça alguns alongamentos de peitorais, para manter ambos os lados flexíveis e livres de lesão.

Pegue pesado, levante devagar

Quando você treina as costas, a distância que o peso precisa percorrer é pequena. Cada repetição de um exercício de costas (exceto a barra fixa) pode levar metade do tempo de uma repetição normal para qualquer outra parte do corpo, como pernas ou peitorais. Vá devagar e coloque peso o suficiente para forçar você a segurar o passo durante as fases de puxar e abaixar de cada movimento.

Cuide das mãos

Você tem que segurar e apertar quantidades enormes de aço quando está trabalhando os grandes dorsais; isso pode machucar suas mãos. Use luvas nos dias em que for treinar as costas, ou deixe os calos se formarem. Suas mãos logo ficarão resistentes. Entretanto, se deixar os calos ficarem muito grandes, você corre o risco de eles serem arrancados por um peso. Sangue costuma trazer uma sessão de treinamento a um fim abrupto. A cada tantos meses, apare os calos usando o seu *kit* de cortar unhas. Tenha a certeza de que sua mulher irá agradecer.

Domine o peso do seu corpo

O ciclo da barra fixa funciona assim: você não consegue fazer muitas barras; você não quer parecer fraco; você trabalha as puxadas para ficar forte o suficiente para a barra. Alguns meses depois, você está detonando o aparelho de puxadas e, mesmo assim, não consegue fazer uma barra; portanto, volta para aquilo que sabe. Para quebrar esse ciclo e ganhar a desejada força, faça uma ou duas repetições no aparelho que ajuda a realizar a barra. A barra é o principal parâmetro de quase todos os militares, bombeiros e de qualquer emprego que exija preparo físico, porque ela cria força relativamente ao peso corporal. Além disso, ela trabalha os braços, os antebraços, o abdome e, até mesmo, os peitorais. É o melhor exercício que você pode fazer para as costas e para todo o corpo. Não desista até que tenha dominado a barra fixa e os exercícios essenciais de costas a seguir.

Parte superior das costas

Barra fixa com pegada pronada

Além de dar à parte superior das costas uma força que irá levar seu quiroprático à falência, esse movimento dá a você aquela potência extra toda vez que você dá um soco ou arremessa.

Músculos
Costas, bíceps, abdome, antebraços.

Execução
1. Segure a barra com uma pegada pronada e posicione as mãos na linha dos ombros. Caso você seja avançado, prenda um cinto de levantamento na cintura e pendure pesos nele. (Veja a barra fixa com pegada pronada com peso no Capítulo 11.) Se não tiver força o suficiente, use o aparelho que auxilia a fazer barra. Pendure-se de forma que os seus cotovelos fiquem totalmente estendidos.
2. Flexione os cotovelos e puxe-se para cima, até que o seu queixo cruze a linha da barra (Figura 3.32).
3. Mantenha brevemente a posição; em seguida, abaixe devagar até a posição inicial, sem deixar o corpo balançar.

Figura 3.32 Barra fixa com pegada pronada.

Parte superior das costas

Remada curvada com halteres

Este movimento o ajudará a estufar o peito com orgulho do seu tronco largo e em forma V.

Músculos
Grandes dorsais, bíceps, ombros.

Execução
1. Posicione-se com os pés inteiros no chão. Segure um halter em cada mão.
2. Mantendo as costas retas, flexione o quadril para a frente, até que suas costas estejam quase paralelas ao chão. Mantenha as pernas retas, mas destravadas, os braços estendidos abaixo dos ombros e as palmas das mãos viradas uma para a outra.
3. Lentamente, erga os pesos em direção aos lados dos seus peitorais (Figura 3.33). Mantenha brevemente a posição; em seguida, abaixe-os lentamente. Repita o movimento, para deixar suas costas no caminho certo.

Figura 3.33 Remada curvada com halteres.

Parte superior das costas

Remada unilateral com halter

Para conseguir uma força maior na hora de puxar ferro na academia, este exercício é obrigatório.

Músculos
Grandes dorsais, bíceps.

Execução
1. Posicione um joelho sobre o banco e equilibre-se com a mão que está livre, palma para baixo, à sua frente. Posicione a outra perna no chão, atrás de você, de forma que seu corpo forme um tripé. Mantenha as costas retas e segure um halter na outra mão. Deixe esta mão pendurada, com o braço estendido, abaixo do ombro (Figura 3.34a).
2. Traga o cotovelo para cima, até passar do tronco, empurrando o seu ombro na direção da coluna dorsal (Figura 3.34b).
3. Leve 3 segundos para abaixar o peso até a posição inicial, e você terá grandes dorsais, aos quais o coração de nenhuma mulher resistirá.

Figura 3.34 Remada unilateral com halter. (*a*) Posição inicial. (*b*) Erga o peso.

Parte superior das costas

Remada em banco inclinado com halteres

Este exercício dará a você costas que causarão grande impressão toda vez que você deixar um cômodo.

Músculos
Grandes dorsais, bíceps, antebraços.

Execução
1. Posicione-se em decúbito ventral em um banco inclinado, ajustado para 45°, de forma que seus olhos possam ver por cima dele. Segure um halter em cada mão, com as palmas das mãos viradas uma para a outra (Figura 3.35a). Mantenha as mãos abaixo dos ombros.
2. Flexione os cotovelos e puxe os pesos em sua direção (Figura 3.35b).
3. Mantenha essa posição por 1 segundo; em seguida, leve de 2 a 3 segundos para retornar os pesos à posição inicial.

Figura 3.35 Remada em banco inclinado com halteres. (a) Posição inicial. (b) Puxe os pesos.

Parte superior das costas

Remada invertida

Fique bom neste exercício e rapidamente você conseguirá abrir uma porta enferrujada sem dificuldades.

Músculos
Costas, bíceps, abdome.

Execução
1. Deite-se embaixo de uma barra posicionada um pouco acima do comprimento do seu braço. (Se ajudar, imagine que você está pendurado na barra da prancha de windsurfe.) Segure a barra e pendure-se nela. Seu corpo deve formar uma linha reta, desde os tornozelos até os ombros (Figura 3.36a).
2. Puxe os peitorais em direção à barra e mantenha brevemente a posição (Figura 3.36b).
3. Estenda os cotovelos e abaixe-se, até que eles travem. A repetição só vale se você tocar a barra com os peitorais.

Figura 3.36 Remada invertida. (a) Posição inicial. (b) Puxe o peito em direção à barra.

Parte superior das costas

Face pull

Esta não é a chance de mostrar sua careta predileta, mas, provavelmente, você a mostrará.

Músculos
Grandes dorsais, bíceps, antebraços, abdome.

Execução
1. Posicione o cabo *crossover* na altura dos seus olhos. Posicione-se de frente para o aparelho. Pegue uma ponta do cabo em cada mão e ande para trás, até que seus braços fiquem estendidos à sua frente e paralelos ao chão (Figura 3.37a).
2. Flexione os cotovelos e traga o centro da corda o mais próximo possível do seu rosto (Figura 3.37b).
3. Leve de 2 a 3 segundos para estender os braços e voltar à posição inicial.

Figura 3.37 *Face pull*. (*a*) Posição inicial. (*b*) Flexione os cotovelos e puxe a corda em direção ao seu rosto.

Parte inferior das costas

Levantamento terra com halteres

Para ganhar músculos de atacado a preço reduzido, este movimento oriundo do Leste Europeu vale o investimento.

Músculos
Quadríceps, glúteos, isquiotibiais, lombar, abdome.

Execução
1. Coloque dois halteres no chão à sua frente. Posicione-se com os pés unidos. Flexione os joelhos e os quadris e leve a parte superior do corpo em direção aos pesos. Segure-os com uma pegada pronada (Figura 3.38a).
2. Use suas coxas para estender as pernas e erguer os pesos (Figura 3.38b).
3. Leve de 2 a 4 segundos para abaixar os pesos de volta à posição inicial. Mantenha as costas retas durante todo o movimento.

Variação: Levantamento terra em uma perna com halteres
Para um desafio maior, equilibre-se em uma perna enquanto faz o levantamento terra. Ao completar as repetições com um pé, faça as repetições com o outro.

Figura 3.38 Levantamento terra com halteres. (a) Posição inicial. (b) Erga os pesos e estenda as pernas.

Parte inferior das costas

Bom-dia

A lombar pode não ter músculos bonitos de exibir, mas você desejará tê-la exercitado, caso dê um mau jeito nela algum dia.

Músculos
Lombar, isquiotibiais, abdome, glúteos.

Execução
1. Apoie uma barra sobre a parte de trás dos ombros. Flexione os joelhos levemente, de forma controlada (Figura 3.39a), e comece a se inclinar para a frente, mantendo a curvatura normal da lombar.
2. Abaixe o tronco até que ele esteja paralelo ao chão (Figura 3.39b), então, inverta a direção do movimento e eleve o tronco, até retornar à posição inicial. Uma lombar forte o ajudará a ficar ereto, o que esticará o seu abdome e, imediatamente, reduzirá sua barriga. Mesmo que você não seja o Bruce Lee, vale a pena se inclinar em reverência.

NOTA: Ao baixar o tronco, olhe para a frente. Isso ajudará a manter suas costas na posição adequada.

Figura 3.39 Bom-dia. (a) Posição inicial. (b) Abaixe o tronco até que ele esteja paralelo ao chão.

Parte inferior das costas

Extensão de tronco

Um abdome forte pede um contrapeso forte. E isso ocorre na forma de uma lombar sólida.

Músculos
Lombar, abdome.

Execução

1. Apoie-se em decúbito ventral em um aparelho de extensão de tronco. Prenda a parte de trás do tornozelo embaixo das almofadas e apoie suas coxas sobre a outra almofada. Cruze os braços sobre o peito (Figura 3.40a) ou, se tiver força o suficiente, segure um peso encostado nos peitorais.
2. Baixe o tronco em direção ao chão (Figura 3.40b); em seguida, erga-se até a posição inicial e mantenha-a por 1 ou 2 segundos.

NOTA: Caso não tenha um aparelho de extensão de tronco, posicione-se em decúbito ventral no chão, cruze os dedos atrás da cabeça e erga o tronco para longe do chão, por 2 segundos. Pense nesse movimento como uma extensão estilo prisioneiro.

Figura 3.40 Extensão de tronco. (a) Posição inicial. (b) Abaixe o tronco em direção ao chão.

Parte inferior das costas

Super-Homem

É isso o que você deve fazer para conseguir a lombar e o abdome do Homem de Aço.

Músculos
Lombar, abdome.

Execução
1. Posicione-se em decúbito ventral com os braços estendidos para fora (Figura 3.41a).
2. Erga os peitorais para longe do chão. Não mova os quadris e as pernas (Figura 3.41b).
3. Mantenha a posição por 2 ou 3 segundos; em seguida, abaixe a parte superior do corpo de volta ao chão.

Figura 3.41 Super-Homem. (a) Posição inicial. (b) Erga o peito e o abdome para longe do chão.

Parte inferior das costas

Arremesso

Este exercício é o principal exercício do desenvolvimento muscular, em razão de sua capacidade de trabalhar todos os músculos que você tem e, até mesmo, alguns que você nem sabia que tinha.

Músculos
Glúteos, isquiotibiais, quadríceps, ombros, abdome, lombar, peitorais.

Execução
1. Coloque uma barra a 5 centímetros dos seus tornozelos. Posicione-se com os pés e ombros alinhados. Agache e segure a barra com uma pegada pronada (Figura 3.42a).
2. Use os glúteos para empurrar os quadris para a frente e levantar enquanto puxa a barra para cima (Figura 3.42b). Mantenha a barra próximo ao corpo e utilize o impulso gerado pela parte inferior do corpo.
3. Quando a barra chegar à altura dos ombros, gire os cotovelos e os braços em torno dela. No final desse movimento, a barra deve estar apoiada sobre a parte da frente dos seus ombros e você deve segurá-la com uma pegada invertida (Figura 3.42c). Flexione os joelhos como se fosse agachar.
4. Em um rápido movimento, estenda os joelhos, fique nas pontas dos pés e empurre o peso acima da sua cabeça, como em um exercício de desenvolvimento de ombros (Figura 3.42d).

Figura 3.42 Arremesso. (a) Agache e segure a barra. (b) Puxe a barra para cima. (c) Apoie a barra na parte da frente dos ombros. (d) Execute o movimento do desenvolvimento de ombros.

Abdome: gerenciando o setor intermediário

Os músculos da parte central do seu corpo são mais unificados do que você pode imaginar. O tanquinho não é composto por seis ou oito músculos diferentes; é uma única faixa de músculo dividida por tendões que o fazem parecer um tanquinho multimuscular. Ele está enredado em músculos de apoio, como os oblíquos e o transverso abdominal, que o ajudam a girar em qualquer direção que desejar.

Sem dúvida, o grupo muscular que está quase sempre em primeiro lugar na lista de "mais desejados" nas revistas femininas é o abdome. Mesmo que você não dê a mínima para essas listas forjadas, um abdome consistente com certeza irá lhe atrair um pouco mais de atenção. Se você não liga para estética, considere os outros benefícios: menos dor nas costas, melhor desempenho esportivo, melhor postura e uma barriga de ferro que absorverá com facilidade qualquer soco. O abdome também é muito útil em situações do dia a dia, como manter o equilíbrio ao carregar caixas em um dia de mudança ou levar alguns engradados de cerveja ao piquenique sem suar. Graças a essas vantagens, muitos caras pagariam qualquer coisa para conseguir um tanquinho de aço. Isso os faz usar para o abdome um treino diferente daquele utilizado para outros músculos, o que é um erro. Este é o seu guia para evitar isso e conseguir – da maneira correta – um tanquinho daqueles que você vê na televisão.

Não é o movimento que faz o abdome

O seu abdome não trabalha apenas quando seu tronco ou suas pernas sobem e descem. Na verdade, alguns dos exercícios mais exigentes para o abdome são feitos sem que você tenha que se mexer. O trabalho que o seu abdome mais realiza é se flexionar para manter o corpo ereto. Quando você suspende o corpo sobre o chão, como em um exercício de prancha, o seu abdome tem que trabalhar o dobro para mantê-lo firme. Resistir ao movimento costuma ser mais difícil do que realizar movimentos e produz um abdome firme.

O melhor é repousar

Se você executar os seus exercícios de abdome prediletos todos os dias você irá sobrecarregar os músculos e privá-los do precioso tempo de recuperação de que eles necessitam para crescer. O abdome já é um dos grupos musculares que mais trabalha no seu corpo. Você o utiliza para ficar de pé e entrar na academia, e continua o utilizando em praticamente todos os exercícios de levantamento de peso que realiza. Dê uma maneirada e treine-o com bastante peso duas ou três vezes por semana; logo, você perceberá que esquentar o sofá enquanto assiste à televisão é tudo o que precisa para encontrar o seu tanquinho.

Quando suas costas doerem, olhe para a frente

Se você já teve problemas nas costas, pare de achar que suas costas são o problema. Dor nas costas costuma ser relacionada a músculos fracos no tronco. Os músculos da parte central do seu corpo não estão isolados. Na verdade, eles se entrelaçam pelo seu tronco como uma rede de aço maleável – isso se estiverem em forma, claro. Se o seu abdome estiver fraco, os seus glúteos e os seus isquiotibiais têm que trabalhar mais para manter sua espinha dorsal estável; isso pode acarretar dores nas costas. Pesquisadores (Childs et al., 2010) descobriram que recrutas do exército norte-americano que faziam exercícios que trabalham os músculos do tronco perdiam menos dias de trabalho por causa de dores nas costas. Portanto, em sua marca, soldado, faça as dores nas costas marcharem para longe, deixando o seu abdome em boa forma.

Abdominais não são os únicos exercícios que valem a pena fazer

Caso não esteja fazendo agachamentos para as pernas, considere utilizá-los para fortalecer a parte central do corpo. Pesquisadores que mediram a atividade dos músculos abdominais durante diversos exercícios populares concluíram que agachamentos trabalham o tronco melhor do que muitos exercícios para o abdome e a lombar (Okada, Huxel e Nesser, 2011). Apesar dos agachamentos com cargas pesadas terem estimulado os músculos ao máximo, até mesmo as séries leves de aquecimento atingiram intensamente o abdome dos participantes. Comece a agachar se quiser que os músculos acima das suas pernas fiquem bonitos.

Não há como emagrecer apenas na barriga
Isso não é novidade para ninguém que já deixou pelo menos uma gota de suor na academia. Mas, para ter uma prova disso, dê uma olhada naquele cara fazendo centenas de abdominais – sempre tem um. Como está a barriga dele? Provavelmente, balançando mais que gelatina. Abdominais completos não são uma maneira eficiente de usar seu tempo; você teria que fazer uns 20.000 para queimar meio quilo de gordura. Prefira usar cargas pesadas e fazer apenas algumas repetições, e você tensionará o seu abdome o suficiente para ele crescer.

Longe da vista não significa longe da mente
O fato de você não conseguir ver seu abdome não significa que ele não esteja ali. Ele pode estar experimentando um progresso sem precedentes, mas você não saberá até eliminar a camada de gordura que o cobre. Se precisar de motivação, enfie os dedos no pneuzinho e sinta. Esses pedaços duros de músculo que você está sentindo são seus músculos abdominais. Tudo o que você precisa fazer para revelá-los é queimar a gordura (*vide* os Capítulos 8 e 9). Quando você alcançar de 10% a 12% de gordura corporal, seu abdome furará os olhos das pessoas.

Você não pode focar o abdome superior ou o inferior
O seu abdome é um grande músculo que se conecta com sua caixa torácica e com os ossos da pelve. Não há como fazer um exercício para o abdome superior e outro para o inferior. Quando você trabalha o abdome, você trabalha todo o músculo. Isso é muito útil: faz você ganhar tempo e garante que seu abdome cresça sempre proporcionalmente. Se o seu abdome inferior não estiver tão desenvolvido quanto o superior, isso ocorreu porque é mais fácil você acumular o excesso de gordura na parte que cobre o abdome inferior. Triste, porém, verdade. Significa que o momento é de queimar gordura.

Bolas suíças não são a solução para o abdome
Muitos homens e muitas mulheres conseguem um abdome de tirar o chapéu sem a ajuda desses balões gigantes. Em alguns casos, exercícios na bola suíça utilizam menos músculos do que os exercícios feitos sem a bola. Elas têm o seu lugar e são úteis para alguns exercícios; porém, não tente fazer uma rotina inteira de supinos e outros tipos de exercício nelas, porque você ficará mais fraco do que se fizesse os exercícios em uma superfície mais estável. Você irá sacrificar todos os outros músculos, e o seu abdome não mudará em nada.

Ache o melhor para o seu abdome
Diversos estudos tentam demonstrar qual o melhor exercício para o abdome, mas o engraçado sobre o abdome é que cada exercício funciona melhor para certo tipo de pessoa. O que construiu o tanquinho do seu amigo pode não ter o mesmo efeito no seu tanquinho, porque a mecânica do seu físico é única. O truque é não se limitar aos exercícios deste livro. Vá procurar, observe todos os exercícios de abdome e experimente-os. Logo na segunda série você saberá se o exercício está trabalhando a parte central do seu corpo como você deseja. Quando descobrir o que funciona para você, seu abdome rapidamente se juntará à festa.

Contraia o estômago
O ato de contrair a barriga, exatamente igual ao que você faz quando alguém bonito passa por você na praia, é útil de ser praticado na academia. Quando estiver fazendo exercícios de abdome, tente apertar o seu umbigo para dentro, na direção da espinha dorsal, enquanto mantém a caixa torácica alta. Essa é uma técnica de pilates que envolve o transverso abdominal, um músculo profundo do abdome que o ajuda a respirar. Por que você deveria se importar? Treinar o transverso abdominal a se manter flexionado o ajudará a manter a barriga contraída sem nem ter que pensar nisso, fazendo o seu abdome parecer mais saliente. Se alguma loira de biquíni aparecer de repente, sua barriga estará igual a se você tivesse acabado de fazer cem abdominais, e você não precisará segurar a respiração para falar com ela. Para mais jeitos de conseguir esse visual, dê uma olhada nos exercícios a seguir. Eles o ajudarão mais que quaisquer outros.

Abdominais

Abdominal com pedalada

Suba na bicicleta, meu filho. Este exercício ajudará seu abdome a entrar na linha o mais rápido possível.

Músculos
Abdome, tronco.

Execução
1. Posicione-se em decúbito dorsal com as pernas elevadas e os joelhos flexionados a 90°. Entrelace os dedos atrás da cabeça.
2. Traga os joelhos na direção dos peitorais e tire os ombros do chão, sem puxar o pescoço.
3. Estenda a perna esquerda até que ela fique a 45° em relação ao solo. Ao mesmo tempo, gire a parte superior do corpo para a direita e leve o cotovelo esquerdo em direção ao joelho direito. Troque o lado e leve o cotovelo direito em direção ao joelho esquerdo (Figura 3.43). Alterne os lados enquanto traz as pernas para a frente e para trás, em um movimento de pedalada, e logo você terá um abdome pronto para encarar qualquer estrada.

Figura 3.43 Abdominal com pedalada. Leve o cotovelo direito em direção ao joelho esquerdo.

Abdominais

Prancha e prancha com elevação de perna

Impedir que a virilha toque no chão é algo instintivo. Esta é a maneira de usar isso a seu favor.

Músculos
Abdome.

Execução
1. Posicione-se em decúbito ventral, com as pernas estendidas e unidas. Coloque as mãos embaixo dos peitorais e apoie o peso do corpo sobre os antebraços.
2. Erga-se sobre cotovelos e dedos do pé, de forma que o seu corpo esteja em linha reta desde os tornozelos até os ombros (Figura 3.44a). Mantenha essa posição pelo tempo apropriado para o seu treinamento específico.
3. Como variação, erga um dos pés (Figura 3.44b).

Variação: Prancha com flexão
Entre na posição de prancha. Posicione a mão direita onde estava apoiado seu cotovelo direito, e estique ambos os braços, para ficar na posição inicial da flexão. Volte para a posição de prancha, e repita o movimento, começando com o braço esquerdo.

Figura 3.44 (a) Prancha. (b) Prancha com elevação de perna.

Abdominais

Elevação de pernas

Vamos lá, estenda as pernas. Você merece.

Músculos
Abdome, oblíquos.

Execução
1. Deite-se no chão com as pernas completamente estendidas. Apoie as mãos ao lado do corpo (Figura 3.45a). Se você for forte e corajoso, segure um halter entre os pés.
2. Mantendo os joelhos estendidos, mas não travados, erga as pernas até que estejam a 90° em relação ao solo (Figura 3.45b). Demore de 2 a 3 segundos para baixar as pernas ao chão. Agora, sua barriga está pronta para tomar um soco de um lutador do UFC.

Variação: Elevação de quadris com pernas estendidas
Como uma variante, quando estiver com as pernas a 90° do chão, erga ligeiramente a lombar e mantenha a posição por 2 ou 3 segundos. Baixe a lombar, e, em seguida, as pernas (não deixe que toquem no chão); repita o movimento.

Figura 3.45 Elevação de perna. (*a*) posição inicial. (*b*) Erga as pernas a 90°.

Abdominais

Elevação de pernas em suspensão

Este exercício irá laçar o seu abdome e enforcá-lo, até que ele cresça.

Músculos
Abdome.

Execução
1. Posicione-se no aparelho "cadeira de capitão" e segure os braços do aparelho. Pressione as costas contra a almofada e tensione o abdome.
2. Erga as pernas e flexione os joelhos, até que eles estejam nivelados com seu peito (Figura 3.46).
3. Leve de 2 a 3 segundos para abaixar as pernas e 1 segundo para levantá-las. Isso colocará pressão suficiente sobre os músculos da sua barriga para construir um tanquinho de aço.

Figura 3.46 Elevação de pernas em suspensão.

Abdominais

Rollouts

Pense neste exercício como a dança da cordinha ao contrário. Depois de fazê-lo, abaixar para ver se suas chaves caíram embaixo da cama quase não exigirá esforço.

Músculos
Abdome, ombros, lombar.

Execução
1. Coloque pesos de 5 a 10 quilogramas na barra e prenda-os. Ajoelhe-se no chão e segure a barra com uma pegada pronada, com as mãos na linha dos ombros. Posicione seus ombros diretamente sobre a barra e mantenha a lombar naturalmente arqueada (Figura 3.47a).
2. Lentamente, role a barra para a frente e estenda o corpo o máximo que conseguir, sem permitir que o quadril penda para o chão (Figura 3.47b).
3. Pause por 2 segundos e, então, inverta o movimento para retornar ao começo. O seu abdome terá que ficar tenso para impedir que seu tronco e seus quadris caiam no chão.

Figura 3.47 *Rollouts*. (a) Posição inicial. (b) Role a barra para a frente.

Abdominais

Prancha lateral

Só porque você faz de lado não quer dizer que é fácil.

Músculos
Abdome, oblíquos.

Execução
1. Entre na posição de prancha. Passe o peso do seu corpo para o braço esquerdo enquanto gira sobre o lado externo do seu pé esquerdo.
2. Erga o corpo para cima, desencostando-o do chão. Equilibre-se sobre o antebraço esquerdo e posicione o pé direito sobre o esquerdo (Figura 3.48). Mantenha as pernas estendidas, de forma que o seu corpo fique em diagonal em relação ao chão. Não deixe que seus quadris afundem.
3. Mantenha a posição e repita do lado oposto. Este exercício desenvolve o abdome sem colocar pressão sobre a coluna dorsal, e dá a você resistência para flexionar a pelve a noite toda. Bom na pista de dança; essencial no quarto.

Figura 3.48 Prancha lateral.

Abdominais

Rotação de tronco com barra apoiada

Conheça um dos exercícios de corpo inteiro mais completos que você pode executar para o fortalecimento da parte central do corpo.

Músculos
Tronco.

Execução
1. Coloque um peso em uma ponta da barra e insira a outra ponta no canto ou em um buraco de outro peso. Posicione-se com os pés e os ombros alinhados, e segure a extremidade da barra (Figura 3.49a).
2. Flexione a parte superior do corpo e os joelhos em direção ao chão e abaixe o peso para a esquerda em um amplo movimento de arco (Figura 3.49b). Mantenha os cotovelos arqueados da mesma maneira durante todo o movimento.
3. Comece a girar os pés na direção em que está abaixando a barra. Mantenha os joelhos acima dos dedos do pé. Apoie-se sobre os metatarsos do pé esquerdo, para facilitar o movimento de rotação.
4. Pare imediatamente antes do peso atingir o chão. Ele deve terminar um pouco além da parte de fora do seu pé esquerdo. Em um movimento explosivo, erga o peso, fazendo o mesmo arco que você percorreu ao abaixá-lo. Use a força do tronco e das pernas para levá-lo de volta à posição inicial.

Figura 3.49 Rotação de tronco com barra apoiada. (a) Posição inicial. (b) Abaixe o peso para a esquerda.

Abdominais

Pêndulo

Neste exercício, você fará a sua melhor imitação de um para-brisa. E sairá dele com um abdome pronto para qualquer estrada.

Músculo
Abdome, oblíquos.

Execução
1. Posicione-se em decúbito dorsal, com os braços para os lados e as pernas unidas. Lentamente, erga as pernas, até que seus pés estejam perpendiculares aos seus quadris (Figura 3.50a). Mantenha as pernas unidas.
2. Contraia o abdome como em um abdominal. Lentamente, jogue as pernas para a esquerda o máximo que conseguir, mantendo os joelhos levemente flexionados (Figura 3.50b).
3. Mantenha brevemente a posição; retorne as pernas ao centro e repita para o lado direito.

Figura 3.50 Pêndulo. (a) Posição inicial. (b) Jogue as pernas para a esquerda.

Abdominais

Knee tuck

Você poderá ostentar a força para se levantar em um pulo assim que ficar bom nesse movimento propício para quem quer levantar rápido.

Músculos
Abdome.

Execução
1. Posicione-se em decúbito dorsal no chão, com os joelhos flexionados a 90° e os pés erguidos de forma que suas coxas fiquem perpendiculares ao chão. Os seus braços devem estar estendidos para os lados, e as palmas das mãos viradas para o chão.
2. Estenda as pernas lentamente, até que estejam a 45° em relação ao chão. Ao mesmo tempo, erga a parte superior do corpo, para que o seu tronco também fique a 45° do chão. Estenda os braços (Figura 3.51a). Mantendo essa posição, traga lentamente o seu joelho em direção ao peito (Figura 3.51b), depois, estenda novamente.
3. Repita o movimento com a perna esquerda. Alterne as pernas. Vá devagar. Para manter uma velocidade lenta o suficiente para o exercício ser efetivo, imagine que os seus pés estão resistindo a algo pesado.

Figura 3.51 *Knee tuck*. (a) Estenda as pernas e braços. (b) Traga o joelho em direção ao peito.

Torne-se um homem de pernas

Suas coxas são compostas por três grupos principais de músculos: quadríceps, que se localizam na parte da frente das pernas; isquiotibiais, que se encontram na parte de trás das pernas; e glúteos, que são os músculos sobre os quais você está sentado nesse momento. Você pode isolá-los, porém eles funcionam melhor quando treinados como um time.

Suas panturrilhas são formadas por dois grandes músculos: o sóleo e o gastrocnêmio. Exercícios de panturrilha feitos quando se está sentado trabalham o sóleo, e os exercícios realizados em pé trabalham o gastrocnêmio.

Coxas poderosas

Talvez as pernas não estejam entre os músculos que você mais cobiça, porém elas são cruciais para uma aparência simétrica e para a sustentação dos músculos da parte superior do corpo. Além disso, elas determinam o quão rápido você corre, o quanto consegue pular e o quão poderoso é todo o seu corpo. Exercícios exigentes, como o agachamento, trabalham tantos músculos que eles forçam o seu corpo a liberar testosterona, o que faz todos os seus músculos – sim, inclusive seus braços – crescerem. Quando os seus alfinetes ficarem fortes, eles sustentarão todos os seus músculos prediletos, podendo, assim, protegê-lo de lesões e fornecer energia e equilíbrio. Mesmo que você não pratique esportes, pernas fortes e musculosas serão úteis no dia a dia. Essas são as principais regras para transformar seus gravetos em troncos.

Varie as repetições

A parte superior das suas coxas trabalha duro, e representa um dos maiores grupos musculares do seu corpo. Ela entra em ação toda vez que você dá um passo, e é capaz de suportar volumes enormes de trabalho. Se você for bom no tiro rápido, existe uma grande chance de esses músculos crescerem com poucas repetições (6 a 8); porém, se for um pouco mais lento, eles, provavelmente, são adaptados à resistência, e irão crescer com séries de 12 a 20 repetições. Seja você rápido ou lento, misture as técnicas, e, até mesmo, acrescente uma *drop set* no final de suas séries pesadas, para garantir.

Mantenha as costas retas

Todos os exercícios de perna – seja ou não em um aparelho – exigem que você mantenha as costas retas. Falhar nesse quesito é arriscar sua espinha dorsal, que é algo bem importante, caso você goste de andar. Se você flexionar ou encurvar as costas enquanto está treinando pernas, sua lombar irá começar a erguer os pesos, e você fará mais visitas ao quiroprático que à loja de bermudas. Demorou alguns milhões de anos para endireitar sua coluna, portanto, não faça Darwin se revirar na cova.

Abaixe bem

É universalmente aceito que o agachamento é o melhor exercício para as pernas. Tendo isso em mente, saiba que muitos treinadores dizem que você deve dobrar os joelhos apenas até a parte de baixo da sua coxa ficar paralela ao chão. O estranho é que suas pernas conseguem flexionar até que os isquiotibiais toquem a panturrilha. O seu corpo pode e deve se mover com a amplitude completa do movimento, portanto, treine com essa amplitude de movimento para maximizar os seus ganhos musculares. É diferente se você tiver alguma lesão. Porém, se esse não for o caso, lembre-se de que uma criança de 5 anos consegue fazer um agachamento completo, e, se ela consegue fazer sem pesos, está na hora de você começar a tentar com pesos.

Dê-lhes um descanso

Tenha certeza de que não está sobrecarregando suas pernas. Se estiver treinando as pernas, pense em quando vai fazer os exercícios cardiovasculares. Correr, andar, remar e realizar um treinamento cruzado exigem muito esforço das suas pernas. Colocá-las para trabalhar regularmente em aparelhos de cardio e exercícios com pesos pode levá-lo ao *overtraining*. O menos agressivo é o remo, pois a parte superior do corpo trabalha, e a natação, que é suave com as articulações e mais focada na parte superior do corpo. Misture os seus exercícios cardiovasculares para ser gentil com os simpáticos músculos que o levam para todo lugar.

Mude seu calçado

Quando estiver treinando as pernas, evite o uso de um tênis muito acolchoado, sobretudo aqueles de corrida. Esse tipo de calçado foi desenvolvido para absorver impacto. Se estiver com um peso nas costas, os seus calcanhares serão comprimidos para dentro do tênis, o que pode comprometer a força dos seus tornozelos e causar uma lesão. Em vez disso, use um par de tênis minimalista ou de levantamento de peso quando for treinar pernas. Você colocará os seus pés na posição mais natural, fortalecendo, dessa forma, todos os seus ligamentos e músculos nos lugares corretos. Apenas não conte para os famosos fabricantes de tênis.

Utilize todos os ângulos

A maioria das pessoas treina as pernas em um movimento cima-baixo (agachamento) ou frente-trás (avanço). Entretanto, o seu corpo não funciona apenas nesses planos de movimento. Experimente pisar para o lado e flexionar o joelho quando estiver fazendo seus avanços. Os avanços laterais trabalham os músculos responsáveis por manterem suas pernas equilibradas. Aplique esse conceito a todos os seus exercícios de perna, e você terá pernas mais completas, que terão atuações vitoriosas nos gramados.

Nunca trave os joelhos

Travar os joelhos ao final de qualquer exercício de pernas imediatamente rouba a tensão dos músculos e transfere-a para sua rótula. Seja no avanço, no agachamento, no levantamento terra ou no *leg press*, um joelho travado está implorando por uma lesão, e faz o exercício ficar instantaneamente mais fácil, porque cria um momento no qual o músculo não tem que se flexionar. E, como você bem sabe, facilidade significa que menos músculos estão sendo trabalhados.

Mude a posição dos pés

Os seus pés nem sempre tem que estar paralelos entre si ou alinhados com os ombros. Para adicionar um pouco de variação à sua rotina, alterne sua posição em exercícios como o agachamento e o levantamento terra colocando um pé ligeiramente à frente do outro. Ou, então, posicione os pés em uma posição bem aberta ou bem fechada. Cada variação trabalha novas partes da sua perna, e é uma agradável contribuição à sua rotina de desenvolvimento de pernas.

Vá em um pé só

Trabalhe muito com barras, e você criará uma disparidade de forças. O problema é que trocar a barra por halteres não é o suficiente para corrigir esses desequilíbrios, pois ambas as pernas empurram o corpo para longe do chão. Para ficar mais equilibrado e desenvolver pernas completamente simétricas, adicione um exercício que use uma perna de cada vez no seu treinamento. Tente fazer um agachamento ou um levantamento terra em uma perna só, e você irá desafiar novas áreas de todos os seus músculos.

Não dependa apenas de aparelhos

Existem muitos aparelhos chiques para as pernas por aí, mas quase todos eles exigem que você trabalhe suas pernas isoladamente, fazendo seu abdome e todos os outros músculos ficarem parados. Isso pode ser excelente, caso você seja um fisiculturista tentando isolar um músculo bem específico. Porém, se estiver buscando ganhar músculos em todo o corpo, exercícios com pesos livres irão sempre ajudá-lo a correr em direção ao seu objetivo em vez de ir andando. Aparelhos são úteis em algumas ocasiões, como, por exemplo, quando você está fazendo um *drop set* ou está machucado; portanto, o melhor plano é uma mistura saudável entre aparelhos e exercícios de pesos livres. Apenas não se limite exclusivamente aos aparelhos. Os exercícios desta seção mostram como colocar suas pernas em ação.

Panturrilhas esculturais

De todos os músculos do corpo, o sóleo e o gastrocnêmio – esses travessos resistentes – são os mais difíceis de aumentar. O lendário treinador Vince Gironda, um conselheiro de preparação de monstros como Lou "Hulk" Ferrigno e Arnold Schwarzenegger, uma vez disse: "*Os únicos atributos de que uma pessoa precisa para parecer atlética são panturrilhas grandes, ombros largos e uma cintura fina.".* Quando você está de bermuda, coxas grandes não significam nada, mas um par de panturrilhas bem definidas o faz parecer um esportista profissional. Além disso, a genética tem um papel importantíssimo no tamanho desses músculos; portanto, agradeça ao seu avô na próxima vez que for vê-lo. Felizmente, as dicas e os truques que seguem o ajudarão a desafiar seu DNA.

Faça rosca de isquiotibiais

Os isquiotibiais são os músculos que dão suporte às suas panturrilhas, portanto, faz sentido adicioná-los ao seu treinamento de panturrilha. Fazer roscas de isquiotibiais com os pés apontando para longe do corpo trabalha suas panturrilhas melhor do que se você apontar os pés para cima. Coloque quatro séries de rosca de isquiotibiais na sua rotina de treinamento de panturrilha.

Faça de 15 a 25 repetições por série

Cada passo que você dá movimenta as suas panturrilhas, fazendo delas os músculos que mais trabalham em todo o seu corpo. Para desafiá-las o suficiente para que cresçam, você deve trabalhá-las com repetições altas. Dê uma olhada nas panturrilhas da próxima pessoa obesa que você vir; é bem possível que ela tenha panturrilhas enormes, pelas quais qualquer fisiculturista mataria. Panturrilhas respondem a altas repetições (o equivalente a andar) com cargas altas. Elas também se recuperam rapidamente; portanto, você pode treiná-las todos os dias, caso elas não estejam se desenvolvendo. Apenas não tente justificar seu próximo hambúrguer como uma maneira de conseguir panturrilhas maiores.

Trabalhe com a maior amplitude de movimento

Quando estiver fazendo extensões, abaixe o peso o máximo possível, até sentir a panturrilha estender. Então, erga o peso, segure por 1 segundo e solte-o. As panturrilhas entram em ação durante os pontos mais alto e mais baixo de cada extensão. Estique as panturrilhas nos dias de repouso, para aumentar a distância que você consegue descer durante cada repetição.

Tire os sapatos

Tênis de corrida e de exercício são desenvolvidos para ajudá-lo a flexionar os pés e os tornozelos; no entanto, você deve forçar sua panturrilha a fazer todo o trabalho sem a ajuda de molas e de acolchoados. Você pode ficar com as meias – apenas certifique-se de que elas estejam lavadas, ou você irá fazer todo mundo fugir da academia. Essa técnica "descalça" foi inventada por Schwarzenegger, que tinha panturrilhas notavelmente pequenas no início. Ele cortou a parte de baixo das calças para chamar a atenção para suas panturrilhas e se concentrar em fazê-las crescer. Você não precisa chegar a esses extremos, mas talvez queira se certificar de que está usando meias limpas.

Erga-se sobre os dedos do pé

Faça ao menos quatro séries do seu treinamento com pesos leves o suficiente para permitir que você se erga completamente sobre os dedos do pé, como uma bailarina, e mantenha a posição. Isso irá flexionar totalmente suas panturrilhas no ponto mais alto do movimento. Uma alternativa seria segurar-se em um suporte, equilibrar-se sobre uma perna e erguer-se sobre os dedos da perna em que está apoiado. Faça isso entre as séries do seu treinamento para a parte superior das pernas.

Agende o treinamento de panturrilha

Dê às suas panturrilhas a mesma atenção que você dá aos seus bíceps. A mesma quantidade de séries e de exercícios que faz para os braços você deve fazer para as panturrilhas, porém com 15 a 25 repetições em cada série. Afinal, um homem com proporções perfeitas tem braços do tamanho das panturrilhas. Isso garantirá que você está dando às panturrilhas a carga de trabalho de que elas necessitam para crescer. Tente mantê-las sob tensão por mais de 40 segundos em cada série.

Mantenha os pés retos

Apontar os pés para dentro ou para fora durante os exercícios não irá atingir a sua panturrilha sob diferentes ângulos; isso simplesmente faz o exercício menos efetivo, e pode causar lesões. Você não irá conseguir trabalhar as panturrilhas na direção em que o músculo se insere no osso, portanto, a carga de trabalho será menor. Para resultados rápidos e simples, mantenha-os retos.

Treine suas canelas

A maioria dos homens treina apenas a parte de trás das panturrilhas, movendo os calcanhares para cima e para baixo. Treinar as canelas pode adicionar massa à porção inferior das pernas. Posicione-se em decúbito dorsal em um banco com a parte inferior das pernas pendurada diagonalmente na beirada dele. Segure um halter entre os pés. Erga e abaixe o peso, para focalizar as canelas. Alternativamente, faça uma flexão plantar no aparelho de *leg press*.

Sinta-as trabalhando

Concentre-se no músculo e evite deixar o peso pular. Leve 2 segundos para erguer o peso e outros 2 segundos para baixá-lo. Faça pequenos ajustes com os pés e mantenha uma pressão constante nos músculos durante toda a série. Caso não consiga senti-los trabalhando em 15 a 25 repetições, faça séries de 100 repetições usando apenas o peso do corpo. Isso pode parecer leve, contudo, suas panturrilhas estarão mais rígidas do que um cadáver no dia seguinte. E isso significa crescimento.

Segure-as enquanto elas trabalham

Segure suas panturrilhas enquanto faz extensões, contraindo os músculos. Isso o ajudará a senti-las trabalhando, o que fortalecerá sua conexão mente-corpo e o ajudará a fazer pequenos ajustes na execução, com o objetivo de fazer o exercício focar o centro do músculo da panturrilha. Fazer isso durante as elevações pode ser um pouco difícil. Dê uma olhada nos exercícios a seguir, os quais você poderá usar, caso tenha sido prejudicado pela genética no quesito panturrilha.

Coxas

Agachamento

Em geral, as pessoas concordam que este é um dos melhores exercícios de todos os tempos para todos os seus músculos. Se você não consegue fazê-lo, aprenda. Este movimento dará a você a força de pernas necessária para segurar sua garota nos ombros durante o próximo *show* – pelo menos, durante seis músicas.

Músculos
Glúteos, isquiotibiais, quadríceps, panturrilhas, abdome.

Execução
1. Posicione-se com os pés e ombros alinhados. Apoie uma barra na parte de trás dos ombros, caso seja um levantador mais avançado, ou segure halteres nas mãos (Figura 3.52*a*).
2. Flexione os quadris e os joelhos simultaneamente, abaixando-se em direção ao chão (Figura 3.52*b*). Pare quando a parte inferior da sua coxa estiver paralela ao solo, mas continue para além desse ponto, caso se sinta confortável.
3. Estique os joelhos e erga-se para a posição inicial, refazendo trajeto.

NOTA: Sempre mantenha as costas retas e os joelhos alinhados com os pés.

Figura 3.52 Agachamento. (*a*) Posição inicial. (*b*) Flexione os joelhos e abaixe-se em direção ao chão.

Coxas

Step

Prepare-se para subir a escadaria que leva ao paraíso muscular.

Músculos
Quadríceps, isquiotibiais, glúteos, ombros, abdome.

Execução
1. Posicione-se com os pés e os ombros alinhados, de frente para um banco ou uma plataforma de 0,6 a 0,9 metro de altura. Caso esteja em nível avançado, segure um halter em cada mão e deixe as palmas das mãos ao lado do corpo.
2. Erga o joelho direito e posicione o pé sobre o banco (Figura 3.53a). Faça força para baixo com a perna direita para estendê-la e erguer todo o corpo (Figura 3.53b).
3. Pise para trás com a outra perna, voltando à posição inicial, e repita o movimento usando essa perna. Você acabou de dar os primeiros passos em direção a pernas dignas do menor dos *shorts*.

Figura 3.53 *Step*. (*a*) Posicione um pé sobre a plataforma. (*b*) Suba.

Coxas

Avanço

Avançar por aí como um louco é, provavelmente, a maneira mais normal de conseguir pernas insanamente grandes.

Músculos
Glúteos, isquiotibiais, quadríceps, panturrilhas, abdome.

Execução
1. Posicione-se com os pés alinhados com os quadris (Figura 3.54a). Caso esteja em nível avançado, apoie uma barra na parte de trás dos ombros ou segure halteres nas mãos.
2. Dê um passo gigante adiante, estilo John Cleese,[5] com o pé direito, e flexione o joelho direito, até que sua coxa direita esteja paralela ao chão e o seu joelho forme um ângulo de 90° (Figura 3.54b).
3. Inverta o movimento e pise para trás, de volta à posição inicial. Tome cuidado para não cair quando começar a se sentir cansado – e você logo irá se sentir cansado. Manter o equilíbrio com um pé só pode ser difícil. Repita o movimento com a perna esquerda, para conseguir a força de perna necessária para ir de mochila ao Nepal e voltar.

NOTA: Mantenha as costas retas durante todo o exercício.

Figura 3.54 Avanço. (a) Posição inicial. (b) Avance.

---

[5] N.E.: comediante britânico cujo andar com passos longos se tornou célebre em um seriado da década de 1980.

Coxas

Agachamento de base alternada

Braços inchados não são nada sem um par de pernas para dar suporte.

Músculos
Quadríceps, isquiotibiais, glúteos, abdome.

Execução
1. Entre na posição de avanço com o pé direito adiante (Figura 3.55a). Caso esteja em avançado, apoie uma barra na parte de trás dos ombros ou segure halteres nas mãos.
2. Flexione ambos os joelhos, até que o joelho que se encontra atrás esteja a, aproximadamente, três centímetros do chão (Figura 3.55b). Erga-se de volta à posição inicial.
3. Inverta as pernas e vá novamente. Empurrar sozinho o carro para dar partida não será mais um problema.

Figura 3.55 Agachamento de base alternada. (a) Posição inicial. (b) Flexione os joelhos e abaixe-se em direção ao chão.

Coxas

Leg press

Forme músculos com formato de lágrima acima do seu joelho, capazes de impulsionar outra máquina – sua bicicleta – a ir mais rápido.

Músculos
Quadríceps, isquiotibiais, glúteos, panturrilhas.

Execução
1. Suba no aparelho de *leg press* para uma pequena batalha "homem *versus* máquina" que deixará John Connor[6] orgulhoso. Posicione a lombar e os glúteos contra a almofada e coloque os pés, alinhados com os quadris, sobre a plataforma acima de você.
2. Empurre o peso para cima, até que suas pernas estejam estendidas. Não trave os joelhos (Figura 3.56a).
3. Solte a barra de suporte e abaixe lentamente o peso, até que suas pernas estejam flexionadas a 90° (Figura 3.56b). Empurre o peso de volta para cima até que suas pernas estejam estendidas, mantendo os joelhos destravados.

Figura 3.56 *Leg press*. (*a*) Estenda as pernas. (*b*) Abaixe o peso até que suas pernas estejam flexionadas a 90°.

---

6 N.E.: herói da franquia de filmes *Exterminador do futuro*.

Coxas

Extensão de perna

Hora de um pouco de ação "homem *versus* máquina". Ao final de sua batalha contra a pilha de pesos, você terá a força para chutar uma bola até o próximo código postal.

Músculos
Quadríceps.

Execução
1. Sente-se em um aparelho de extensão de perna com as nádegas firmes contra a cadeira. Posicione os tornozelos embaixo dos suportes para os pés.
2. Lentamente, estenda as pernas para cima e para a frente, até que elas estejam esticadas à sua frente. Não trave os joelhos (Figura 3.57).
3. Mantenha por um período breve a posição; então, lentamente, flexione os joelhos, até que suas pernas desçam novamente.

Figura 3.57 Extensão de perna.

Coxas

Agachamento de base alternada com salto

Este exercício é conhecido por sua habilidade em rasgar *shorts* de treinamento desavisados. Muito cuidado para aqueles que usam *shorts* de corrida.

Músculos
Glúteos, isquiotibiais, quadríceps, panturrilhas, tronco.

Execução
1. Entre na posição de avanço com o pé direito adiante, a perna esquerda atrás e os joelhos levemente flexionados (Figura 3.58a). Se quiser, segure um peso leve ou um halter em cada mão, e deixe-os ao lado do corpo.
2. Flexione os joelhos e pule (Figura 3.58b). Troque as pernas quando estiver no ar e caia com o pé esquerdo à frente e o direito atrás.
3. Flexione os joelhos quando cair para absorver o impacto.

NOTA: Se tiver problemas de joelho, faça este exercício apenas com o peso corporal.

Figura 3.58 Agachamento de base alternada com salto. (*a*) Agachamento de base alternada inicial. (*b*) Pule e troque as pernas de posição enquanto está no ar.

Coxas

Rosca de isquiotibiais

Os isquiotibiais podem não ser músculos que você vai exibir para os amigos, porém eles são os responsáveis pelo sucesso quando você dribla um oponente no campo. E isso é algo que você vai querer exibir para o público.

Músculos
Isquiotibiais, glúteos.

Execução
1. Deite-se em um aparelho para isquiotibiais com o tronco pressionado contra a plataforma. Posicione os tornozelos atrás das almofadas.
2. Flexione suas pernas e puxe a almofada em direção aos glúteos (Figura 3.59).
3. Leve de 3 a 4 segundos para retornar a almofada à posição inicial. É bem difícil errar este exercício, porque só existe uma maneira de operar o aparelho.

Figura 3.59 Rosca de isquiotibiais.

Coxas

Levantamento terra com pernas estendidas

Este exercício ajudará suas costas e suas pernas a se manterem eretas durante a melhor idade, quando seus amigos estiverem encurvados sobre suas bengalas.

Músculos
Isquiotibiais, lombar, abdome.

Execução
1. A execução deste exercício é igual à do levantamento terra tradicional, exceto que você mantém seus joelhos esticados, mas não completamente travados, durante todo o levantamento. Posicione uma barra à sua frente e segure-a com uma pegada pronada (Figura 3.60a).
2. Endireite as costas e levante a barra. Mantenha-a o mais perto possível do seu corpo (Figura 3.60b).
3. Leve de 2 a 3 segundos para abaixar a barra à posição inicial. Isso fortalecerá e estenderá seus isquiotibiais, o que é bom tanto para os gramados como para liberar algumas novas posições entre quatro paredes.

NOTA: Não sacrifique a execução jogando os ombros para a frente com o intuito de aumentar a amplitude do movimento.

Figura 3.60 Levantamento terra com pernas estendidas. (*a*) Posição inicial. (*b*) Levante a barra.

Panturrilhas

Extensão dos pés sentado

Este exercício o ajudará a desenvolver panturrilhas que conseguem disputar com o mais acolchoado dos tênis.

Músculos
Panturrilhas.

Execução
1. Sente-se na ponta de um banco e posicione os metatarsos em um degrau ou caixa, com os calcanhares pendurados na borda. Coloque pesos sobre os joelhos e segure-os no lugar com as mãos.
2. Empurre para baixo com os dedos dos pés e erga os calcanhares o máximo que conseguir (Figura 3.61a). Não se preocupe: ninguém irá acusá-lo de imitar uma bailarina.
3. Mantenha brevemente a posição; abaixe os calcanhares em direção ao chão o máximo que puder (Figura 3.61b) e, então, erga-os novamente. Continue fazendo isso para conseguir panturrilhas enormes. Alternativamente, você pode usar o aparelho de panturrilha e evitar o trabalho de segurar os pesos.

Figura 3.61 Extensão dos pés sentado. (*a*) Erga os calcanhares. (*b*) Abaixe os calcanhares.

Panturrilhas

Elevação nas pontas dos pés

Panturrilhas esculpidas são o que importa quando você está de bermuda. Comece a se preparar para o verão agora.

Músculos
Panturrilhas, abdome.

Execução
1. Apoie os metatarsos na beira de um degrau, uma plataforma ou um peso. Dois terços de ambos os pés devem estar suspensos no ar. Segure-se em algum suporte para se equilibrar, se julgar necessário.
2. Abaixe os calcanhares em direção ao chão (Figura 3.62a). Antes de os seus calcanhares tocarem no chão, erga-se sobre os dedos do pé (Figura 3.62b) e mantenha essa posição por 3 a 5 segundos. Independentemente de quantas repetições estão sendo feitas no treinamento, você pode fazer quantas repetições aguentar deste exercício para dar mais músculos às panturrilhas.

Figura 3.62 Elevação na ponta dos pés. (a) Abaixe os calcanhares. (b) Erga-se sobre os dedos do pé.

E agora?

Você, agora, já deu uma boa olhada naquilo que fará. Está um pouco nervoso? Não deveria. Se parece muito com o início de um novo emprego. O primeiro dia deixa você com a sensação de que não está preparado para aquilo. Porém, depois de um mês no batente, a coisa se torna tão natural e rotineira que você ri de ter ficado nervoso. Lembre-se desse momento. Se esta é a primeira vez que considera levar sua preparação física a sério, é a última vez que se sentirá ansioso por causa dela. Você também pode se reconfortar com o fato de que o próximo capítulo é inteiro sobre algo de que você entende bem: relaxar. Com certeza, você já deixou a sua marca em algum sofá por aí. Continue lendo para descobrir como isso e outras tarefas relaxantes irão ajudar você a atingir seus objetivos mais rapidamente.

4

Desaquecimento e alongamento

Alongar é como pagar impostos. Não são coisas que você realmente quer fazer, mas ambas podem resultar em penalidades graves se você ignorá-las. Não há dúvidas de que flexibilidade é importante. Se você não se alongasse, terminaria com uma postura digna de tocar os sinos da catedral. Entretanto, é difícil achar alguma grande vantagem em conseguir abrir um espacate.

Existem diferentes tipos de alongamento – sete, para ser exato –, mas os tipos principais com os quais você deve se preocupar são os alongamentos estático e dinâmico. O alongamento estático envolve manter o músculo no final da sua amplitude de movimento, por exemplo, tocar o pé e se manter nessa posição. Esses alongamentos separam suas fibras musculares, o que significa que elas terão de atravessar um percurso maior quando você contraí-las durante o exercício. Você deve deixá-los para o seu desaquecimento, após os exercícios.

No seu aquecimento, realize um alongamento dinâmico. Devagar e com ritmo, imite os movimentos que você realizará durante a sessão de treinamento. Essa estratégia irá enviar sangue aos músculos que estão sendo ativados e lubrificar seus ligamentos, deixando-o mais preparado para aquele supino ou para aquela corrida de velocidade.

E isso é tudo sobre o alongamento. O que segue é uma rápida lista de fatos que você precisa saber antes de se esticar no colchonete. Prepare-se para ver alguns mitos caírem por terra.

Alongar não irá curar o seu requebrado de *cowboy*

A ideia de que se alongar depois de um treinamento irá prevenir enrijecimento e dor é um mito. Pesquisadores da Cochrane (Herbert, de Noronha e Kamper, 2010) executaram dez testes com alongamentos e descobriram que eles não faziam nada para curar a dor do pós-treino, independentemente de serem feitos antes ou depois do treinamento. É isso mesmo: o seu professor de Educação Física do colégio estava errado.

Alongar não previne totalmente as lesões

Alongar antes de uma corrida não irá impedi-lo de terminar mancando. Em um estudo apresentado no Congresso Anual da Academia Americana de Cirurgiões Ortopédicos, em 2011, Pereles e McDevitt (2011) analisaram quase 3.000 corredores e descobriram que se alongar antes de se exercitar nem prevenia e nem causava lesões. Essa é sua licença para caçoar dos maratonistas alongando na linha de partida.

O seu coração irá lhe agradecer

Longos períodos de alongamento manterão seu coração com uma saúde metronômica. Uma pesquisa publicada no *International Journal of Medical Engineering and Informatics* (Sunkaria, Kumar e Saxena, 2010) mostra que a variabilidade da frequência cardíaca, um sinal de saúde cardíaca, é melhor em praticantes de ioga – pessoas que se alongam regularmente – do que em não praticantes. Parece que toda aquela respiração ritmada o acalma de dentro para fora.

Você arrumará as suas costas

A ioga é mais efetiva no tratamento de dores na lombar do que fazer exercícios convencionais ou comprar livros que tratam dessa condição, de acordo com um estudo publicado em *Annals of Internal Medicine* (Sherman et al., 2005). Toque os seus pés regularmente e você não terá mais que andar com sua bengala por aí.

Você irá colocar um sorriso no rosto

Alongar-se por períodos longos de tempo é excelente para melhorar o humor e reduzir a ansiedade. Não é à toa que os instrutores de ioga sempre parecem um pouco convencidos.

Meio minuto é tudo o que você precisa

Quando se trata de alongar, um jogo rápido é um bom jogo. Uma pesquisa publicada no *Physical Therapy* (Bandy, Irion e Briggler, 1997) descobriu que segurar uma posição por 30 segundos aumentava a flexibilidade o mesmo tanto que fazer essa posição por 60 segundos. Não desperdice 1 minuto precioso no mesmo músculo. Em vez disso, divida o seu tempo entre todos os músculos.

Uma vez por dia é o suficiente

Como todo o resto, alongar é viciante, porém não há necessidade de exagerar. Uma pesquisa publicada no *Physical Therapy* (Bandy, Irion e Briggler, 1997) descobriu que se alongar uma vez por dia fornece a mesma flexibilidade que se alongar três vezes ao dia. Mesmo que sua ambição seja se tornar um mestre de ioga, limite-se a um alongamento por dia.

Quente e frio pode ser bom

Tratar os músculos com compressas quentes e frias pode aumentar a efetividade do alongamento, segundo uma pesquisa publicada no *Physician and Sports Medicine* (Shrier e Gossal, 2000). Para melhores resultados, desaqueça ou esquente o músculo que você vai alongar.

Seja rápido para ser potente

Alongar os músculos de maneira dinâmica antes de treinar irá melhorar a potência dos músculos que você alongou, segundo uma pesquisa publicada no *Journal of Strength and Conditioning Research* (Yamaguchi e Ishii, 2005). Isso não pode ser dito sobre o alongamento estático ou alongamento nenhum.

Vá correndo se alongar

Se você for um corredor ou qualquer outro tipo de atleta, você deve se alongar mesmo sem saber exatamente quais são os benefícios. Uma pesquisa publicada no *Clinical Journal of Sports Medicine* (Shrier, 2004) descobriu que alongamentos regulares aumentam força, altura do salto e velocidade, apesar de não haver evidências de que eles melhoram a economia de corrida.

Você pode ter notado que muitas das informações sobre os benefícios do alongamento parecem contraditórias, mas, pelo menos, você sabe que se alongar, assim como pagar impostos, produz algum tipo de retorno ao seu investimento físico. Por que você deveria se preocupar com alongamentos? Você nunca fazia quando era novo e se sentia muito bem naquela época. Mas esse é exatamente o principal motivo pelo qual você deve se alongar. Uma das peças que o tempo nos prega é justamente a inflexibilidade. Quando você envelhece, os seus músculos encolhem e começam a fazer exatamente aquilo para o que foram treinados durante os anos: travar em posições ruins. Muitos idosos adotam uma postura curvada não porque perderam uma moeda, mas porque eles, subconscientemente, treinaram os seus corpos durante anos para se adaptar àquela posição. Se você fica sentado no escritório ou dirige um carro durante longos períodos de tempo, o seu corpo se ajusta encontrando a maneira mais fácil de manter essa posição. Ele começa a travar a fáscia, os tendões, os músculos e os ligamentos em qualquer posição em que você os tenha colocado durante esses anos todos. Surge um transtorno e a dor passa a ser um problema quando você não consegue sair da postura que criou. É aí que se alongar pode ser benéfico: o alongamento o ajuda a apertar o botão de reiniciar nos seus músculos e devolve-os à posição natural.

Rotina de alongamento de corpo inteiro

Fazer essa rotina de alongamento demora apenas 10 minutos. Faça-a depois de qualquer treinamento, enquanto os seus músculos ainda estiverem aquecidos, ou faça-a em frente à televisão, se você precisa de uma distração para superar o tédio do alongamento. Você pode, até mesmo, utilizar pesos bem leves em alguns dos movimentos, para ir mais a fundo em cada alongamento. Essa estratégia irá ajudá-lo a melhorar o alcance do seu movimento e sua flexibilidade mais que os alongamentos feitos só com o peso do corpo. Em vez de tentar tocar os pés, use um halter de um ou dois quilos para ajudá-lo a manter cada alongamento pelo tempo de repouso que tirar entre as séries. É uma boa ideia fazer esses alongamentos entre as séries durante o seu treinamento, especialmente se você acha que se alongar é entediante. Você tem que fazer essa rotina de alongamentos apenas uma vez por semana, se já for flexível, ou três vezes por semana, caso se pareça com uma porta enferrujada. Não requer muito tempo e manterá você com peitorais estufados e ombros largos, o que instantaneamente o fará parecer maior e mais magro.

Parte interna da coxa

Sente-se com os pés unidos e as costas retas. Empurre os joelhos para baixo com os cotovelos (Figura 4.1). Mantenha a posição por 30 segundos.

Figura 4.1 Alongamento para a parte interna da coxa.

Isquiotibiais

Sente-se no chão com as costas retas, as pernas estendidas à sua frente e os joelhos estendidos. Toque os seus pés com as duas mãos (Figura 4.2) e mantenha a posição por 30 segundos.

Figura 4.2 Alongamento para os isquiotibiais.

Desaquecimento e alongamento

Espinha dorsal

Inicie com a posição do alongamento para os isquiotibiais (Figura 4.2). Mantenha a perna esquerda estendida à sua frente e cruze a perna direita sobre a sua coxa esquerda. Coloque o seu cotovelo esquerdo sobre o seu joelho direito e gire o corpo no sentido contrário à sua perna estendida (Figura 4.3). Mantenha a posição por 30 segundos, e, então, repita com o lado oposto.

Figura 4.3 Alongamento para a espinha dorsal.

Glúteos

Posicione-se em decúbito dorsal. Traga o joelho esquerdo para o peito e posicione o pé direito sobre a coxa esquerda. Segure a perna esquerda no lugar com ambas as mãos e puxe-a na sua direção, para estender ainda mais (Figura 4.4). Mantenha a posição por 30 segundos, e, então, repita do lado oposto.

Figura 4.4 Alongamento para os glúteos.

Tronco e lombar

Deite-se no chão com as pernas e os braços estendidos. Traga o joelho esquerdo sobre a perna direita e o mantenha o mais próximo possível da sua cintura com a mão direita (Figura 4.5). Deixe o braço esquerdo estendido. Mantenha a posição por 30 segundos, e, então, repita do lado oposto.

Figura 4.5 Alongamento para o tronco e para a lombar.

Panturrilha

Entre na posição de flexão e apoie os dedos do seu pé direito sobre o calcanhar do pé esquerdo. Empurre os quadris para trás e tente tocar o seu calcanhar esquerdo no chão (Figura 4.6). Mantenha a posição por 30 segundos, e, então, mude o lado.

Figura 4.6 Alongamento para a panturrilha.

Lombar

Entre na posição de flexão. Jogue o seu peso sobre os cotovelos, de maneira que fique na mesma posição da Esfinge egípcia. Empurre o peito para cima (Figura 4.7), e mantenha a posição por 30 segundos.

Figura 4.7 Alongamento para a lombar.

Grande dorsal

Entre na posição de flexão. Fique de joelhos e apoie a palma das mãos sobre o chão. Tente sentar sobre os seus calcanhares (Figura 4.8). Mantenha a posição por 30 segundos quando chegar ao ponto mais profundo do alongamento.

Figura 4.8 Alongamento para o grande dorsal.

Quadris

Fique em um pé só (segure-se em uma grade, se precisar) e traga o calcanhar da outra perna em direção aos glúteos. Segure o calcanhar com a mão por 30 segundos (Figura 4.9), e, então, faça o movimento com a perna oposta.

Figura 4.9 Alongamento para os quadris.

Peitorais

Posicione-se com os pés afastados na largura dos ombros e segure as mãos unidas para trás de você. Empurre o peito para a frente e os ombros para trás e para baixo, até que sinta os peitorais se alongarem (Figura 4.10). Mantenha a posição por 30 segundos.

Figura 4.10 Alongamento para os peitorais.

Repouso e recuperação pós-treinamento

Muitas pessoas buscam se exercitar furiosamente com pesos ou na esteira a cada momento livre, para obter o máximo de seus músculos. O grande perigo nisso é que as recompensas geralmente não se equivalem aos esforços. O *overtraining* ocorre quando você se exercita além da habilidade de seu corpo de se adaptar positivamente aos exercícios. Em suma, você torna algo positivo em negativo. É como galopar um cavalo durante o dia inteiro todos os dias. Por um tempo, o cavalo ficará mais forte e rápido, mas, sem descanso, ele eventualmente irá se cansar e produzir apenas um trote manco. A solução para o *overtraining* é a mais simples que há: pare de se pressionar, não faça nada e relaxe. Quando as pessoas finalmente tiram um dia de repouso dos seus programas semanais de treinamento, elas, geralmente, começam a ficar maiores e mais fortes. Isso ocorre porque o desenvolvimento muscular acontece durante os períodos de repouso. Portanto, relaxe, estenda as pernas e continue lendo para aprender os segredos de não fazer absolutamente nada.

Saia

Faça o seu dia de repouso ser ativo saindo de casa. Para manter o preparo físico sem perder a energia, um cara necessita de uma recuperação ativa. Isso quer dizer fazer algo diferente do seu treinamento comum, como uma longa caminhada ou uma atividade recreativa que não seja tão intensa quanto os exercícios. Alguém topa jogar *croquet*?

Pense no amanhã

Percorrer mentalmente a sessão de treinamento do dia seguinte irá preparar o seu corpo melhor do que qualquer suplemento ou treinador. Atletas que pensam sobre a competição e o sucesso no seu esporte antes de dormir costumam apresentar tempos de corrida e desempenhos melhores. Chama-se preparação mental. Você está competindo contra si mesmo, portanto, antes de deitar, se desafie a atingir objetivos maiores durante a sessão de amanhã. Você irá dormir para treinar melhor.

Triplique o óleo de peixe

Se você mal estiver conseguindo sair da cama ou tiver realizado um treinamento especialmente exaustivo, lembre-se de tomar uma porção extra de óleo de peixe. Você pode tomar até 12 comprimidos de 1.000 miligramas por dia, para acelerar a recuperação dos seus músculos doloridos, especialmente depois de uma partida movimentada ou de um treinamento. A gordura ingerida também lhe dará um bem-vindo aumento no crescimento muscular. Apenas não tome o óleo de peixe antes de um encontro.

Coma bem

Afinal de contas, esse é o seu dia livre; portanto, relaxe, cuide-se e coma à vontade. Se você quiser ganhar músculos, tem que dedicar um tempo à mesa. Aumente sua ingestão de proteína nos dias de repouso em, aproximadamente, 25%, para manter seus ganhos e garantir que os seus músculos cresçam ao máximo de seu potencial. Porém, coma as suas refeições prediletas que não sejam nutritivas com moderação, mastigando devagar. Você não quer desfazer todo o seu trabalho árduo. Você comerá menos e, ainda assim, vai se sentir satisfeito se tirar um tempo para curtir sua comida. Tente fechar os olhos por 10 segundos durante a refeição para medir sua fome. Não está mais com fome? Pare de comer.

Dê uma deitada

Você provavelmente não precisa de um incentivo para fazer isso. Dormir é o que ajuda você a se recuperar, e atletas que dormem noite adentro (ou seja, dormem até que sintam que foi o suficiente) podem ter uma vantagem sobre seus companheiros e atuar melhor na competição do dia seguinte. Aumente o tempo de travesseiro, e você irá aumentar as repetições no próximo dia. Diga isso se ela tentar acordá-lo.

Alongue o estresse para longe

No seu dia de repouso, substitua a sessão sofá por um tempo no chão. Alongue por 10 minutos os grupos musculares que você treinou por último e aqueles que você irá treinar no dia seguinte. Isso o ajudará a se recuperar mais rapidamente e a se preparar para a sessão do próximo dia.

Derreta as dores

Se você não tem um congelador gigante para abastecer uma banheira de gelo durante o seu dia de repouso, experimente o oposto: um banho quente. Ele pode ser igualmente relaxante para os seus músculos doloridos. O quão quente ele deve ser para aliviar suas dores? Setenta por cento do nosso corpo é composto por água, portanto, para maximizar a recuperação tente deixar a temperatura da água próxima de 36 °C, a temperatura natural do seu corpo. Use um termômetro se precisar. Se estiver muito mais quente do que isso, você fará barulhos de macaco ao entrar: "*Uu-uu-aa-aa!*". Adicione alguns sais do Mar Morto para aumentar as propriedades regeneradoras do seu banho.

Continue com os *shakes*

Apenas porque você não está suando não quer dizer que o seu programa suplementar deve ser interrompido. Os seus músculos exigem nutrientes para se recuperar, portanto, tenha a certeza de que está fornecendo o combustível de que eles necessitam para se reconstruir e se reparar, mesmo nos dias de repouso – é nessas horas que eles mais precisam. Preocupado com o gasto? Se tem uma coisa com a qual você não deve ser muquirana é com proteína. Tome de um a três *shakes* de proteína por dia, distribua-os o mais igualmente possível, e os seus músculos receberão as peças de que necessitam para crescer.

Aproveite seus pulmões

Inspire tudo o que puder até atingir o umbigo. Segure por 5 ou 10 segundos e solte até o fim. Faça cinco dessas respirações três vezes ao dia, e seu nível energia será consistentemente maior durante todo o dia. Respirar fundo espalha o oxigênio para todas as partes do seu corpo e permite que você dê 100% no treinamento do dia seguinte.

Continue bebendo

Beba de dois a três litros de água por dia para manter-se hidratado e com uma alta disposição. Um copo de água de 500 mililitros antes de cada refeição, comprovadamente, melhora a sua energia e ajuda na digestão da comida, o que permite que você ganhe o seu valor nutricional total. A água constitui 70% do seu corpo e 85% do seu cérebro. Ficar bem hidratado para um treinamento começa no dia anterior.

E agora?

Você treinou, recuperou-se e restabeleceu-se. A única coisa que resta fazer é colher as recompensas: músculos tonificados e baixa gordura corporal. Agora não é a hora de descansar sobre os louros. Você ainda tem que desafiar os seus músculos, e a melhor maneira de fazer isso é passar para um treinamento mais avançado. Portanto, continue lendo, pois, se você achou que os exercícios iam ficar mais fáceis, errou. Sempre tem que ser difícil. É assim que você constrói o seu progresso.

5

Desenvolvimento muscular total para iniciantes

Ser um novato no levantamento de peso é uma das maiores vantagens para o desenvolvimento muscular e físico que você pode ter. Aqui está a maneira de maximizar suas recompensas.

Todo mundo tem que começar de algum lugar. Até mesmo o mais preparado dos preparados teve que entrar na academia sem muita experiência. Felizmente, você já começou com o pé direito ao se educar antes de começar a treinar. Quando se trata de ganhar músculo, perder peso e ficar em forma, é muito mais fácil você errar do que achar a fórmula certa por acaso. Quando se é um completo novato, o melhor a fazer é progredir lentamente no treinamento. Se você fizer tanto esforço que as veias na sua testa fiquem parecendo um mapa rodoviário, no dia seguinte, você estará mais rígido do que o Homem de Lata depois de um mergulho no Pacífico. Sim, é natural e esperado que você experimente um pouco de dor após o treinamento; no entanto, você não deveria aumentar o valor das ações da sua marca predileta de ibuprofeno. Esse não é o caminho a se seguir.

Os tópicos a seguir constituem o programa de desenvolvimento muscular mais básico para o homem comum. Se tiver alguma lesão, consulte um profissional para ver se consegue fazer esses exercícios. Assim, você deve se sentir confortável com todos esses exercícios. Alguns treinadores podem argumentar que esses são exercícios avançados e que novatos devem usar aparelhos primeiro. Contudo, esses exercícios envolvem ações essenciais do dia a dia (feitas com pesos) que até crianças de 5 anos conseguem fazer sorrindo. Se não conseguir executá-los, consulte um médico, para corrigir os seus desequilíbrios antes de começar qualquer tipo de programa de treinamento. Se você tiver uma lesão persistente e impossível de resolver, simplesmente deixe de lado os exercícios que não consegue executar e troque-os pelo equivalente mais próximo no aparelho que a sua academia oferece. *Vide* o Capítulo 3 para instruções detalhadas de como fazer esses exercícios. Em menos de quatro semanas, você, provavelmente, gastará dinheiro com novas camisas, mas é um preço pequeno a se pagar por braços que rasgam mangas.

Começando

Faça os seguintes treinamentos de duas a quatro vezes por semana e execute um treinamento diferente a cada dia (*vide* Tabelas 5.1 a 5.4). Você não precisa fazer os treinamentos na ordem listada aqui – os dias da semana são incluídos ilustrativamente –, mas faça os exercícios dois dias seguidos e tire um dia de repouso, ou alterne dias de treinamento com dias de descanso. Repouse de 60 a 90 segundos entre cada série. Descubra quanto peso consegue levantar durante as primeiras duas semanas. Depois, tente aumentar a carga de 3% a 7% a cada semana. Em poucas semanas, você será o dono orgulhoso de um corpo renovado feito de músculos novos em folha.

O PROGRAMA DO INICIANTE

TREINAMENTO 1 (SEGUNDA-FEIRA)

**Tabela 5.1 Programa 1
de treinamento do iniciante**

Exercício	S	R
1. Agachamento (peso corporal)	3	15
2. Supino reto com halteres	3	15
3. Barra fixa com pegada pronada	3	15
4. Levantamento terra com halteres	3	15
5. Elevação lateral com halteres	3	15
6. Rosca martelo	3	15
7. Tríceps com polia alta	3	15
8. Abdominal com pedalada	3	15

Cardio
Após o treinamento com pesos, trote, ande, treine no elíptico, reme ou pedale de 5 a 15 minutos.

TREINAMENTO 2 (TERÇA-FEIRA)

**Tabela 5.2 Programa 2
de treinamento do iniciante**

Exercício	S	R
1. Supino inclinado com halteres	3	12
2. Step (peso corporal ou com halteres)	3	12
3. Remada curvada com halteres	3	12
4. Avanço (peso corporal ou com halteres)	3	12
5. Desenvolvimento sentado com halteres	3	12
6. Prancha	3	60 s

Cardio
Após o treinamento com pesos, trote, ande, treine no elíptico, reme ou pedale de 5 a 15 minutos.

TREINAMENTO 3 (QUINTA-FEIRA)

**Tabela 5.3 Programa 3
de treinamento do iniciante**

Exercício	S	R
1. Agachamento de base alternada (halteres)	3	15
2. Power clean	3	15
3. Mergulho nas barras paralelas	3	15
4. Crucifixo invertido no banco inclinado	3	15
5. Elevação de perna	3	15
6. Extensão dos pés sentado	3	15
7. Rosca com barra EZ	3	15
8. Supino com pegada fechada	3	15

Cardio
Após o treinamento com pesos, trote, ande, treine no elíptico, reme ou pedale de 5 a 15 minutos.

TREINAMENTO 4 (SEXTA-FEIRA)

**Tabela 5.4 Programa 4
de treinamento do iniciante**

Exercício	S	R
1. Agachamento (halteres)	3	12
2. Barra fixa com pegada invertida	3	12
3. Crucifixo com halteres	3	12
4. Remada alta com halteres	3	12
5. Remada unilateral com halter	3	12
6. Bom-dia	3	12

Cardio
Após o treinamento com pesos, trote, ande, treine no elíptico, reme ou pedale de 5 a 15 minutos.

S = Séries / R = Repetições

Avançando o programa

Fase 1 (semanas 1-8): siga esse programa por, aproximadamente, dois meses. Entretanto, se tiver um pouco de experiência e o seu progresso muscular e físico estiver estagnado, passe para a fase 2. Tente aumentar a carga em 2% a 7% a cada semana. Se você tiver iniciado com exercícios de peso corporal como os agachamentos, progrida para as versões com peso desses exercícios para continuar se desafiando.

Fase 2 (semanas 8-12): faça 12 repetições em vez de 15. Aumente a carga da fase 1 de 10% a 15% e repouse por, no máximo, 60 segundos entre as séries.

Fase 3 (semanas 12-18): faça 10 repetições. Realize quatro séries em vez de três e repouse por 45 segundos entre as séries. Aumente a carga da fase 2 em 10% a 15%.

Terminou? Muito bem: você é oficialmente um levantador de peso. Agora experimente alguns dos outros treinamentos para iniciantes por outros dois a quatro meses, e você irá progredir rapidamente para um levantador intermediário, tendo braços que condizem com essa situação.

Mais treinamentos para iniciantes

Existe mais de uma maneira de começar. Não se engane achando que a grama é mais verde no programa de treinamento de outra pessoa. Talvez você veja um cara com o físico que você quer e perceba que a rotina dele é totalmente diferente da sua. Mas você não precisa fazer o que ele está fazendo para se parecer com ele. Quando se é um iniciante, persistir no plano de ação produz os ganhos mais rápidos.

Sem dúvidas, você valoriza o seu tempo e exige resultados imediatos; portanto, quer o melhor programa possível. Apenas não fique cortando e mudando muito, pois, veja, não existe um teste definitivo que pode dizer o quanto de músculo você irá ganhar ao final de cada programa. Se um programa declara adicionar uma quantidade específica de músculo ou queimar uma quantidade exata de gordura, os seus desenvolvedores estão simplesmente chutando. Sim, os treinamentos variam um pouco em efetividade, mas não da maneira pronunciada que os vendedores de abdome da internet querem fazer você crer. Na verdade, o melhor programa do mundo realizado sem foco irá produzir resultados menores do que um programa comum feito com determinação, dedicação e coração. A verdade nua e crua é que todos os sistemas de desenvolvimento físico e muscular funcionam. O quão bem eles funcionarão dependerá da sua atitude e da sua motivação.

Com isso em mente, todas as respeitadas abordagens para iniciantes que vêm a seguir comprovadamente fazem você ganhar músculos de maneira rápida. Simplesmente realize os exercícios listados no treinamento do iniciante, mantendo, até mesmo, a ordem dos exercícios, se preferir. Se você ganhou experiência suficiente ou simplesmente quer mudar um pouco, incorpore alguns novos exercícios para os mesmos grupos musculares. Contudo, mantenha-se longe dos aparelhos. Sim, os aparelhos novos são de alta tecnologia e excelentes, mas não há nenhum que compita com a perícia do peso livre, quando se trata de desenvolvimento físico e muscular. Quando souber os exercícios de cor e salteado, ponha-os em ação, usando os parâmetros aqui descritos. Você pode realizar os exercícios na ordem especificada pelo treinamento do iniciante ou pode rearranjar a ordem para trabalhar primeiro os seus músculos prediletos ou os músculos que você sente que mais precisa desenvolver. Use cada técnica de crescimento muscular por seis a oito semanas, ou até que os seus ganhos se tornem menores; então, tire uma semana de folga de todos os exercícios e escolha uma outra técnica de desenvolvimento muscular.

O programa do homem lesionado

Utilize este programa superlento se precisar treinar enquanto estiver lesionado, e se não estiver treinando para melhorar nos esportes.

Superlento

- Realize treinamentos de corpo inteiro e prolongue cada repetição até que mesmo aqueles pesinhos rosa pareçam pesados.
- Faça uma ou duas séries de 6 a 8 repetições com 12 exercícios; faça um exercício por grupo muscular. Realize uma série na maioria dos exercícios. Porém, você pode fazer duas séries de exercícios para as partes do corpo que queira especificamente aumentar.
- Leve 5 segundos para abaixar os pesos e 10 segundos para erguê-los.
- Faça três ou quatro sessões de treinamento por semana.
- Repouse por 1 minuto entre as séries e alterne os dias de repouso e de treino.
- Comece com exercícios para as pernas e use uma nova série de exercícios em cada sessão semanal. Faça de 10 a 12 exercícios em cada treinamento.

Treinamento sem equipamento

Use este programa se estiver trabalhando em casa e tiver acesso apenas a pesos muito leves – ele tem um jeito especial de fazer esses pesos ficarem mais pesados. Neste programa de treinamento estático, você treinará seus músculos sem movê-los. Você irá segurar os pesos em uma posição fixa por certo período de tempo, para resistir à gravidade. O comprimento do músculo não se altera, e nenhum movimento visível ocorre nos ligamentos. Isso é chamado de retenção estática.

Treinamento estático

- Aqueça com duas séries de 12 repetições, usando uma amplitude completa de movimento de cada exercício que você vai treinar estaticamente. Faça duas ou três séries com a retenção estática, com duração de 10 a 40 segundos de cada exercício. Ao final de cada série de retenção estática, reduza o peso em 40% e faça 6 repetições com movimento completo.
- Nas séries de aquecimento, leve 1 segundo para abaixar os pesos e 1 segundo para erguê-los.
- Realize duas a quatro sessões por semana.

- Repouse 2 minutos entre cada série de retenção estática. Alterne entre dias de repouso e dias de treino, ou tire um dia livre depois de dois ou três dias de treino.
- Faça treinos de corpo inteiro e realize um ou dois exercícios para cada um dos principais grupos musculares. Faça de 8 a 10 exercícios em cada treinamento.

O fortificador

Faça este programa se quiser aumentar sua potência e força enquanto dedica uma boa parcela de tempo para cada sessão. Neste programa de treinamento em pirâmide você começa com pesos leves e um número alto de repetições. Em cada série seguinte, você aumentará o peso e diminuirá o número de repetições. Na série final, ou nas duas últimas, você reduzirá a carga e fará novamente um número alto de repetições.

Treino em pirâmide

- Na série 1, faça de 12 a 15 repetições. (lembre-se de que irá aumentar a carga em cada série consecutiva.) Na série 2, faça de 8 a 10 repetições. Na série 3, faça 6 repetições, e, na série 4, faça 4 repetições. Na série 5, diminua o peso ao patamar inicial e faça 12 repetições, ou continue até que os seus músculos falhem.
- Leve de 1 a 2 segundos para abaixar os pesos e de 1 a 2 segundos para erguê-los.
- Faça de duas a cinco sessões por semana.
- Tire de 1 a 2 minutos para repousar entre as séries, e um dia completo de repouso a cada dois dias de treinamento.
- Faça exercícios de corpo inteiro (um ou dois movimentos por grupo muscular principal) ou rotinas de treinamento para músculos isolados (treine um ou dois grupos musculares por sessão).
- Pareie os seguintes músculos: peitorais e bíceps, costas e tríceps, ombros e abdome. Treine pernas separadamente. Se fizer um treinamento isolador, realize três ou quatro exercícios para cada parte do corpo. Faça sete ou oito exercícios durante cada treinamento.

Treinamento do homem sem tempo

Faça este programa de circuito rápido se estiver treinando durante o horário de almoço, ou se não consegue dedicar muito tempo aos exercícios. Para economizar tempo, você fará treinamentos no estilo circuito, usando exercícios compostos que trabalham diversos ligamentos, como agachamentos, levantamentos terra ou supinos, que atingem todos os principais grupos musculares. Você repousará pouco entre as séries para manter uma alta intensidade e os treinamentos rápidos.

Circuitos rápidos

- Para ganhar músculo, faça de quatro a seis séries de 8 a 12 repetições usando de 4 a 12 exercícios. Para queimar gordura, faça de quatro a seis séries de 15 a 20 repetições usando de 4 a 12 exercícios. Para aumentar a força, faça de 4 a 6 repetições usando de 4 a 8 exercícios; faça mais séries e repouse por períodos maiores.
- Leve de 2 a 4 segundos para abaixar os pesos e de 1 a 2 segundos para erguê-los.
- Realize de duas a cinco sessões por semana.
- Leve de 20 a 60 segundos para repousar entre as séries, ou realize os movimentos como um circuito sem repouso. Tire um dia livre após dois ou três dias de treinamento.
- Faça apenas exercícios com pesos livres e nunca use aparelhos. Os melhores exercícios são aqueles que trabalham o maior número de músculos, como agachamentos, levantamentos terra, supinos e barra fixa.

Queime gordura e ganhe musculatura

Use este programa se quiser emagrecer enquanto ganha músculos. Você também irá melhorar seu desempenho esportivo; ele é ótimo para quando o seu desenvolvimento muscular estagnar. Nesse programa de treinamento vibrante, você realizará 15 repetições em cada série. Faça as primeiras cinco repetições muito rápido, as próximas cinco devagar e as últimas cinco em ritmo normal.

Treinamento vibrante

- Use uma carga com a qual consiga fazer 25 repetições e nunca exceda três séries de 15 repetições em cada exercício.
- Nas primeiras cinco repetições, leve 1 segundo para abaixar o peso e 1 segundo para erguê-lo. Nas próximas cinco repetições, demore 4 segundos para abaixar o peso e 4 segundos para erguê-lo. Nas últimas cinco repetições, leve 2 segundos para abaixar o peso e 2 segundos para erguê-lo.
- Realize de duas a cinco sessões por semana.
- Repouse de 1 a 2 minutos entre as séries e tire um dia de repouso a cada dois dias de treinamento.
- Tanto para os treinamentos de corpo inteiro como para os isoladores, treine os grupos musculares maiores primeiro e a equipe de suporte depois. Pareie os seguintes músculos: peitorais e tríceps, costas e bíceps, ombros e abdome. Treine as pernas separadamente. Para os treinamentos isoladores, realize três ou quatro exercícios para cada parte do corpo. Para treinamentos de corpo inteiro, faça um exercício para cada músculo, alternando entre exercícios para a parte superior e a parte inferior do corpo.

E agora?

Parabéns! Você acaba de dar o primeiro passo em direção à sua transformação e pode ficar orgulhoso do trabalho que fez. Para continuar melhorando, passe para o próximo capítulo, e aprenda maneiras de se recuperar das sessões mais exigentes. Quando terminar, continue lendo, pois o Capítulo 6 apresenta os treinamentos intermediários. Prepare-se, pois o melhor (sim, esse é você) está prestes a melhorar ainda mais.

Desenvolvimento muscular total para intermediários

Você já está trabalhando há algum tempo. O seu cinto de levantamento de peso está ficando cheio, e você chama a recepcionista da academia pelo nome. Você fez por merecer um lugar no aparelho de agachamento, mas, agora, quer um pouco mais. Se você ainda não é um veterano, mas deixou de ser um bebê, aqui está a maneira de contribuir para o crescimento dos investimentos musculares feitos até agora. Para chegar ao nível intermediário, você tem que deixar para trás de quatro a seis meses de treino.

A primeira coisa que você irá aumentar é a intensidade, sinalizada pela quantidade de suor presente nos seus treinamentos. Contudo, não mergulhe de cara em um exaustivo esquema de dez repetições, pois há diversas maneiras de aumentar intensidade; as melhores estão listadas no item "Renove seu treinamento". O método mais renomado e pesquisado são as superséries. Em uma supersérie, você passa de um exercício a outro sem repousar entre as séries. Sem dúvidas, você já viu ou ouviu falar das superséries, ou talvez até tenha tentado fazê-las. Porém, elas não se resumem apenas a juntar alguns exercícios. Uma pesquisa desenvolvida na Universidade de Syracuse (Kelleher et al., 2010) comparou as superséries com as tradicionais séries diretas – aquelas que você usou nos treinamentos de iniciante. Os pesquisadores descobriram que as superséries queimavam mais calorias que as séries diretas, e que seus usuários terminavam o treinamento muito mais rápido. Você pode estar pensando: *"Eu não me importo em ficar rasgado. Eu quero é músculo!"*. Bem, será exatamente isso que conseguirá. Você irá queimar mais calorias, porque os seus músculos terão que trabalhar mais, o que os faz aumentar. Você irá tanto ficar maior como emagrecer, tudo em menos tempo. Provavelmente, você está começando a entender a ligação que existe entre outras coisas "super", por exemplo, os super-heróis e o Super Mario. E, além disso, você conseguirá resultados ainda mais rápidos se escolher os seus exercícios com sabedoria. Trabalhar grupos musculares antagônicos (opostos), como costas e peitorais ou bíceps e tríceps, protege você de lesões e amplia seus ganhos musculares. Começou a entender? Treine o seu corpo de trás para a frente, e seus músculos ficarão de um tamanho soberbo. Continue lendo para entrar nessa barganha muscular 2 por 1.

Treinamentos de corpo inteiro para intermediários

Os treinamentos intermediários apresentados seguem à risca o esquema de corpo inteiro. Porém, você pode treinar duas ou três partes do corpo em cada sessão, caso se sinta tentado a experimentar algo completamente diferente. Se preferir esse caminho, pareie os seguintes grupos musculares em uma mesma sessão.

Treinamento 1 (Segunda-feira): peitorais e costas.

Treinamento 2 (Terça-feira): bíceps e tríceps.

Treinamento 3 (Quinta-feira): isquiotibiais, quadríceps, panturrilhas e glúteos.

Treinamento 4 (Sexta-feira): ombros, abdome e lombar.

Quarta-feira, sábado e domingo são dias de repouso.

Faça os mesmos exercícios listados nos treinamentos de corpo inteiro que seguem abaixo (*vide* as Tabelas 6.1 a 6.4). Tire um dia livre depois de cada dois ou três dias de treinamento para garantir que o seu corpo tenha tempo suficiente de recuperação. Repouse de 1 a 2 minutos após cada supersérie, mas não pare entre dois exercícios de uma mesma supersérie. O treinamento deve durar de 45 a 60 minutos. Caso esteja demorando mais que 1 hora com frequência, faça apenas duas séries por supersérie, ou acelere, seu molenga!

O PROGRAMA DO INTERMEDIÁRIO

TREINAMENTO 1 (SEGUNDA-FEIRA)

Tabela 6.1 Programa 1
de treinamento do intermediário

Exercício	S	R
Supersérie 1 (pernas)		
1. Agachamento (barra)	3	8
2. Levantamento terra com halteres	3	8
Supersérie 2 (peitorais, costas)		
3. Supino reto com halteres	3	8
4. Remada curvada com halteres	3	8
Supersérie 3 (ombros)		
5. Desenvolvimento sentado com halteres	3	8
6. *Pullover* com halteres	3	8
Supersérie 4 (tronco)		
7. Elevação de pernas	3	8
8. Extensão de tronco	3	8
Supersérie 5 (braços)		
9. Rosca na polia baixa	3	8
10. Tríceps *pulley* com corda	3	8

Cardio

Após o treinamento com pesos, trote, ande, treine no elíptico, reme ou pedale de 5 a 15 minutos. Neste treino, corra durante 10 segundos, e, então, desacelere por 30 segundos. Repita, até que tenha atingido seu limite.

TREINAMENTO 2 (TERÇA-FEIRA)

Tabela 6.2 Programa 2
de treinamento do intermediário

Exercício	S	R
Supersérie 1 (peitorais, costas)		
1. Supino inclinado com halteres	3	8
2. Remada em banco inclinado com halteres	3	8
Supersérie 2 (pernas)		
3. Avanço (halteres)	3	8
4. Bom-dia	3	8
Supersérie 3 (braços)		
5. Rosca martelo	3	8
6. Extensão vertical de antebraços com halteres	3	8
Supersérie 4 (ombros)		
7. Elevação lateral com halteres	3	8
8. Crucifixo invertido no banco inclinado	3	8
Supersérie 5 (tronco)		
9. Elevação de pernas em suspensão	3	8
10. Prancha com elevação de perna	3	60 s

Cardio

Após o treinamento com pesos, trote, ande, treine no elíptico, reme ou pedale de 5 a 15 minutos. Neste treino, corra durante 15 segundos, e, então, desacelere por 45 segundos. Repita, até que tenha atingido seu limite.

TREINAMENTO 3 (QUINTA-FEIRA)

Tabela 6.3 Programa 3
de treinamento do intermediário

Exercício	S	R
Supersérie 1 (braços)		
1. Supino com pegada fechada	3	8
2. Rosca direta com barra	3	8

Exercício	S	R
Supersérie 2 (ombros)		
3. Desenvolvimento Arnold	3	8
4. Elevação frontal com halteres	3	8
Supersérie 3 (pernas)		
5. Flexão de joelhos (isquiotibiais)	3	8
6. Agachamento de base alternada (halteres)	3	8
Supersérie 4 (peitorais)		
7. Remada invertida	3	8
8. Crucifixo com halteres	3	8
Supersérie 5 (tronco)		
9. Super-Homem	3	60 s
10. *Rollouts*	3	8

Cardio

Após o treinamento com pesos, trote, ande, treine no elíptico, reme ou pedale de 5 a 15 minutos. Neste treino, corra durante 30 segundos, e, então, desacelere por 90 segundos. Repita até que tenha atingido seu limite.

TREINAMENTO 4 (SEXTA-FEIRA)

Tabela 6.4 Programa 4 de treinamento do intermediário

Exercício	S	R
Supersérie 1 (peitorais, costas)		
1. Barra fixa com pegada pronada	3	8
2. Mergulho nas barras paralelas	3	8
Supersérie 2 (pernas)		
3. Levantamento terra com pernas estendidas (barra)	3	8
4. *Step*	3	8
Supersérie 3 (braços)		
5. Tríceps testa com barra EZ	3	8
6. Rosca com barra EZ	3	8
Supersérie 4 (tronco)		
7. Prancha lateral	3	8
8. Elevação de quadril com pernas estendidas	3	8
Supersérie 5 (ombros, panturrilhas)		
9. *Face pull*	3	8
10. Elevação nas pontas dos pés	3	8

Cardio

Após o treinamento com pesos, trote, ande, treine no elíptico, reme ou pedale de 5 a 15 minutos. Neste treino, corra durante 60 segundos, e, então, desacelere por 120 segundos. Repita, até que tenha atingido seu limite.

Avançando no programa

Fase 1 (semanas 1-6): siga o programa. Contudo, caso sinta que os seus ganhos estão diminuindo ou regredindo quando estiver pela semana 4, passe para a fase 2. Aumente as cargas em 2% a 5% a cada semana.

Fase 2 (semanas 6-12): faça 6 repetições em vez de 8. Aumente a carga da fase 1 em 10% e repouse por, no máximo, 60 segundos entre as séries. Novamente, aumente as cargas em 2% a 5% a cada semana.

Fase 3 (semanas 12-18): faça 12 repetições de cada exercício, e repouse por 45 segundos entre as séries.

Pronto! Com certeza, você já está ganhando alguns elogios pelos seus músculos novinhos em folha. Agora, tire uma semana de repouso, e experimente os outros treinamentos intermediários descritos a seguir.

Mais treinamentos intermediários

Já terminou o primeiro programa? Os treinamentos que seguem manterão o seu desenvolvimento muscular constante por anos a fio.

Como no caso dos treinamentos para iniciantes, há sempre mais de uma maneira de fazer algo. Quer você tenha suado mais que uma sauna ou menos que o Henrique VIII,[1] misturar as coisas será benéfico. Utilize essas diretrizes para criar novos treinamentos com os mesmos exercícios que usou para conseguir sua musculatura atual. Sinta-se à vontade para utilizar novos exercícios que nunca tenha

---

1 N.T.: referência à doença do suor, que afligiu a corte de Henrique VIII, no século XVI.

testado. Eles irão acrescentar uma bem-vinda diversidade, e o ajudarão a manter você interessado e motivado.

Os exercícios listados no Capítulo 3 são alguns dos melhores que existem para cada grupo muscular. Use cada uma das técnicas que vêm a seguir por quatro a seis semanas, mas lembre-se de sempre fazer um pequeno autodiagnóstico. Caso sinta que os seus ganhos estão diminuindo, tire uma semana de descanso, e mude para uma nova técnica. Lembre-se de que o progresso nem sempre será linear e constante. Algumas vezes, ele vem de uma vez só, e quando você menos espera. Você pode treinar duro por semanas sem obter resultados, e, de repente, ser surpreendido por um progresso repentino, que aumenta seu melhor levantamento em 20 quilogramas ou dá a você 2 quilogramas de músculos. Os resultados podem parecer instantâneos e fáceis de conseguir, mas, na verdade, provêm de meses de trabalho constante e esforço contínuo. Portanto, trate os seus músculos como jogadores, deixando que eles saltem de uma técnica para outra, e você logo será recompensado com uma avalanche de crescimento.

Construtor de força e tamanho

Use este programa se quiser aumentar força e tamanho muscular ao mesmo tempo. Esse sistema pode ser um pouco monótono, portanto, exige foco e empenho. A técnica exige cinco séries de cinco repetições de cada exercício usando a mesma carga; a essa damos o nome de carga de trabalho. Você irá gradualmente aumentá-la em 2% a 5% a cada semana.

5 × 5

- Faça cinco séries com cinco repetições de três ou quatro exercícios por grupo muscular. Treine dois ou três grupos musculares em cada sessão.
- Leve 2 segundos para abaixar os pesos e de 1 a 2 segundos para erguê-los.
- Faça de duas a quatro sessões por semana.
- Para ganhar força, repouse por 3 minutos entre as séries. Para ganhar tamanho, repouse por 90 segundos. Para ter um pouco dos dois, faça intervalos de 2 minutos.

Para atingir uma recuperação completa, tire, pelo menos, um dia livre a cada dois dias de treino.

- Você pode treinar por parte do corpo (treine de 1 a 3 músculos por sessão) ou usando uma divisão entre parte superior e inferior (treine a metade de cima do corpo em um treinamento e a parte de baixo em outro). Para treinamentos específicos, trabalhe os maiores músculos primeiro e junte os músculos que não competem entre si, por exemplo, peitorais e bíceps ou costas e tríceps. Utilize apenas exercícios compostos, que trabalham diferentes ligamentos, como supinos, agachamentos, levantamentos terra, mergulhos e remadas com a barra.

O programa do homem alto

Use este programa se tiver membros compridos. Ele é excelente para isolar grupos musculares, o que pode ser difícil, caso você seja esguio. Neste programa, você fará uma série de um exercício isolado com o músculo que esteja em foco, e, então, realizará um exercício composto para esse músculo. O exercício isolado força o músculo em questão a trabalhar mais durante o movimento composto.

Treinamento de pré-exaustão

- Faça de 10 a 15 repetições do movimento isolado, e, então, de 6 a 10 repetições do exercício composto para o músculo isolado. Isso conta como uma única supersérie. Faça de duas a três superséries para cada grupo muscular e treine um ou dois grupos musculares por sessão.
- Leve 2 segundos para abaixar os pesos e 2 segundos para erguê-los, tanto no exercício isolado inicial quanto no exercício composto que o segue.
- Realize de uma a quatro sessões por semana.
- Faça os movimentos isolado e composto como uma supersérie, sem pausa entre eles. O melhor é preparar ambas as estações de exercício antes de começar. Tire de 1 a 2 minutos de repouso entre cada supersérie, e alterne dias de treino e de descanso.
- Faça treinamentos específicos e treine de

um a três músculos em uma sessão. Trabalhe o músculo escolhido e aqueles que lhe dão suporte no mesmo treinamento. Treine os seguintes músculos juntos: peitorais, tríceps e ombros; costas e bíceps; pernas e abdome. Realize de quatro a seis exercícios por parte do corpo – dois ou três movimentos isolados e dois ou três movimentos compostos. Exercícios em aparelhos ou que trabalham uma única articulação, como os *pulleys*, são melhores para movimentos isolados; pesos livres são melhores para exercícios compostos.

O programa do capa de revista

Use este programa se quiser desenvolver a musculatura enquanto perde gordura, sem ter que correr em uma esteira para emagrecer. Para atingir o que parece impossível – ficar grande e magro ao mesmo tempo – você irá alternar entre semanas de poucas repetições com cargas altas, para ganhar músculos, e muitas repetições com cargas baixas, para acelerar o seu potencial de perda calórica.

Grande e magro

- Alterne entre a fase de queima de gordura (fase 1) e a fase de desenvolvimento muscular (fase 2). Na fase 1, faça quatro ou cinco séries de 12 a 20 repetições em cada exercício. Na fase 2, faça quatro ou cinco séries de 4 a 12 repetições em cada exercício, usando a maior carga que conseguir.
- Na fase 1 (queima de gordura), leve 1 segundo para abaixar os pesos e 1 segundo para erguê-los; repetições rápidas queimam mais calorias. Na fase 2 (desenvolvimento muscular), leve de 1 a 2 segundos para abaixar os pesos e de 1 a 2 segundos para erguê-los, aplicando força.
- Realize quatro sessões por semana.
- Na fase 1, tire de 15 a 30 segundos de repouso entre as séries para manter o coração a mil. Na fase 2, tire de 60 a 90 segundos de repouso entre as séries. Para ambas as fases, ou treine por dois dias seguidos, e, então, tire um de repouso, ou alterne entre dias de treino e de descanso.
- Faça treinamentos específicos. Na fase 1, junte os seguintes músculos em um treinamento: costas e bíceps; pernas e abdome; peitorais e abdome; ombros e tríceps. Na fase 2, emparelhe os seguintes músculos: peitorais e abdome; quadríceps e isquiotibiais; bíceps e tríceps; costas e ombros. Treine uma ou duas partes do corpo por treinamento e faça de dois a quatro exercícios compostos para cada uma delas. Realize um movimento novo em cada fase para desafiar os seus músculos. Evite exercícios isolados; eles não são bons nem para desenvolver a musculatura nem para queimar calorias.

Músculos de trabalhador braçal

Utilize este programa se você trabalha em algum lugar que exige bastante do seu físico e consome suas forças.

Neste programa de alta intensidade você fará sessões curtas e muito intensas de treinamento, seguidas por grandes períodos de repouso, que permitirão uma maior recuperação. A atividade é breve e pouco frequente, e você dará 100%. Para crescer, não é necessário um volume grande de exercícios. Intensidade e repouso funcionam melhor.

Treinamento de alta intensidade

- Realize apenas uma série com 8 a 12 repetições para cada parte do corpo. Tente aumentar o número de repetições dos exercícios a cada treinamento. Ao conseguir fazer 12 repetições de um exercício com uma execução perfeita, aumente a carga em 3% a 5%.
- Leve 4 segundos para erguer os pesos e 4 segundos para abaixá-los. Erga e abaixe os pesos com calma.
- Realize de uma a quatro sessões por semana.
- Não repouse entre as séries. O tempo que gasta entre guardar os pesos que estava usando e preparar a próxima série é tudo o que precisa para se recuperar. Alterne dias de treino e de repouso.
- Faça treinamentos de corpo inteiro. Trabalhe primeiro os seus maiores músculos (quadríceps, isquiotibiais e glúteos), quando você ainda está descansado, e treine os músculos menores (ombros, bíceps,

tríceps e panturrilhas) no final da sessão. Escolha o exercício composto de cada grupo muscular que lhe permita levantar a maior carga, e siga com ele durante todo o programa.

Desenvolvimento muscular para esportistas

Utilize esse treinamento de velocidade se quiser melhorar seu rendimento esportivo e sua resistência total. Ele também é ótimo para superar aqueles momentos em que o seu crescimento muscular se tornou inerte. Como o nome sugere, você executará as repetições o mais rápido possível. Em vez de apenas abaixar o peso, você irá puxá-lo e empurrá-lo contra a gravidade, para que seus músculos sejam responsáveis por cada centímetro de movimento.

Treinamento de velocidade

- Faça de três a cinco séries, com 15 a 30 repetições (faça menos, como 4 a 6, se quiser ganhar força), utilizando três a cinco exercícios para cada grupo muscular. Utilize pesos leves; cargas pesadas não permitirão que você se exercite a uma velocidade acentuada.
- Abaixe e levante os pesos o mais rápido que conseguir.
- Realize de duas a cinco sessões por semana.
- Tire de 45 a 60 segundos de repouso entre cada série. Tire de um a dois dias de repouso após cada dois dias de treino, ou alterne dias de treino e de descanso.
- Você pode fazer treinos específicos (trabalhe dois grupos musculares por sessão), usar uma divisão superior-inferior do corpo ou rotinas de corpo inteiro. Junte os seguintes músculos nos treinamentos: peitorais e abdome; ombros e bíceps; costas e tríceps. Treine as pernas à parte. Faça de dois a quatro exercícios para cada parte do corpo. A melhor estratégia é executar exclusivamente exercícios de corpo inteiro. Porém, você pode optar por fazer movimentos compostos nos primeiros três exercícios e finalizar com um sutil levantamento no aparelho e movimentos isoladores.

Renove seu treinamento

Renove os seus treinamentos ao incluir estes truques que aumentam a intensidade. Em sua marca, preparar, cresça!

Tédio. Ele afeta a todos, e os seus músculos não são exceção. Caso não esteja atingindo os seus objetivos na velocidade desejada, você tem que quebrar o marasmo. Rápido! Variedade é essencial, porque o corpo é a coisa de maior adaptabilidade que você tem – sim, mais até que o seu *smartphone*. Se você enfadá-lo com a mesma rotina entediante de sempre, ficará mais parecido com a foto de antes do que com a de depois. Se estiver impaciente para atingir seus objetivos – e você deve estar –, cada sessão de treinamento tem que ser mais dura que carne de pombo. A solução? Renovar qualquer treino ao incluir estas técnicas de aumento de intensidade para suprir esse problema. Utilize-as quando sentir que certo grupo muscular necessita de um pequeno incentivo. Não crie um treinamento inteiro em torno dessas dicas. Em vez disso, insira-as em uma rotina já existente para aumentar sua efetividade. Elas são boas para quebrar o tédio e irão reviver seu entusiasmo. Suas visitas à academia irão trazer resultados rápidos, que logo serão notados pela ruiva da contabilidade.

Drop sets

Ao realizar *drop sets*, você deve fazer de seis a dez repetições de um exercício ou quantas forem necessárias até o músculo falhar. Então, reduza a carga em 50% e faça mais seis ou dez repetições com o peso reduzido. *Drop sets* fadigam os músculos em pouco tempo, aceleram o coração e proporcionam um enorme crescimento. Se quiser resultados ainda melhores, você pode fazer diversas *drop sets* de um mesmo exercício.

Há duas maneiras de usar as *drop sets*. Você pode fazer uma *drop set* de todos os exercícios de um treinamento, ou pode fazê-las nos últimos dois ou três exercícios de uma sessão, para dar aquela queimada extra antes de ir ao chuveiro. Qualquer que seja a estratégia escolhida, faça seis repetições com um movimento perfeito, e, então, reduza o peso pela metade e complete mais seis repetições. Aviso: *drop sets* provavelmente farão os seus músculos acharem que estão cozinhando *curry* dentro deles.

Treinamento excêntrico

No treinamento excêntrico, você leva de 3 a 4 segundos para abaixar os pesos, ou a si próprio, forçando os seus músculos a trabalharem durante a fase de descender de um exercício em vez da fase de levantar. Trabalhar na força negativa (excêntrica) irá render um presente positivo aos seus músculos: tamanho.

É melhor realizar o treinamento excêntrico com um parceiro. Ficar preso sob uma barra nunca é divertido. Peça a ele que ajude você a levantar a maior carga possível e abaixe o peso sozinho. Se não tiver um companheiro, pode utilizar os aparelhos em vez dos pesos livres em algumas circunstâncias. Por exemplo, se utilizar o aparelho de rosca bíceps, você pode erguer os pesos com ambos os braços e, depois, abaixá-los somente com um. O seu braço livre se torna seu companheiro de treino. Diferentemente de alguns parceiros, ele nunca se atrasa.

Repetições roubadas

No método das repetições roubadas, você utiliza o impulso do restante do corpo para superar um ponto de dificuldade ao final de uma série. A maioria dos músculos falha na parte de erguer de um exercício antes do que ele falharia na parte de abaixar. Use o impulso do restante do corpo para erguer rápida e explosivamente um peso até a posição final. Então, demore três vezes mais para abaixá-lo de volta à posição inicial.

Esta técnica é ideal para exercícios esportivos que desenvolvem potência explosiva, como a flexão explosiva ou o arremesso. Porém, cuidado: roube apenas em um ou dois exercícios; faça-os no início do treino quando está descansado, e aqueça bem antes de começar. Repetições roubadas podem causar lesões, portanto, apenas levantadores intermediários ou avançados devem realizá-las.

Pré-exaustão

Nas séries pré-exaustão, você estafa um músculo com um exercício isolado, e, então, o trabalha com um exercício composto até atingir a falha. É um exercício que equivale a limpar uma banheira com uma escova de dentes e, quando os seus dedos se cansarem, trocar por um escovão. O movimento isolado força o músculo em questão a trabalhar mais duro durante o movimento composto. Realize séries pré-exaustão no início do treino, quando os músculos estão descansados.

Séries pré-exaustão são excelentes para economizar tempo, além de focalizarem grupos musculares com precisão e serem perfeitas para músculos que trabalham junto com diversas articulações, como os peitorais e os ombros. Para isolar os peitorais, realize uma série de desenvolvimento de ombros, e, em seguida, uma série de supino. Uma boa maneira de isolar o quadríceps é fazer uma série de extensão de perna antes do agachamento. Você também pode fazer séries pós-exaustão, que são o inverso das séries pré-exaustão. Em uma série pós-exaustão, faça os agachamentos primeiro, e, então, uma série de extensão de perna. Você pode até montar uma rotina de treino inteira baseada em séries pré-exaustão.

Pausa de recuperação

O método pausa de recuperação (*rest pause*) foi desenvolvido pelo antigo Mr. Olympia Mike Mentzer, autor do livro *High-Intensity Training: The Mike Mentzer Way* (McGraw-Hill). Nesse método, você tira breves períodos de repouso (de 5 a 20 segundos) durante uma série, para ganhar aquela energia extra e conseguir fazer mais repetições. A energia extra o ajudará a fazer dez repetições com uma carga que normalmente permite a você fazer apenas cinco. Isso traz força e tamanho aos seus músculos.

Utilize esse método em exercícios que exigem esforço máximo, como agachamentos e supinos. Use uma carga com a qual você consegue fazer três ou quatro repetições. Termine as repetições, apoie o peso e repouse por 15 a 20 segundos. Então, experimente fazer mais duas ou três repetições. Repita isso o quanto puder. Nesse caso, descansar, com certeza, não é coisa de vagabundo.

Meias repetições

Em uma meia repetição, você ergue o peso por meio de uma amplitude incompleta do movimento de um exercício. Meias repetições são como uma minirrepetição feita com uma carga maior do que você usaria normalmente. Se estiver preso na mesma carga de agachamento, pode usar as meias repetições para ganhar a força que irá lhe arrancar dessa estagnação (por exemplo, conseguir se erguer a partir do ponto mais baixo de um agachamento). Realize meias repetições começando no ponto de estagnação e indo até a metade do exercício (por exemplo, a parte do agachamento em que você ainda não se levantou completamente). Isso fortalece os músculos envolvidos nesse ponto do levantamento e permite que você aumente a carga quando fizer repetições usando a amplitude completa do movimento.

Meias repetições são ótimas para começar e para terminar um treinamento. Use as meias repetições no início para superar os seus pontos fracos em um exercício enquanto ainda está descansado, ganhando força em um exercício em que estava estagnado. No final, use-as nas partes em que você se sai melhor em um exercício – e após ter realizado todas as repetições com amplitude completa de movimento –, para aumentar a resistência do músculo. Sim, às vezes, fazer algo pela metade pode render resultados.

Contração estática

Na contração estática, você segura um peso em uma posição fixa por 10 a 20 segundos, para resistir à gravidade. Músculos crescem em proporção à tensão sobre a qual são colocados. Segurar um peso em uma posição estática cria tensão e estende as fibras musculares o suficiente para gerar crescimento. Alguns especialistas afirmam que a contração estática é tão boa quanto o treino dinâmico (o tradicional método de movimento completo concêntrico e excêntrico) para o desenvolvimento muscular e de força.

Utilize a contração estática ao final de uma série, com qualquer grupo muscular, e mantenha o peso no ponto em que é gerada a maior tensão sobre seus músculos. Por exemplo, em vez de fazer uma rosca bíceps completa até o ombro, pare quando seu braço e seu antebraço formarem um ângulo de 90° e segure

o peso nessa posição por 10 a 15 segundos – caso consiga resistir à dor por tanto tempo.

Método das cem repetições (método centurião)

No método centurião, você realiza cem repetições em cada série. Aviso: poucas pessoas sobrevivem a essa gigante empreitada e a maioria retorna à segurança de sua antiga rotina. Porém, se você conseguir superar a dor, o estímulo é tão estranho aos seus músculos que você será arrancado de qualquer estagnação e aumentará o desenvolvimento, a separação e a definição musculares. Quando retornar a um programa regular de cargas maiores e menos repetições, você ganhará mais tamanho.

Faça cem repetições de dois ou quatro exercícios e apenas uma série por exercício. Utilize uma carga 30% ou 40% menor do que sua 1 RM (repetição máxima). Realize as séries com um parceiro ou utilize *drop sets* para romper a barreira da dor, que virá junto com a octogésima repetição. Faça um repouso de 10 segundos quando a dor ficar insuportável. O método de cem repetições funciona bem para as panturrilhas e em movimentos que usam o peso corporal, especialmente quando estiver em uma viagem de negócios ou treinando em uma academia que só tem pesos pequenos.

Doubles

Doubles envolve fazer uma supersérie de três exercícios para o mesmo grupo muscular sem repousar entre os movimentos. Nesse método, você faz um exercício para certo grupo muscular, depois, faz outro para esse músculo e, finalmente, repete o primeiro exercício. Por exemplo, para os peitorais você faz supino, depois crucifixo, e, em seguida, volta ao supino.

Você pode executar *doubles* nos primeiros dois ou três exercícios de uma rotina de treino, ou pode criar uma rotina inteira baseada em *doubles*. Faça de duas a quatro séries com quatro a dez repetições nos dois primeiros exercícios. Muitos levantadores afirmam que conseguem fazer mais repetições na segunda série do primeiro exercício. Ninguém sabe o motivo disso, mas aproveite todas as oportunidades disponíveis para ganhar força.

Séries gigantes

Nas séries gigantes, você realiza de cinco a dez exercícios, um após o outro, sem repouso, usando o mesmo peso. Pense nelas como superséries gigantes. As séries gigantes incorporam um tipo específico de resistência e apresentam um elemento aeróbio, o que estressa os músculos o suficiente para fazê-los crescer. Elas também treinam o sistema anaeróbio láctico do corpo usando uma mistura de trabalho cardiovascular e de força, o que leva os seus músculos a liberarem ácido láctico. Isso força o seu corpo a liberar hormônio de crescimento, o catalisador responsável por fornecer músculo e reduzir gordura.

Realize as séries gigantes de duas maneiras. Opção 1: faça um circuito de cinco exercícios com quatro ou cinco séries de seis repetições. Faça dois circuitos por treinamento. Opção 2: faça um circuito de dez exercícios com quatro ou cinco séries de seis repetições. Realize esse circuito apenas uma vez e já terá feito um treinamento de corpo inteiro.

Séries alternadas

Nas séries alternadas, você realiza uma série de um exercício para certo grupo muscular, repousa por alguns minutos e faz uma série para o músculo oposto ao que acabou de trabalhar. Você, então, repousa e faz outra série do primeiro exercício. Alternar os exercícios o ajuda a preservar sua força e melhora sua recuperação, pois possibilita um repouso maior para todas as partes do corpo usando o mesmo tempo de treinamento. Isso permite a você usar cargas maiores nos exercícios.

Caso você pretenda fazer cinco séries de barra fixa e cinco séries de supino, faça três de barra e três de supino. Depois, retorne e faça as duas séries restantes de barra fixa e supino. O repouso extra o deixará mais forte do que você estaria nas duas últimas séries. Você pode montar uma rotina inteira baseada nesse conceito.

Contração de pico

No método contração de pico, você flexiona e pressiona o músculo quando ele estiver no ponto de maior estresse da repetição. Você pode fazer isso em qualquer repetição e exercício, a qualquer momento de uma série. Arnold Schwarzenegger é um fã desse ampliador de intensidade e creditou a esse método o tamanho de seus bíceps.

Para usar esse método, flexione os bíceps no ponto final de uma rosca e mantenha a posição por 1 ou 2 segundos. Aperte o músculo com toda a sua força, ou até que a dor fique insuportável. Seus braços logo passarão de morros para montanhas.

Foco nas repetições

No treinamento com foco nas repetições, você escolhe um número de repetições para um exercício, e, então, atinge esse número em quantas séries forem necessárias. Para avançar, aumente o número total de repetições realizadas a cada semana. É uma excelente estratégia para exercícios que utilizam o peso corporal, nos quais você não tem como diminuir a resistência com facilidade.

Estabeleça a meta de fazer 50 barras. Talvez você consiga fazer apenas 15 na primeira série. Repouse e faça outra série. Talvez consiga apenas 10. Repouse por mais 1 minuto e continue fazendo o exercício, até que atinja as 50 repetições. Você também pode colocar um tempo de repouso entre as séries que seja proporcional à quantidade de repetições que faltam para atingir seu objetivo. Por exemplo, se estiver almejando fazer 50 repetições e já tiver feito 30, o seu período de repouso deve ser de 20 segundos. Se conseguir mais 10 repetições na próxima série, ainda restarão 10 repetições. Você repousará por 10 segundos, e fará novamente.

Combinações desafiantes

Utilize essas técnicas para dar uma lustrada nas suas rotinas já existentes. Você pode, até mesmo, combiná-las, para multiplicar sua efetividade. São imensas as possibilidades de combinação: 13 elevado à 13ª potência, o que são muitas permutações. Experimente alguns dos exemplos a seguir.

- Uma série pausa de recuperação, seguida de *drop sets*.
- Uma série excêntrica, seguida de uma série de cem repetições.
- Uma *doubles*, seguida de uma *drop set*.
- Meias repetições combinadas a retenções estáticas.
- Uma *drop set* ao final de um exercício de uma série gigante.
- Uma *doubles*, usando duas retenções estáticas e um movimento normal.
- Uma série excêntrica, seguida de uma retenção estática.
- A técnica pausa de recuperação junto com as meias repetições.
- *Drop sets* combinadas com a contração de pico.

E agora?

Parabéns: você não é mais um levantador mediano e, provavelmente, está tentado a parar de ler, porque acha que já sabe tudo. Esse ponto de vista é perfeitamente compreensível, considerando que as pessoas com certeza elogiaram o seu físico. Porém, os caras que têm físicos ainda melhores do que o seu conseguiram isso por causa de uma sede por conhecimento e uma quantidade absurda de trabalho duro. Mesmo que agora você seja um levantador avançado, ainda pode aprender um ou dois truques sobre como melhorar mais aquilo que já melhorou. Continue lendo, pois aqueles quilinhos de massa magra estão perto.

7

Desenvolvimento muscular total para levantadores avançados

Após treinar por mais de um ano, você passa a ser um levantador avançado. Nesse ponto, o ganho muscular se torna difícil. Aqui está a maneira de acelerar os ganhos.

Para conseguir melhoras rapidamente e desenvolver um grupo muscular que ficou para trás, levantadores avançados devem treinar, pelo menos, três vezes por semana. Se cada sessão de treinamento durar em torno de 1 hora, isso significará 3 horas em uma semana de 168 horas – não é pedir muito. Você também não quer negligenciar os outros músculos. Afinal, foram necessários suor e trabalho árduo para fazer o restante do seu físico ficar bem, e você não quer destruir tudo o que conquistou até agora. Este capítulo descreve as melhores maneiras de treinar os grupos musculares apresentados no Capítulo 3. Sendo um levantador avançado, você já deve saber como fazer todos os exercícios listados, e, provavelmente, não precisará retornar às descrições. Existem muitas abordagens, e é praticamente impossível dizer qual funciona melhor. A melhor aposta? Teste todas no período de um ano, e, ao final do experimento, você terá uma conclusão óbvia: tamanho.

Treinamento para os braços

Quer braços grandes? Aqui estão as informações de que precisa para agarrá-los com firmeza.

BRAÇOS PARA O HOMEM CHEIO DE TEMPO

Faça os exercícios listados na Tabela 7.1, um após o outro, e repouse por 45 a 60 segundos entre as séries. Cada repetição deve demorar de 3 a 4 segundos.

Tabela 7.1 Séries diretas

Exercício	S	R
1. Barra fixa com pegada invertida	4	10
2. Levantamento terra com halteres	4	10
3. Rosca martelo	3	8
4. Rosca com barra EZ	4	8
5. Supino com pegada fechada	4	8
6. Tríceps testa com barra EZ	4	8
7. Tríceps com polia alta	5	12
8. Extensão de tronco	4	12

TREINAMENTO PARA O CARA QUE QUER FORÇA DE BRAÇO

Use a maior carga que conseguir em cada série (*vide* a Tabela 7.2), para que você falhe na repetição final, especialmente nas séries de seis e de quatro repetições. Repouse por 60 segundos entre as séries.

Tabela 7.2   Séries em pirâmide

Exercício	S	R
1. Rosca direta com barra	5	12, 10, 6, 4, 4
2. Supino com pegada fechada	5	12, 10, 6, 4, 4
3. Rosca martelo	4	10, 8, 6, 6
4. Extensão vertical de antebraços com halteres	4	10, 8, 6, 6
5. Rosca com barra EZ	3	10, 8, 6
6. Tríceps testa com barra EZ	3	10, 8, 6
7. Extensão de tronco	2	15, 12
8. *Power clean*	2	6, 6

TREINAMENTO PARA BRAÇOS DIFÍCEIS DE CRESCER

Em cada supersérie (*vide* a Tabela 7.3), realize cada exercício imediatamente após o anterior. Depois, repouse por 45 a 60 segundos.

Tabela 7.3   Superséries

Exercício	S	R
Supersérie 1		
1. Barra fixa com pegada invertida	4	10
2. Mergulho nas barras paralelas	4	10
Supersérie 2		
3. Rosca com barra EZ	4	12
4. Tríceps testa com barra EZ	4	12
Supersérie 3		
5. Rosca martelo	3	8
6. Extensão de cotovelos (braços elevados) com halteres	3	8
Supersérie 4		
7. Rosca na polia baixa	4	15
8. Tríceps *pulley* com corda	4	15

TREINO ESPECÍFICO PARA BRAÇOS

O objetivo desse treinamento (*vide* a Tabela 7.4) é completar as 60 repetições em 60 segundos, portanto, faça as repetições a uma velocidade alucinante e pegue um peso pequeno. Você pode até usar elásticos. Repouse o quanto for necessário entre as séries, para que se sinta totalmente renovado antes de cada uma. É possível acoplar essa rotina no final de algum outro treino; ela deve levar algo em torno de 15 a 20 minutos.

Tabela 7.4   Repetições rápidas

Exercício	S	R
1. Rosca martelo	3-4	60
2. Tríceps testa com barra EZ	3-4	60
3. Tríceps *pulley* com corda	3-4	60
4. Rosca na polia baixa	3-4	60

TREINAMENTO PARA CARAS COM BOA RESISTÊNCIA À DOR

Para os dois primeiros exercícios (*vide* a Tabela 7.5), complete as 50 repetições no menor número de séries possível, mas repouse quando precisar. Este treinamento é para levantadores avançados. Se não conseguir fazer pelo menos 8 ou 10 repetições dos dois primeiros exercícios da tabela, siga um treinamento de corpo inteiro em vez de focar nos braços. Não se impressione com a inclusão de outros exercícios, como agachamento, que, aparentemente, não têm nada a ver com os braços. Eles desenvolverão sua musculatura em geral, o que irá aumentar o tamanho de seus braços. Confie, e logo terá mangas mais apertadas.

Tabela 7.5   Braços sem roscas

Exercício	S	R
1. Barra fixa com pegada invertida	Quantas forem necessárias	50
2. Mergulho nas barras paralelas	Quantas forem necessárias	50
3. Agachamento (barra)	5	5

Exercício	S	R
4. Supino reto com halteres	5	5
5. Levantamento terra com halteres	4	10, 8, 8, 6
6. Extensão de tronco	3	12

Treinamento para os ombros

Ombros fortes o ajudam a desenvolver as costas, os peitorais e os braços ao máximo de seus potenciais. Continue lendo para descobrir os treinos que garantem tudo isso.

CONSIGA OMBROS GRANDES RAPIDAMENTE

De um ponto de vista comparativo, os ombros são um grupo muscular pequeno. Você pode deixar para fazer essa rotina quando não estiver com muita vontade de treinar, pois é mais fácil do que treinar pernas ou peitorais. Ou você pode usá-la aliada a um treino de abdome ou de braços. Realize os exercícios um após o outro (*vide* a Tabela 7.6) e repouse por 45 a 60 segundos entre as sessões. Faça um movimento perfeito para proteger aquilo que tem de mais importante: seu formato V.

Tabela 7.6　Séries diretas

Exercício	S	R
1. *Power clean*	4	6
2. Desenvolvimento sentado com halteres	3	12
3. Elevação lateral com halteres	4	12
4. Elevação frontal com halteres	4	15
5. Crucifixo invertido no banco inclinado	3	10

DESENVOLVA TAMANHO E FORÇA

Este é um programa de esforço máximo (*vide* a Tabela 7.7), portanto, aumente a carga sem medo de desafiar seus limites. Lembre-se de chamar um parceiro sempre que possível. Você deveria falhar na última repetição, especialmente nas séries de seis repetições. Repouse por 60 segundos entre as séries, e logo sentirá o terno encolher.

Tabela 7.7　Séries em pirâmide

Exercício	S	R
1. Desenvolvimento Arnold	5	15, 10, 6, 6, 10
2. Elevação lateral com halteres	5	15, 10, 6, 6, 10
3. Desenvolvimento sentado com halteres	4	10, 8, 6, 6
4. Crucifixo invertido no banco inclinado	3	15, 12, 12
5. Remada alta com halteres	4	15, 12, 10, 8
6. Elevação frontal com halteres	3	10, 8, 8

DÊ RESISTÊNCIA ESPORTIVA AOS SEUS OMBROS

Ombros podem ser duramente castigados. Este treinamento (*vide* a Tabela 7.8) os prepara ao criar resistência. Não seja arrogante: certifique-se de estar usando pesos significativamente menores do que aqueles que usaria normalmente. Você irá se recuperar rapidamente entre as séries, portanto, não repouse muito – de 45 a 60 segundos devem ser suficientes para sentir os ombros arderem.

Tabela 7.8　Resistência

Exercício	S	R
1. Levantamento terra com halteres	3	20
2. Elevação lateral com halteres	3	20
3. Desenvolvimento sentado com halteres	3	20
4. Crucifixo invertido no banco inclinado	3	20
5. Remada alta com halteres	3	20
6. Elevação frontal com halteres	3	20

OMBROS PARA O HOMEM SEM TEMPO

Algumas vezes, você estará com pressa e precisará de um trabalho rápido para os ombros. Este é o treinamento para momentos assim. Pegue um par de halteres intermediários e faça todos estes exercícios (*vide* a Tabela 7.9) como uma grande série, sem repouso e sem abaixar os pesos. Para trabalhar todas as três partes do ombro e acelerar seu crescimento, repouse de 1 a 3 minutos após terminar, e repita.

Tabela 7.9   Muitas repetições, cargas grandes

Exercício	S	R
1. Desenvolvimento sentado com halteres	3-5	6
2. Elevação lateral com halteres	3-5	6
3. Remada alta com halteres	3-5	6
4. Elevação frontal com halteres	3-5	6
5. Crucifixo invertido no banco inclinado	3-5	6

DESENVOLVA O CORPO INTEIRO JUNTO COM OS OMBROS

Este treinamento (Tabela 7.10) inclui uma mistura de diversas técnicas. As pirâmides, no início, movimentam as maiores cargas e desenvolvem força. Séries diretas fatigam seus músculos ao mesmo tempo que fornecem repouso a algumas partes do seu ombro. Empregue uma variedade de pesos leves e pesados, para que esteja fatigado nas últimas repetições. O termo técnico para os efeitos posteriores é *destruidor*.

Tabela 7.10   Pacote completo

Exercício	S	R
1. Levantamento terra com halteres	5	15, 12, 8, 8, 10
2. Elevação lateral com halteres	4	10
3. Desenvolvimento sentado com halteres	4	12, 8, 8, 10
4. Crucifixo invertido no banco inclinado	4	10
5. Elevação frontal com halteres	4	20

Treinamento para os peitorais

Aumente o tamanho da sua fachada com esses treinamentos que focam o crescimento dos peitorais.

ADICIONE MASSA MUSCULAR AOS PEITORAIS RAPIDAMENTE

Faça os exercícios listados na Tabela 7.11 em sequência, e repouse por 45 segundos entre as séries. Sinta-se à vontade para colocar os seus exercícios prediletos de peitorais, por exemplo, o supino reto com barra, no lugar de qualquer um dos exercícios com halteres aqui listados; no entanto, sempre comece com os exercícios de desenvolvimento.

Tabela 7.11   Séries diretas

Exercício	S	R
1. Supino inclinado com halteres	4	10
2. Supino reto com halteres	3	8
3. Mergulho nas barras paralelas	4	12
4. Flexão	3	15
5. Crucifixo com halteres	8	8

TREINAMENTO PARA O HOMEM QUE QUER TAMANHO E FORÇA

Utilize o máximo de peso que puder em cada série (*vide* a Tabela 7.12), para que você falhe na repetição final, especialmente nas séries de seis e quatro repetições. Repouse por 60 segundos entre as séries.

Tabela 7.12   Séries em pirâmide

Exercício	S	R
1. Supino reto com halteres	5	12, 8, 6, 4, 10
2. Supino inclinado com halteres	4	10, 8, 6, 4
3. Crucifixo com halteres	4	10, 8, 8, 8
4. *Pullover* com halteres	3	12, 10, 8
5. Flexão	4	15, 12, 10, 10

TREINAMENTO PARA O CARA ALTO QUE SOFRE PARA ADICIONAR MASSA AOS PEITORAIS

Fazer os peitorais aumentarem pode ser uma tarefa difícil, pois eles contam com dois excelentes ajudantes: os tríceps e os ombros. Esses músculos auxiliares, muitas vezes, roubam o esforço dos seus peitorais, o que explica o motivo de desenvolvimentos no banco inclinado deixá-lo com ombros atraentes, mas com a parte superior do peito mais macia que a Helen Mirren.[1] Para resolver esse dilema, faça séries pré-exaustão, consistindo em um exercício isolado para os peitorais, seguido imediatamente de um exercício composto também para os peitorais (Tabela 7.13). O exercício isolado inicial força os seus peitorais a trabalhar mais fortemente durante o movimento composto. Isso permite que você ganhe mais músculos pelo seu esforço. Repouse 60 segundos após cada supersérie.

Tabela 7.13   Treinamento pré-exaustão

Exercício	S	R
Supersérie 1		
1. *Crossover*	4	12
2. Supino inclinado com halteres	4	6
Supersérie 2		
3. Crucifixo com halteres	4	12
4. Supino inclinado com halteres	4	6
Supersérie 3		
5. Flexão	4	12
6. Mergulho nas barras paralelas	4	6

TREINAMENTO PARA OBTER FORÇA BRUTA E POTÊNCIA PARA EMPURRAR

Neste treinamento (Tabela 7.14) você realizará um grupo de três séries – chamado de ondulatório – de um único exercício. Após cada série, aumente a carga em 10% a 30% e diminua o número de repetições. Depois de cada série ondulatória, você fará uma segunda *ondulatória* (outras três séries) do mesmo exercício; porém, dessa vez, você conseguirá usar uma carga maior e superar antigos limites, porque a primeira série ondulatória prepara o seu sistema nervoso para o levantamento pesado. Repouse de 1 a 2 minutos entre as séries, e faça uma série de aquecimento com 15 repetições antes de cada exercício. Siga com essa rotina por um mês, e você logo terá músculos dignos de qualquer praia.

Tabela 7.14   Treinamento de força com série ondulatória

Exercício	S	R
Exercício 1		
1. Supino reto com halteres (duas ondas)	3	6, 3, 2
2. Supino reto com halteres (duas ondas)	3	6, 3, 2
Exercício 2		
3. Supino inclinado com halteres (duas ondas)	3	6, 3, 2
4. Supino inclinado com halteres (duas ondas)	3	6, 3, 2
Séries diretas		
5. Mergulho nas barras paralelas	4	10
6. *Pullover* com halteres	3	12

TREINAMENTO DE PEITORAIS DO ESPORTISTA

Neste treinamento (Tabela 7.15) você realiza uma série de um exercício que exige bastante força, repousa por 45 segundos, e, então, faz uma série de um movimento pliométrico que utiliza um padrão de movimento similar, direcionado ao músculo trabalhado anteriormente. Isso constrói potência, tamanho e músculos velozes que se sobressaem nos campos e nas quadras. Movimentos explosivos recrutam mais fibras musculares do que movimentos de força. Realizar um movimento explosivo antes de um movimento de força faz o seu corpo imaginar que está chegando uma carga maior de trabalho, portanto, ele recruta mais fibras

---

1 N.E.: atriz britânica, de voz suave, ganhadora de diversos prêmios, incluindo o Oscar de Melhor Atriz.

musculares; isso o ajuda a levantar cargas maiores. Repouse por 1 ou 2 minutos entre as séries, para minimizar sua fadiga e otimizar sua potência durante todo o treino. Caso você se recupere rapidamente, reduza o tempo de repouso. Alterne entre dias de treino e de repouso sempre que possível.

Tabela 7.15   Treinamento de potência

Exercício	S	R
Supersérie 1		
1. Supino reto com halteres	4	8
2. Flexão explosiva	4	4
Supersérie 2		
3. Supino inclinado com halteres	4	8
4. Arremesso deitado com *medicine ball*	4	4
Supersérie 3		
5. Mergulho nas barras paralelas	4	8
6. Flexão explosiva	4	4

Treinamento para as costas

Mais que quaisquer outros, músculos fortes nas costas o ajudam a ficar ereto e parecer mais magro. Dê ao seu tronco um formato perfeito com esses treinos pesados.

ADICIONE MÚSCULOS ÀS COSTAS RAPIDAMENTE

Você pode acrescentar um treinamento de bíceps ou de ombros ao final deste treino (Tabela 7.16), caso o seu cronograma permita. Faça os exercícios em sequência e repouse por 1 ou 2 minutos entre as séries, para esculpir aquelas linhas retas que fornecem força bruta à parte superior das costas.

Tabela 7.16   Séries diretas

Exercício	S	R
1. Barra fixa com pegada pronada	4	8-10
2. Remada unilateral com halter	3	10
3. *Power clean*	4	6
4. Remada invertida	4	10
5. *Face pull*	3	15

GANHE TAMANHO E FORÇA RAPIDAMENTE

Use o máximo de peso que puder em cada série (Tabela 7.17). Você deve falhar na repetição final, especialmente nas últimas séries. Repouse por 1 ou 2 minutos entre as séries, e trabalhe em direção a uma ardência muscular que fará inveja aos seus peitorais.

Tabela 7.17   Séries em pirâmide

Exercício	S	R
1. Barra fixa com pegada pronada com peso	5	15, 10, 6, 6, 10
2. Remada curvada com halteres	5	15, 10, 6, 6, 10
3. Remada unilateral com halter	4	10, 8, 6, 6
4. *Pullover* com halteres	4	15, 12, 10, 8
5. *Face pull*	3	10, 8, 8
6. Extensão de tronco	3	15

TREINAMENTO ESPORTIVO ESPECÍFICO PARA AS COSTAS

O objetivo? Pegar pesado, e, depois, descansar bastante. A ideia é levantar mais peso do que você imagina ser possível. Erga os pesos o mais rápido que puder; porém, leve algum tempo para retorná-los à posição inicial. Repouse por 1 ou 2 minutos entre cada série (Tabela 7.18), chame um parceiro se possível, e não afrouxe – costas grandes exigem pesos grandes.

Tabela 7.18   Treinamento de potência

Exercício	S	R
1. *Power clean*	6	3
2. Remada curvada com halteres	5	4
3. Barra fixa com pegada pronada com peso	6	5
4. Remada em banco inclinado com halteres	6	3

GANHE FORÇA E MASSA

Este treinamento (Tabela 7.19) pode parecer fácil, especialmente se você estiver mudando de um esquema com muitas repetições; mas, quando feito corretamente, ele é mais duro do que sanduíche de rato. Escolha um peso e fique com ele durante todo o treino. Ele deve ser leve o suficiente para que as duas primeiras séries pareçam fáceis, e tão pesado que o faça falhar nas últimas três. Tentativa e erro é a melhor maneira de descobrir isso; contudo, lembre-se de aumentar a carga em 2% a 5% a cada semana, para que você progrida. Repouse por 1 a 2 minutos entre as séries. Na próxima vez que você bater na mão de alguém – de maneira irônica, claro – ele soprará os dedos.

Tabela 7.19   5 × 5

Exercício	S	R
1. Barra fixa com pegada pronada com peso	5	5
2. Levantamento terra com halteres	5	5
3. Remada unilateral com halter	5	5
4. Remada em banco inclinado com halteres	5	5
5. *Pullover* com halteres	5	5

ACRESCENTE RESISTÊNCIA ESPORTIVA ÀS SUAS COSTAS

Suas costas, assim como suas pernas, podem responder bem a um alto número de repetições. Não é algo que você deve fazer sempre, mas vale a pena focar nas fibras de resistência a cada tantos meses, para ajudá-lo a superar os momentos de estagnação muscular. A escolha dos exercícios é crucial (*vide* a Tabela 7.20), especialmente se você não consegue fazer muitas repetições em exercícios que utilizam peso corporal; portanto, fique com os cabos e os pesos livres. Repouse de 45 a 60 segundos entre cada série e dê uma boa alongada após o treino, para manter os músculos flexíveis.

Tabela 7.20   Muitas repetições

Exercício	S	R
1. Remada curvada com halteres	3	20
2. Levantamento terra com halteres	3	15
3. Remada em banco inclinado com halteres	3	20
4. *Face pull*	3	15
5. Bom-dia	4	12

Treinamentos para o abdome

Todos os músculos dependem do seu abdome, do seu quadríceps e da sua lombar, coletivamente conhecidos como tronco. O tronco é a sua base e o seu centro de atração. Aqui está tudo o que você precisa para esculpir uma barriga sólida como rocha.

CONSIGA MÚSCULOS ABDOMINAIS FIRMES RAPIDAMENTE

A Tabela 7.21 mostra, sem sombra de dúvidas, o programa mais simplista de treinamento para o abdome que já existiu; portanto, faça-o no início do seu treino, se estiver desesperado para conseguir algum progresso na barriga, ou no final, se quiser uma abordagem balanceada que trabalhe todos os músculos. Faça de uma a quatro sessões por semana. Realize os exercícios em sequência e repouse de 30 a 60 segundos entre as séries. Apenas se certifique de que não comeu uma grande refeição antes de começar, caso contrário, você poderá voltar a saboreá-la.

Tabela 7.21   Séries diretas

Exercício	S	R
1. Abdominais com pedalada	3	10
2. Prancha	4	60 s
3. Elevação de pernas	3	8
4. Elevação de pernas em suspensão	4	12

QUEIME GORDURA ENQUANTO TONIFICA O ABDOME

Utilize o máximo de carga que puder em cada série (*vide* a Tabela 7.22) e lembre-se de não repousar entre os exercícios das superséries. Acelere a passagem de um exercício para outro montando ambas as estações antes de começar. Repouse por 60 segundos após cada supersérie. Faça este treinamento de uma a três vezes por semana, para obter um tronco duro como rocha, que impedirá lesões e melhorará sua estabilidade e sua potência em outros exercícios, resultando em mais músculos em todo lugar.

Tabela 7.22 Superséries para o tronco

Exercício	S	R
Supersérie 1		
1. Bom-dia	4	10
2. Elevação de quadril com perna estendida	4	10
Supersérie 2		
3. *Rollouts*	3	12
4. Extensão de tronco	3	12
Supersérie 3		
5. Prancha	4	60 s
6. Super-Homem	4	60 s

CONSIGA UM ABDOME QUE ATUARÁ BEM NOS CAMPOS E NAS QUADRAS

Não utilize cargas pesadas nesse treinamento (*vide* a Tabela 7.23). O objetivo é realizar os exercícios o mais rápido que puder com um movimento perfeito. Lembre-se desta última parte: movimento perfeito. Caso sinta que o seu movimento não está correto, reduza um pouco a velocidade até que consiga retornar ao movimento perfeito. Repouse por apenas 30 segundos entre as séries e não utilize nenhum impulso para roubar nas repetições.

Você pode até inserir esse treinamento entre sessões de exercícios cardiovasculares.

Tabela 7.23 Muitas repetições

Exercício	S	R
1. Abdominais com pedalada	3	15
2. Elevação de pernas	3	12
3. *Rollouts*	4	10
4. Elevação de pernas em suspensão	3	12

DESENVOLVA FORÇA E COSTAS À PROVA DE LESÕES

Força no abdome não é algo de que você tradicionalmente se gaba para os amigos. Isso porque o resultado – um tanquinho – fala mais alto do que as palavras. Uma sessão ocasional utilizando cargas grandes trará resultados, especialmente se você está há alguns meses fazendo exercícios com muitas repetições. Não deixe de aquecer todo o corpo antes de preparar os pesos; caso contrário, os movimentos lentos e pesados podem causar uma lesão. Nos primeiros dois exercícios (*vide* a Tabela 7.24), segure um halter entre as pernas. Para a prancha com peso, peça que um amigo coloque um peso nas suas costas. Nos abdominais, segure um peso pequeno em cada mão. Você deve forçar o movimento e falhar na última repetição, portanto, não tenha medo de pegar pesos maiores do que acha que aguenta. Repouse por 1 ou 2 minutos entre as séries. Faça esse treinamento uma ou duas vezes por semana, e consiga a força de abdome do Hulk.

Tabela 7.24 Potência

Exercício	S	R
1. Elevação de pernas em suspensão	5	6
2. Elevação de pernas	5	6
3. Prancha (com peso)	5	6
4. Abdominais com pedalada	5	6

DESENVOLVA O ABDOME E O RESTANTE DO CORPO AO MESMO TEMPO

Estes exercícios de corpo inteiro (*vide* a Tabela 7.25) trabalham muito o abdome, pois o fazem se flexionar para aguentar cargas colocadas sobre o restante do corpo. O abdome é, em essência, um músculo de suporte em todos esses exercícios. Esta técnica é muito utilizada por levantadores que têm um percentual baixo de gordura corporal, pois o abdome deles costuma aparecer, independentemente de ter sido focado ou não. O benefício? Mais músculos em todo lugar, inclusive no abdome.

Tabela 7.25 **Programa de corpo inteiro que desenvolve o abdome**

Exercício	S	R
1. Agachamento (barra)	5	7
2. Levantamento terra	4	7
3. Barra fixa com pegada pronada	4	7
4. Supino reto com halteres	4	7
5. *Power clean*	3	6
6. Levantamento frontal com halteres	4	10
7. Prancha lateral	4	90 s

Treinamento para as pernas

Trabalhe a metade inferior do corpo não apenas para melhorar suas pernas de saracura – isso é apenas um bônus –, mas, também, para emagrecer e ficar mais musculoso em todo o corpo.

ADICIONE MASSA ÀS PERNAS RAPIDAMENTE

A Tabela 7.26 é, provavelmente, o programa de pernas mais simples que há. Faça os exercícios em sequência e repouse por 45 a 60 segundos entre as séries; no entanto, vá devagar, caso essa seja sua primeira vez isolando as pernas em um treino. No dia seguinte, elas estarão doendo como se você estivesse devendo dinheiro para a máfia.

Tabela 7.26 **Séries diretas**

Exercício	S	R
1. *Step*	4	8 cada perna
2. Agachamento	5	10-12
3. Avanço	4	8 cada perna
4. Agachamento de base alternada	3	8
5. Rosca de isquiotibiais	3	15

GANHE TAMANHO E FORÇA

Use o máximo de peso que puder em cada série (*vide* a Tabela 7.27). Você deve falhar na repetição final, especialmente nas séries de seis repetições. Repouse por 60 segundos entre as séries, e trabalhe até sentir o centro dos músculos arder.

Tabela 7.27 **Séries em pirâmide**

Exercício	S	R
1. Agachamento	5	15, 10, 6, 6, 10
2. Levantamento terra com halteres	5	15, 10, 6, 6, 10
3. Avanço	4	10, 8, 6, 6
4. Bom-dia	4	15, 12, 10, 8
5. *Step*	3	10, 8, 8
6. Levantamento terra com pernas estendidas	3	15, 12, 12

TREINAMENTO DE PERNAS DO ESPORTISTA

Este treinamento (Tabela 7.28) inclui poucos exercícios, mas seu objetivo é puxar o máximo de carga possível em cada uma das séries e repousar bastante entre elas. Abaixe o peso (ou si próprio) lentamente e exploda de volta à posição inicial. Aqueça com 12 a 15 repetições de cada exercício antes de começar, e repouse por 1 a 3 minutos entre as séries. Este treinamento adicionará bastante força às suas pernas com rapidez.

Tabela 7.28 Treinamento de potência

Exercício	S	R
1. Agachamento	7	3
2. Levantamento terra com halteres	7	4
3. Agachamento de base alternada	6	4
4. Bom-dia	6	3

TREINAMENTO DO HOMEM CHEIO DE TEMPO

A grandeza desta rotina de exercícios (Tabela 7.29) está na sua simplicidade. Fazer cinco séries de cinco repetições cria massa e força em proporções idênticas. Não deixe de repousar de 1 a 3 minutos entre cada série. Tente aumentar a carga utilizada a cada semana.

Tabela 7.29 Treinamento 5 × 5

Exercício	S	R
1. Step	5	5
2. Agachamento	5	5
3. Avanço	5	5
4. Agachamento de base alternada	5	5
5. Levantamento terra com halteres	5	5

TREINAMENTO DO HOMEM COM PERNAS QUE SE RECUSAM A AUMENTAR

Drop sets (Tabela 7.30) são excelentes para as pernas. A primeira série lhe permite usar cargas pesadas e, dessa forma, criar força e músculos, e a *drop set* posterior trabalha as fibras musculares que a série pesada não atingiu. Cada série inclui uma *drop set*, portanto, você fará uma série de seis repetições, reduzirá a carga em 30% e fará outra série de seis repetições. Acrescente outra *drop set*, caso ainda consiga ficar em pé, e suas pernas explodirão de tão grandes.

Tabela 7.30 *Drop sets*

Exercício	S	R
1. Agachamento	5	6
2. Levantamento terra com halteres	4	6
3. Agachamento com base alternada	4	6
4. Extensão de perna	4	6
5. Levantamento terra com pernas estendidas	4	6

Treinamento para as panturrilhas

Utilize estes treinamentos para esculpir panturrilhas que irão se destacar quando você estiver de bermuda.

ADQUIRA RESISTÊNCIA PARA PRÁTICAS ESPORTIVAS NA PARTE INFERIOR DO CORPO

Realize estes exercícios (Tabela 7.31) em sequência, e repouse por 45 segundos entre as séries. Execute o treinamento a seguir duas ou quatro vezes por semana, se estiver desesperado para reprimir piadas sobre suas pernas de saracura.

Tabela 7.31 Séries diretas

Exercício	S	R
1. Extensão de pés sentado	4	25
2. Elevação nas pontas dos pés	5	15
3. Rosca de isquiotibiais	3	20

GANHE FORÇA E TAMANHO

Utilize o máximo de carga que conseguir em cada série (Tabela 7.32), para que você falhe na última repetição, especialmente nas séries de seis e quatro repetições. Repouse por 60 segundos entre as séries.

Tabela 7.32 Séries em pirâmide

Exercício	S	R
1. Flexão plantar sentado	5	25, 20, 15, 6, 4
2. Elevação nas pontas dos pés	4	25, 15, 12, 10
3. Rosca de isquiotibiais	3	30, 20, 10

TREINAMENTO PARA O HOMEM SEM TEMPO

Combine este treinamento (Tabela 7.33) com sua sessão para a parte superior das coxas. Após cada série de um exercício para a coxa, pegue um aparelho, ou ache um degrau, e faça 15 repetições bem rápido. Tire do seu repouso o tempo que levar para completar todas as repetições. Uma alternativa é misturar este treino com uma sessão para a parte superior do corpo.

Tabela 7.33 Séries alternadas

Exercício	S	R
1. Elevação nas pontas dos pés	4	15
2. Flexão plantar sentado	4	15

PACOTE DE ESTÍMULO PARA PANTURRILHAS TEIMOSAS E DIFÍCEIS DE AUMENTAR

Complete cem repetições (Tabela 7.34), fazendo quantas pausas forem necessárias (ou nenhuma, caso consiga aguentar a dor). Não acelere as repetições, mantenha-as lentas e controladas. Leve 2 segundos para levantar os tornozelos e 2 segundos para abaixá-los, e tente não perder a conta. Tire apenas de 30 a 60 segundos de repouso entre as séries, o necessário para a dor diminuir.

Tabela 7.34 Séries de cem repetições

Exercício	S	R
1. Elevação nas pontas dos pés	2	100
2. Flexão plantar sentado	2	100

TREINAMENTO PARA O HOMEM COM POUCOS EQUIPAMENTOS OU COM UMA ACADEMIA CASEIRA

Você pode misturar este treinamento (Tabela 7.35) com algum outro treino, ou, simplesmente, fazê-lo separadamente a qualquer momento, em qualquer lugar. Execute quantas repetições super-rápidas puder. Sinta-se livre para pingar no ponto mais baixo de cada repetição. Aqueles que forem machos o suficiente para superar a barreira da dor serão recompensados com panturrilhas enormes.

Tabela 7.35 Séries até a falha

Exercício	S	R
1. Elevação nas pontas dos pés	4	Quantas puder
2. Flexão plantar sentado	4	Quantas puder

Agendando treinamentos

Você tem uma infinidade de treinamentos nas mãos. Agora, deve descobrir como juntá-los. A quantidade de combinações e de opções disponíveis é impressionante, o que pode tornar a coisa um pouco difícil de escolher. Comece definindo quantos dias por semana o seu cronograma permite que você treine. Após ter obtido uma estimativa conservadora, é hora de montar o quebra-cabeça. As seções seguintes descrevem como trabalhar os seus músculos com base no tempo que você tem disponível. Não existe uma maneira certa ou errada de criar um programa semanal; simplesmente crie o programa que melhor se encaixa ao seu estilo de vida. Pegue a agenda e comece a se planejar.

Três treinos por semana

Treinar três vezes por semana significa que você ainda pode seguir regimes de corpo inteiro. Um programa de corpo inteiro pode oferecer os melhores resultados, mas ele também dá a você a opção de se concentrar em partes específicas do corpo. Se você seguir as rotinas de exercício deste capítulo, tentará completar sessões gigantescas e terminará se desgastando. Para contornar essa situação, adapte o seu programa seguindo esta regra simples: escolha o seu sistema e tenha a certeza de que nunca está fazendo mais que 24 séries em um treinamento. Os treinos devem sempre ter o limite de 1 hora, portanto, para que isso ocorra, você terá que escolher seus exercícios prediletos. Não é necessário utilizar o mesmo sistema para todas as partes do corpo. Você pode usar pirâmides para os braços e superséries para as pernas. Funcionará melhor se seguir um único sistema para cada grupo muscular, porém, na verdade, as únicas regras são manter a constância e dar o seu melhor.

Opção 1: divisão puxa-empurra
Segunda-feira: peitorais, costas, abdome.
Terça-feira: coxas, panturrilhas.
Quarta-feira: repouso.
Quinta-feira: bíceps, tríceps, ombros.
Sexta-feira, sábado, domingo: repouso.

Opção 2: una os músculos que trabalham juntos
Segunda-feira: peitorais, tríceps, ombros.
Terça-feira: coxas, panturrilhas.
Quarta-feira: repouso.
Quinta-feira: costas, bíceps, abdome.
Sexta-feira, sábado, domingo: repouso.

Opção 3: trabalhe uma parte do corpo por semana
Este exemplo de programa foca o desenvolvimento dos braços; entretanto, você pode focalizar qualquer parte do corpo que desejar.
Segunda-feira: bíceps, peitorais, tríceps, ombros.
Terça-feira: repouso.
Quarta-feira: coxas, panturrilhas.
Quinta-feira: repouso.
Sexta-feira: costas, bíceps, tríceps, abdome.
Sábado, domingo: repouso.

Quatro treinos por semana
Agora, você está comprometido o suficiente para começar a trabalhar de uma a três partes do corpo em cada sessão, no verdadeiro estilo fisiculturista. Você ainda pode realizar treinamentos de corpo inteiro, no entanto, esse novo método o ajuda a focar partes do corpo que estão piores e que você possivelmente deseja melhorar. É aqui que entra a teoria do "*no pain, no gain*" ("sem dor, não há ganho"). Você irá encher o músculo com um volume tão alto de trabalho que irá demorar quase uma semana para ele recuperar-se, conservar-se e crescer. Você trabalhará apenas alguns músculos em cada sessão, portanto, essas sessões não irão fadigar o seu corpo da mesma maneira que quatro exaustivos treinos de corpo inteiro por semana. Veja qual método funciona melhor para você e sua agenda, e adapte os treinamentos conforme explicado anteriormente, para que eles se mantenham curtos e trabalhosos.

Opção 1: deixe o fim de semana livre
Segunda-feira: peitorais, bíceps, abdome.
Terça-feira: panturrilhas, coxas.
Quarta-feira: repouso.
Quinta-feira: costas, tríceps.
Sexta-feira: ombros, abdome.
Sábado, domingo: repouso.

Opção 2: treinamento a semana inteira
Segunda-feira: peitorais, tríceps, abdome.
Terça-feira: repouso.
Quarta-feira: costas, bíceps.
Quinta-feira: repouso.
Sexta-feira: coxas, panturrilhas.
Sábado: repouso.
Domingo: ombros ou alguma parte problemática do corpo.

Opção 3: trabalhando de sábado
Segunda-feira: costas, ombros.
Terça-feira: coxas, panturrilhas.
Quarta-feira: peitorais, abdome.
Quinta-feira, sexta-feira: repouso.
Sábado: bíceps, tríceps.
Domingo: repouso.

Cinco treinos por semana
Você, agora, pode dar a todos os seus músculos a atenção que eles merecem. Uma rotina de treinamento do corpo inteiro exigirá muito de você, portanto, é melhor treinar uma ou duas partes do corpo em cada sessão, exatamente como se estivesse treinando quatro dias por semana.

Preste atenção à maneira com que o seu corpo está lidando com essa quantidade de treinos por semana. Se estiver se sentindo cansado, bocejando o dia inteiro, dê uma descansada. Não deixe de tirar uma semana livre de quaisquer exercícios depois de passar seis a oito semanas treinando cinco vezes por semana; isso impede que você sofra um *overtraining*. É possível treinar duas vezes por semana alguma parte do corpo que esteja ficando para trás, para que ela acelere o desenvolvimento. Você não terá que adaptar muito os treinos apresentados neste capítulo.

Opção 1: divisão igualitária
Segunda-feira: peitorais.
Terça-feira: coxas, panturrilhas.
Quarta-feira: repouso.
Quinta-feira: costas.
Sexta-feira: bíceps, tríceps.
Sábado: repouso.
Domingo: ombros, abdome.

Opção 2: trabalhe uma área problemática
Este exemplo de programa tem foco nos peitorais.
Segunda-feira: peitorais.
Terça-feira: bíceps, tríceps.
Quarta-feira: coxas, panturrilhas.
Quinta-feira: repouso.
Sexta-feira: peitorais.
Sábado: ombros, abdome.
Domingo: repouso.

Opção 3: repouse no fim de semana
Segunda-feira: peitorais.
Terça-feira: coxas, panturrilhas.
Quarta-feira: costas.
Quinta-feira: ombros, abdome.
Sexta-feira: bíceps, tríceps.
Sábado, domingo: repouso.

Seis treinos por semana
Uma palavra sobre treinar esse tanto de vezes por semana: evite. Isso o leva a ficar muito próximo do limite, e, a não ser que sua alimentação esteja perfeita, você estará andando na corda bamba, com mais músculos de um lado e as profundezas do *overtraining* de outro.

Além disso, os seus ganhos podem não ser tão visíveis como você imagina. Um estudo publicado no *European Journal of Applied Physiology* (Bell et al., 2000), em que levantadores treinaram ou três ou seis dias por semana usando programas idênticos, descobriu que os caras que faziam apenas três sessões ganhavam tanto músculo quanto os caras que faziam seis. Se você precisa fazer seis sessões por semana, faça isso por uma ou duas semanas, e, em seguida, realize uma semana com três sessões; ademais, mantenha as sessões com 30 a 40 minutos de duração, para que não tenha que abrir o saco de dormir na academia. Isso tudo não significa que a semana de seis treinos não pode ser feita, portanto, aqui estão alguns exemplos de programas, mas tenha em mente: algumas vezes, mais é, de fato, menos.

Opção 1: divisão visando à máxima recuperação
Segunda-feira: peitorais.
Terça-feira: isquiotibiais, panturrilhas.
Quarta-feira: bíceps, abdome.
Quinta-feira: ombros, tríceps.
Sexta-feira: quadríceps.
Sábado: costas.
Domingo: repouso.

Opção 2: divisão visando maximizar o crescimento
Segunda-feira: peitorais, ombros, tríceps.
Terça-feira: costas, bíceps, abdome.
Quarta-feira: coxas, panturrilhas.
Quinta-feira: repouso.
Sexta-feira: peitorais, ombros, tríceps.
Sábado: costas, bíceps, abdome.
Domingo: coxas, panturrilhas.

Opção 3: enfoque uma parte problemática
Este exemplo de programa enfoca os ombros.
Segunda-feira: ombros.
Terça-feira: peitorais.
Quarta-feira: bíceps, tríceps.
Quinta-feira: costas.
Sexta-feira: ombros.
Sábado: coxas, panturrilhas.
Domingo: repouso.

Sete treinos por semana

Ah, agora você está se entusiasmando demais!

E agora?

Neste momento, você, com certeza, já está fazendo algumas cabeças virarem quando desce a rua. Você deve se orgulhar disso. Trabalhou duro e merece todos os elogios. Porém, o desejo constante de melhorar costuma estar ligado ao perfeccionismo. Isso pode significar que você nunca fica satisfeito com a aparência do seu corpo, não importa o quão bonito esteja. Isso não é ruim, e pode ser a virtude que desperta o melhor em você. Contudo, se você já tem tamanho e músculos suficientes, qual o próximo passo? O capítulo seguinte trata da queima de gordura e o ensina como remover a gordura do seu físico, para que você pareça ter sido esculpido de uma pedra. A não ser que você esteja com um percentual de gordura tão baixo que as veias dos seus músculos pareçam um mapa rodoviário, continue lendo para descobrir como fazer o seu abdome – e todos os outros músculos – saltarem ainda mais.

Emagrecimento brando

Ter um corpo incrivelmente enxuto não é um jogo de adivinhação. Este capítulo contém os fatos nus e crus que o ajudarão a queimar calorias de modo eficiente.

Ninguém engorda de propósito. Na maioria das vezes, o peso surge furtivamente, feito aquela despesa de cartão de crédito após uma noite de farra. Num momento seu corpo está ótimo, no seguinte, há algo mais à vista. No entanto, olhar pelo espelho retrovisor não resolve nada. É bem melhor olhar para a frente. Quando as calças ficam apertadas, a resposta pavloviana[1] da maioria dos homens é seguir direto para os aparelhos cardiovasculares na academia; mas seria esse o melhor plano de ataque? Talvez não para todo mundo. Nem todos os exercícios são iguais. Basta observar comerciais, academias, aulas de ginástica e *personal trainers* – todos alegam ter o método mais eficaz de queimar gordura.

Queimar gordura nem sempre é uma questão simples. Os vestiários das academias ecoam com debates acalorados sobre qual tipo de exercício emagrece mais rapidamente. O ritmo de vida está cada vez mais acelerado – internet a bordo de aeronaves, *sprints* de 100 metros em 10 segundos, prazos de 24 horas. Seus resultados devem acompanhar esse ritmo.

Antes de amarrar o tênis, você deve observar a primeira regra de sucesso para perder peso em longo prazo: fazer o que gosta. Esse é o maior problema com todas as formas de exercício. Ficar ouvindo um treinador musculoso berrar em seu ouvido ou ralar a virilha durante horas numa bicicleta ergométrica pode não ser exatamente sua ideia de prazer. Se você não fizer o que gosta, na maioria dos dias, não terá vontade de se exercitar. Ao escolher sua estratégia para queimar calorias, opte pelo tipo de exercício que mais aprecia. Gosta de jogar *squash*? Vá fundo! O verdadeiro segredo para ter saúde é estabelecer uma rotina sustentável de exercícios, e não atacar as suas dobrinhas durante dois ou três meses.

Se você coloca os resultados acima do prazer, vai querer saber o que funciona e o que não serve. Eis os melhores métodos para queimar calorias, listados em ordem de eficácia.

1. Circuitos de levantamento de peso. Faça diversas séries de levantamento de peso sem repousar entre elas. Descanse apenas no final de cada circuito.
2. Cardio de alta intensidade. Alterne entre 20 a 30 segundos de trabalho cardiovascular extremamente intenso e 60 segundos de repouso, durante os quais você continua se exercitando em ritmo lento.
3. Treinamento intervalado. Alterne entre 60 a 90 segundos de trabalho cardiovascular intenso e 2 a 3 minutos de repouso, mantendo-se em atividade em ritmo lento.
4. Cardioaceleração. Alterne entre uma série de levantamento de peso e 30 a 60 segundos de exercício cardiovascular.
5. Limiar anaeróbio. Alterne entre 90 a 120 segundos de trabalho cardiovascular intenso e 3 a 4 minutos de repouso, durante os quais você continua se exercitando em ritmo lento.

---

1 N.E.: alusão à teoria do "reflexo condicionado", do fisiologista russo Ivan Pavlov (1849-1936).

6. Cardio contínuo. Realize uma mesma atividade por 30 a 90 minutos (ou até mais). É assim que os corredores e os ciclistas treinam.
7. Exercício diário. Jogue *frisbee* ou faça uma caminhada leve.

Esportes e aulas de ginástica ocupam uma posição intermediária nesse *ranking*. Não estão listados, pois cada esporte e aula queima quantidades diferentes de calorias, dependendo de variáveis, como a divisão em que você joga, sua experiência e a frequência com que treina ou joga. É impossível comparar as demandas calóricas de um jogo de futebol escolar com as da final do campeonato profissional. Tais variáveis dificultam a classificação da eficácia dessas modalidades. No entanto, graças à natureza intermitente dessas atividades, elas se situam entre as três primeiras posições, e são preferíveis a corridas ou pedaladas longas. Continue lendo para saber como e por que esses *rankings* foram formados e como você pode explorá-los para perder, de uma vez por todas, as camadas teimosas de gordura. Aqueles últimos 5 quilos estão com os dias contados.

1. Circuitos de levantamento de peso

A rota infalível para eliminar gordura envolve suar bastante levantando peso.

Para perder boa parte da sua barriga rapidamente, não pense no levantamento de peso como uma opção. Considere-o uma necessidade. Por quê? Se não puxar ferro, parte do peso que você perder poderá ser músculo. Se você perder nove quilos sem levantar peso, cerca de dois quilos serão de músculo que você deu duro para conseguir. Quanto mais músculo você tem, mais calorias queima em qualquer tipo de atividade, incluindo erguer a xícara para tomar um gole de café.

Halteres: aceleradores de metabolismo

Levantar peso afeta a maneira como seu corpo queima energia. Um estudo da Universidade da Virgínia Ocidental (Bryner et al., 1999)

comparou exercícios de levantamento de peso e cardiovasculares, e descobriu que puxar ferro acelera o metabolismo – seu ritmo de queima de calorias – quando você está inativo. No estudo, os levantadores de peso eliminaram uma média de 14,5 quilogramas e viram seus índices metabólicos aumentarem em 4%. Os participantes que fizeram exercícios aeróbios perderam mais peso – uma média de 18 quilogramas – mas isso incluiu 4 quilogramas de músculo. Consequentemente, tiveram uma queda média de 14% no ritmo metabólico. Pessoas com metabolismo lento têm mais dificuldade em não engordar no futuro. Você pode evitar esse problema facilmente desenvolvendo músculos e eliminando gordura ao mesmo tempo.

Os circuitos baseados em resistência, que seguem nos treinos abaixo, visam desenvolver todos os seus músculos maiores: peitorais, costas, braços, tronco e pernas. Segundo o estudo de Bryner et al. (1999), exercícios intensos, como circuitos, estimulam o corpo a queimar gordura nas horas subsequentes ao treinamento. Seja estirado na praia ou navegando na internet, você perderá suas dobrinhas sem esforço.

Além disso, quanto mais intensos forem os exercícios, maior será a liberação de hormônio do crescimento, que, por sua vez, estimula o desenvolvimento muscular e acelera a queima de gordura. Recrute as pernas – seus maiores músculos – para liberar a maior quantidade de hormônio do crescimento e obter os melhores resultados. A maioria dos treinamentos deste capítulo trabalha as pernas enquanto você ainda está descansado, pois é nelas que você desenvolve mais músculo. Não importa que você esteja sempre de calças. Exercitar as pernas deixará a parte superior do seu corpo mais magra e atraente.

Músculos queimam gordura da maneira fácil

O objetivo maior de levantar peso para queimar gordura é aumentar seu consumo de energia em longo prazo por meio do desenvolvimento muscular geral, para acelerar o metabolismo e evitar o acúmulo de gordura no futuro. Embora seu número de camisa vá diminuir, seu peso poderá aumentar à medida que você ganha músculo. Lembre-se: não trate a balança como uma verdade absoluta, pois ela não leva em consideração seus níveis de gordura corporal. Um quilograma de gordura ocupa muito mais espaço do que um quilograma de músculo denso. Em vez disso, tire medidas com uma fita métrica ou peça a um *personal trainer* que meça seu índice de gordura corporal. Esses números são referências perfeitas para você avaliar seu progresso. Nem sempre você notará diferenças em seu físico, pois as mudanças acontecem diariamente em pequenos incrementos, mas os números o ajudarão a acompanhar seu progresso e serão uma grande fonte de motivação. Com força de vontade para perseverar, você terá um corpo que é motivo de orgulho sem ter que sacrificar sua rotina normal. Os treinamentos a seguir podem ser realizados em 40 a 50 minutos. Essas explosões rápidas de atividade são o padrão de excelência para todos os exercícios. O que você está esperando? Um corpo novo e enxuto o aguarda no final dos programas.

O que fazer

Faça os exercícios (*vide* as Tabelas 8.1 a 8.3) consecutivamente, sem repouso, até ter completado todos. Em seguida, faça uma pausa de 1 a 3 minutos, alongando o corpo ou, simplesmente, andando em volta da academia para recuperar o fôlego. O truque do programa é montar todas as estações de exercício antes de iniciar cada circuito. Como isso nem sempre é possível em academias cheias, você pode adaptar o exercício ao fazer as repetições. Se há uma turma alugando a área de agachamento e você precisa usá-lo, simplesmente faça seus agachamentos com halteres.

A chave para o sucesso não está na seleção dos exercícios ou no tamanho do peso levantado, mas na intensidade do treino. Quanto maior a intensidade (ou seja, quanto menos repouso fizer), maior a queima de calorias, com resultados mais rápidos. Não perca tempo esperando para usar os aparelhos; você sabe que isso não é desculpa. Adapte seus treinamentos na hora e seu físico irá corresponder.

TREINAMENTOS DE LEVANTAMENTO DE PESO EM CIRCUITO

Tabela 8.1   Treinamento 1 de levantamento de peso em circuito (segunda-feira)

Exercício	S	R
1. Agachamento	3-5	12-15
2. Supino reto com halteres	3-5	12-15
3. Remada curvada com halteres	3-5	12-15
4. Levantamento terra com halteres	3-5	12-15
5. Desenvolvimento Arnold	3-5	12-15
6. Rosca direta com barra	3-5	12-15

Tabela 8.2   Treinamento 2 de levantamento de peso em circuito (terça-feira)

Exercício	S	R
1. *Step*	3-5	12-15
2. Remada invertida	3-5	12-15
3. Supino inclinado com halteres	3-5	12-15
4. *Power clean*	3-5	12-15
5. Supino com pegada fechada	3-5	12-15
6. Elevação de pernas em suspensão	3-5	12-15

Tabela 8.3   Treinamento 3 de levantamento de peso em circuito (quinta-feira)

Exercício	S	R
1. Mergulho nas barras paralelas	3-5	12-15
2. Barra fixa com pegada pronada	3-5	12-15
3. Avanço	3-5	12-15
4. Levantamento terra com pernas estendidas	3-5	12-15
5. Elevação lateral com halteres	3-5	12-15
6. *Rollouts*	3-5	12-15

Aumentando os pesos

Esses parâmetros de séries e de repetições não são as únicas maneiras de queimar gordura, embora sejam as mais aceitas. Repetições em grandes quantidades realmente queimam mais calorias, mas o que acontece após o exercício muitas vezes conta mais para o emagrecimento. Usar cargas tão pesadas que você só consiga fazer seis repetições acelera mais o metabolismo do que fazer séries com um número maior de repetições, concluiu um estudo publicado no *Scadinavian Journal of Medicine and Science in Sports* (Mjølsnes et al., 2004). O efeito de usar cargas grandes é mais duradouro do que se imagina e seu corpo consome calorias para se recuperar após uma sessão de levantamento pesado. Isso acelera seu metabolismo e você segue queimando calorias por muito tempo depois de deixar a academia.

Essa estratégia é recomendada para levantadores avançados, que já dominam perfeitamente os movimentos e têm uma ideia bastante clara de quanto peso conseguem levantar em 6 repetições. Se você não estiver falhando na repetição final, não está levantando peso suficiente para alcançar esses ganhos. Se você usar pesos que consegue levantar confortavelmente por 15 repetições, não terá ganho nenhum. Moral da história? Quanto mais experiente for, menos repetições terá de fazer. Entretanto, isso não significa que poderá descansar mais. Lembre-se do ingrediente secreto: intensidade.

2. Cardio de alta intensidade

Aqueça seus tênis de corrida, pois esse sistema vai gastar totalmente as solas. Um aviso: não é para os fracos de corpo e do espírito.

Antes de começar, é importante saber que há uma diferença grande entre treinamento intervalado e treinamento de alta intensidade (HIT, na sigla em inglês – *high intensity training*). Os princípios são semelhantes em termos da alternância entre períodos de trabalho duro e de repouso, mas o HIT é brutal. Tem uma única função: esgotar completamente as suas energias no menor tempo possível. Se tiver coragem suficiente para fazer o treinamento corretamente, você não terá fôlego nem para reclamar do cansaço. Um erro comum é fazer os intervalos de exercício em ritmo lento. O HIT só surte efeito quando o estômago embrulha e as veias da testa saltam.

Pense em treinamento intervalado e HIT como a Lua e o Sol: ambos são corpos grandes e redondos no céu, mas não são a mesma entidade. O treinamento intervalado é a Lua – ela fornece alguma iluminação. Mas a entidade superior, o Sol, ou o HIT, é melhor para enxergar as coisas, por exemplo, seu abdome.

Nem todos têm um carrasco implacável dentro de si a quem possam recorrer durante o treinamento. A melhor maneira de fazer o HIT e superar a barreira da dor é seguir as ordens de um parceiro de treinamento ou de um *personal trainer*. Funciona melhor se ele incorporar um sargento sádico em vez de um profissional respeitável.

Acerte o local

Embora o HIT seja um osso duríssimo de roer, há o consolo de que funciona extremamente bem. Você vai incinerar seus depósitos de gordura consumindo mais oxigênio após o exercício, o oxigênio adicional que seu corpo usa quando você para de suar. Quanto mais oxigênio você absorve depois do treinamento, mais calorias seu corpo queima. Após uma sessão exaustiva de HIT, seu corpo absorve mais oxigênio do que o normal, para que ele possa voltar ao estado pré-exercício. Isso acelera o metabolismo, porque você está queimando mais calorias para sustentar o processo de recuperação. Estudos publicados em *Sports Medicine* (Børsheim e Bahr, 2003) descobriram que esse consumo elevado de calorias pode durar de 15 minutos a 48 horas, dependendo da reação de seu corpo. Você pode estar queimando calorias de graça ao relaxar no sofá.

Faça como o gorila

É difícil achar um animal mais musculoso e magro do que um gorila adulto. Pode não parecer, mas os gorilas estão entre nossos parentes mais próximos, com 99% de DNA igual. Porém, se somos tão semelhantes, por que esses animais de 274 quilos conseguem fazer barras com um só braço tão facilmente, como se tivessem o peso de um sagui? Entender como os gorilas conseguiram essa musculatura magra impressionante é a chave para compreender por que o HIT funciona.

Novamente, o segredo pode ser resumido em uma palavra: intensidade. Os gorilas relaxam a maior parte do dia, mas quando se mexem – lutando com um rival, por exemplo – é com 100% de intensidade. Sua atividade é breve, feroz e utiliza todos os músculos, o que os força a desenvolver as proporções de um fisiculturista, sem a barriguinha.

Felizmente, é fácil usar a mesma estratégia para desenvolver músculos, melhorar a forma e perder gordura corporal. A chave é usar o tempo com economia. Se você tentasse exercitar um gorila com a carga de trabalho que a maioria usa para emagrecer e desenvolver musculatura, provavelmente, o mataria. Você não precisa de horas de exercício duro para ficar igual ao líder do bando. Limitar suas sessões de treinamento a 55 minutos, ou menos, maximiza a produção de testosterona, o hormônio do desenvolvimento muscular. Quando você se exercita por mais de 1 hora, os níveis de cortisol, o hormônio do estresse, começam a aumentar. Na quantidade certa, o cortisol é importante para o crescimento dos músculos, mas, em excesso, pode desgastá-los, afetando, ao mesmo tempo, seu humor e seus níveis de energia. É mais vantajoso fazer sessões intensas e curtas, mesmo que você só tenha tempo para fazer uma sessão por semana.

Treinamentos de alta intensidade

Antes de iniciar esses treinamentos, lembre-se de que o sistema não funcionará se você não for capaz de atacar cada uma das séries de modo furiosamente intenso. Não são exercícios muito adequados para a esteira; as consequências de cansar subitamente podem ser trágicas. Além disso, os aparelhos geralmente levam um tempo para acelerar e reduzir a velocidade. Como esses intervalos são muito curtos, você pode perder a noção de quanto tempo realmente se exercitou no máximo. É sempre melhor treinar ao ar livre e fazer um percurso do que imitar um *hamster* girando na roda. Quando achar um local adequado, opte por exercícios que incluam períodos de trabalho intenso que você possa suportar. Se você for iniciante, não pense que é capaz de correr 20 segundos em velocidade máxima. É um período enganosamente longo, mesmo para esportistas em ótima forma, e é precisamente aí que muitos praticantes fracassam no HIT. É muito melhor adquirir primeiro um condicionamento físico básico com o treinamento intervalado.

Lembre-se sempre de aquecer bem, e, em seguida, dê tudo o que puder. Agora, respire fundo e prepare-se para usar o poder dos pulmões para queimar gordura e murchar seus pneuzinhos.

O que fazer

Faça os treinamentos abaixo usando qualquer tipo de modalidade. Alternar entre atividades diferentes, como corrida, ciclismo, remo, natação ou qualquer outra, resulta numa forma física mais equilibrada e numa maior queima de calorias. Faça de dois a quatro treinamentos semanais. Se desejar, repita o mesmo treinamento, alterne entre os treinamentos abaixo ou fique à vontade para criar seus próprios treinos.

TREINAMENTOS CARDIO DE ALTA INTENSIDADE

TREINAMENTO 1: INICIANTE

1. Aqueça durante 5 a 10 minutos com a atividade que você planeja treinar.
2. Corra por 5 segundos, e, depois, exercite-se em baixa intensidade (por exemplo, caminhe) por 30 segundos ou até recuperar o fôlego. Repita 10 vezes.
3. Desaqueça o corpo com um esforço lento de 10 a 12 minutos.

TREINAMENTO 2: INTERMEDIÁRIO

1. Aqueça durante 5 a 10 minutos com a atividade que você planeja treinar.
2. Corra por 10 segundos, e, depois, exercite-se em baixa intensidade (por exemplo, caminhe) por 40 segundos ou até recuperar o fôlego. Repita 10 vezes.
3. Desaqueça o corpo com um esforço lento de 10 a 12 minutos.

TREINAMENTO 3: AVANÇADO

1. Aqueça durante 5 minutos com a atividade que você planeja treinar.
2. Corra por 15 segundos, e, depois, exercite-se em baixa intensidade (por exemplo, caminhe) por 50 segundos ou até recuperar o fôlego. Repita de 10 a 15 vezes.
3. Desaqueça o corpo com um esforço lento por 5 minutos.

TREINAMENTO 4: ESPORTISTA

1. Aqueça durante 5 a 10 minutos com a atividade que você planeja treinar.
2. Corra por 12 segundos, e, depois, exercite-se em baixa intensidade (por exemplo, caminhe) por 40 segundos ou até recuperar o fôlego. Repita quatro vezes, e, depois, escolha uma atividade diferente. Por exemplo, se você fez ciclismo, mude para remo.
3. Corra por 12 segundos, e, depois, exercite-se em baixa intensidade (por exemplo, caminhe) por 40 segundos ou até recuperar o fôlego. Repita quatro vezes, e, depois, escolha uma atividade diferente.
4. Corra por 12 segundos, e, depois, exercite-se em baixa intensidade (por exemplo, caminhe) por 40 segundos ou até recuperar o fôlego. Repita quatro vezes.
5. Desaqueça o corpo com um esforço lento de 4 minutos.

Superando a barreira da dor

O HIT exige um alto grau de resistência à dor e à exaustão. Use estes truques mentais para persistir quando você sentir que atingiu seu limite.

- Dedique um intervalo a uma pessoa que você admira. Isso reduz a probabilidade de desistir ou de fazer menos esforço.
- Se você pratica algum esporte, relembre-se de seus grandes momentos. Isso lhe dará confiança para prosseguir e não pensar na dor.
- Toque sua música predileta no volume máximo. Isso melhora a resistência, a força e a energia, e o ajudará a realizar os intervalos de trabalho com maior vigor.
- Faça uma contagem regressiva em vez de progressiva. Assim, você vai se aproximando mentalmente do seu objetivo de terminar o treinamento.
- Feche os olhos e visualize terminar o intervalo seguinte mais rapidamente do que o anterior. Agora, vá lá e faça!
- Repita um mantra motivacional mentalmente ou em voz alta. Diga frases como *"Não pense, vá e faça!"*, ou uma palavra simples, como *energia*.
- Divida os intervalos em etapas, e, depois, conte as etapas para se distrair.

3. Treinamento intervalado

O treinamento intervalado – o irmão menor do HIT – o ajudará a entrar em forma mais rapidamente, e, de quebra, perder peso.

Imagine que você acaba de saber que sua banda favorita está distribuindo um número limitado de convites para o último *show* deles. O problema é que você está do outro lado de um centro urbano congestionado e precisa percorrer uma boa distância. Você precisa chegar àquela bilheteria, e rápido! Em vez de pegar um táxi ou o trem/metrô, você corre. Qual seria sua estratégia? Se você correr em velocidade máxima, cobrirá várias quadras rapidamente, mas perderá fôlego ao se aproximar da linha de chegada – precisamente onde terá que disputar as entradas com outros concorrentes. Uma opção melhor seria correr em velocidade máxima por 1 ou 2 minutos, e, depois, adotar um ritmo moderado, para recuperar o fôlego. Ao alcançar a reta final, ainda terá gás suficiente para um último esforço, e chegará mais rapidamente do que se tivesse corrido num ritmo constante. O resultado? As entradas são suas e você parecerá um pouco mais magro e se sentirá um pouco mais em forma, porque usou a terceira ferramenta de treinamento mais eficaz do planeta: o treinamento intervalado.

Como funciona

Antigamente, treinamento intervalado era uma frase de efeito que significava "faça menos, ganhe mais" ou "queime o dobro na metade do tempo". Você já deve ter ouvido a maioria delas. A verdade é que funciona porque você adquire melhor forma física e emagrece mais quando seu corpo se adapta a uma carga de trabalho maior do que o normal. O treinamento intervalado se baseia nos mesmos princípios de alternância entre trabalho e repouso do HIT. É justamente por isso que é tão eficaz.

Seria impossível se exercitar intensamente por um período de tempo longo, como o de uma maratona. Para forçar seus músculos a superarem seus limites, você precisa inserir uma breve pausa. Esses períodos de repouso, em que você continua se movimentando em ritmo lento, ajudam a recuperar suas reservas de energia. Quando sua bateria estiver recarregada, você poderá voltar à carga total, até descarregá-la novamente. Como disse o atendente que lhe vendeu seu *smartphone*, a longevidade da bateria aumenta quando ela é totalmente descarregada.

Isso também vale para sua longevidade, gordura corporal e forma física geral. As pausas o ajudam a trabalhar numa intensidade bem maior do que o normal, o que acelera seus ganhos. Um estudo da Universidade Laval (Tremblay, Simoneau e Bouchard, 1994) descobriu que esse tipo de treinamento queima até três vezes mais gordura do que se exercitar num ritmo constante. Se você está interessado em melhorar seu desempenho, o treinamento intervalado é sua melhor opção. Uma pesquisa publicada no *European Journal of Applied Physiology* (Weston et al., 1997) mostrou que ciclistas que fizeram apenas seis sessões de treinamento intervalado melhoraram seus tempos numa corrida de 40 km. Se você está atrás de mais tempo livre, resultados mais rápidos e melhor desempenho, trabalhe com sessões curtas e intensas.

Diferença entre HIT e treinamento intervalado

HIT e treinamento intervalado podem parecer iguais, mas a diferença está na intensidade. O HIT aumenta o batimento cardíaco para 90%-95% de sua frequência máxima, ao passo que o treinamento intervalado aumenta o batimento cardíaco para 80%-85% de sua frequência máxima. Como a intensidade no treinamento intervalado é ligeiramente menor, a parte de exercício do intervalo pode ser prolongada. O treinamento intervalado é ideal para esportes como futebol, em que você corre em alta velocidade por cerca de 60 segundos no ataque, e, depois, diminui a velocidade na hora de defender. Esse treinamento o incentiva a variar a duração de seus intervalos, para obter uma forma física mais equilibrada. Também favorece o uso de aparelhos de ginástica como esteiras, bicicletas ergométricas e elípticos. Esses aparelhos geralmente levam um tempo para acelerar e reduzir a velocidade, o que lhe proporciona a flexibilidade para realizar intervalos mais longos, que podem se adaptar melhor ao seu esporte ou à sua rotina. O HIT, em contrapartida, se assemelha mais a um fiscal de alfândega: é extremamente rígido, não permite variação e exige esforço total em todos os intervalos. Certifique-se de ter estômago para encarar o método que escolher, ou sua falta de autoconhecimento irá prejudicar seus resultados.

TREINAMENTOS INTERVALADOS

Faça os treinamentos a seguir usando qualquer tipo de modalidade. Alternar entre atividades diferentes, como corrida, ciclismo, remo, natação ou outra qualquer, resulta numa forma física mais equilibrada e maior queima de calorias. Faça de dois a quatro treinamentos semanais. Se desejar, repita o mesmo treinamento, alterne entre os treinamentos abaixo ou fique à vontade para criar seus próprios treinamentos.

TREINAMENTO 1: INICIANTE
1. Aqueça durante 5 a 10 minutos com a atividade que planeja treinar.
2. Corra ou se mova rapidamente por 30 segundos, e, depois, exercite-se em baixa intensidade (por exemplo, caminhe) por 60 segundos, ou até recuperar o fôlego. Repita de 5 a 10 vezes.
3. Desaqueça o corpo com um esforço lento por 10 a 12 minutos.

TREINAMENTO 2: INTERMEDIÁRIO
1. Aqueça durante 5 a 10 minutos com a atividade que planeja treinar.
2. Corra ou se movimente rapidamente por 60 segundos, e, depois, exercite-se em baixa intensidade (por exemplo, caminhe) por 120 segundos, ou até recuperar o fôlego. Repita de 5 a 10 vezes.
3. Desaqueça o corpo com um esforço lento por 10 a 12 minutos.

TREINAMENTO 3: AVANÇADO
1. Aqueça durante 5 minutos com a atividade que planeja treinar.
2. Corra ou se movimente rapidamente por 90 segundos, e, depois, exercite-se em

baixa intensidade (por exemplo, caminhe) por 90 segundos, ou até recuperar o fôlego. Repita de 10 a 15 vezes.

3. Desaqueça o corpo com um esforço lento por 5 minutos.

TREINAMENTO 4: ESPORTISTA

1. Aqueça durante 5 a 10 minutos com a atividade que planeja treinar.
2. Corra ou se movimente rapidamente por 30 segundos, e, depois, exercite-se em baixa intensidade (por exemplo, caminhe) por 60 segundos, ou até recuperar o fôlego. Repita três vezes, aumentando os tempos de corrida e de repouso em 10 segundos a cada vez. (Na última repetição, a corrida deve ser feita por 60 segundos.) Em seguida, escolha uma atividade diferente. Por exemplo, se você fez ciclismo, mude para remo.
3. Corra por 40 segundos, e, depois, exercite-se em baixa intensidade (por exemplo, caminhe) por 60 segundos, ou até recuperar o fôlego. Repita três vezes, aumentando os tempos de corrida e de repouso em 20 segundos a cada vez. Escolha uma atividade diferente.
4. Corra por 60 segundos, e, depois, exercite-se em baixa intensidade (por exemplo, caminhe) por 60 segundos, ou até recuperar o fôlego. Repita 4 vezes.
5. Desaqueça o corpo com um esforço lento por 4 minutos.

4. Cardioaceleração

Este método absurdo de queima de gordura e de desenvolvimento muscular reduzirá a rigidez pós-exercício e lhe dará uma forma física extremamente equilibrada.

Boxe. *Spinning. Body pump.* Até as academias mais convencionais oferecem diversas opções para queimar calorias. Tamanha variedade confunde a maioria dos homens, e é difícil saber se alguns métodos são melhores do que outros.

A maioria das aulas de ginástica segue uma fórmula básica, alternando entre sessões de força e cardio. Você faz algumas flexões, e,

depois, bate no saco de areia ou pula corda. Felizmente, os intelectuais da Universidade da Califórnia (Davis et al., 2008) também se cansaram dessas opções ambíguas e decidiram testar a eficácia de diversos tipos de treinamento. Nesse estudo, o primeiro grupo fez cardio; o segundo grupo fez treinamento de força; o terceiro grupo correu por 30 a 60 segundos após cada sessão de levantamento de peso. Esta última opção é semelhante ao que se faz na maioria das aulas de treinamento intenso. Embora todos os grupos tivessem feito a mesma quantidade de exercício, o grupo de exercícios combinados mostrou:

- um ganho 35% maior de força na parte inferior do corpo;
- um ganho 53% maior de resistência na parte inferior do corpo;
- um ganho 28% maior de flexibilidade na parte inferior do corpo;
- um ganho 144% maior de flexibilidade na parte superior do corpo;
- um ganho 82% maior de desenvolvimento muscular;
- uma perda 91% maior de massa gordurosa.

O sistema híbrido queimou mais gordura e desenvolveu mais músculo. Essa abordagem é igual ao cruzamento de um urso polar com um urso pardo, gerando um superurso. Os pesquisadores não mencionaram a intensidade de cada sessão, razão pela qual esse método de treinamento aparece em quarto lugar no *ranking* de eficácia. É difícil dizer se uma sessão de cardioaceleração é melhor do que uma sessão de levantamento de peso ou cardio de alta intensidade, porque os tamanhos dos pesos usados e a duração dos intervalos realizados no estudo não foram mencionados. Além disso, trata-se de um estudo isolado, portanto, não há motivo para se descartar modalidades de treinamento bem estabelecidas como o treinamento intervalado. Isso não significa que a cardioaceleração não funcione. Os resultados do estudo são, no mínimo, contundentes, e o método vale uma tentativa. Na verdade, o que mais se pode querer? Ganhar musculatura e força queimando gordura ao mesmo tempo é o santo graal do exercício físico. Felizmente, os acadêmicos provaram que um não exclui o outro.

A moda de preparação física mais brutal do mundo

O conceito híbrido é enganosamente simples, e outra forma desse tipo de treinamento gerou uma moda de preparação física de proporções épicas, denominada *crossfit*. Um instrutor chamado Greg Glassman achou que fazer cardio, e, depois, levantar peso separadamente era muito entediante. A ideia tinha seu valor; se você tem pouco tempo, tal divisão de atividades não é muito produtiva. Felizmente, Glassman foi criativo e fundiu cardio e levantamento de peso, inventando o *crossfit*. É provavelmente mais eficaz do que circuitos de peso, e, possivelmente, o queimador de calorias mais brutal que existe, contanto que seja feito na intensidade certa. Essa subjetividade sobre o nível de intensidade dos treinamentos é responsável pela posição mais baixa do método no *ranking*. Esse queimador de gordura desenvolve musculatura e forma física para qualquer atividade que você possa enfrentar na vida. Ele inclui uma mistura de movimentos de ginástica, exercícios de levantamento de peso e treinos cardio rápidos e intensos. É utilizado por atletas olímpicos, soldados, policiais, bombeiros e, até mesmo, donas de casa que querem estar preparadas para qualquer situação. E o melhor de tudo: todos usam o mesmo programa. Veja só, as necessidades de Igor, o halterofilista búlgaro de 140 quilos, e de seu avô diferem em nível, mas não em natureza. Somos todos iguais. Todo mundo precisa levantar, sentar, erguer caixas do chão e estocar objetos no alto. O programa só muda em relação aos tamanhos dos pesos. Se um treinamento determina oito repetições usando o maior peso possível, o levantador pode fazê-las com um peso de 250 quilos, ao passo que seu vovô usará as sacolas de compras. Você usa os pesos que mais lhe convêm, e, no fim das contas, entra em forma para cavar buracos, carregar pedras, cortar árvores, levantar peso, fazer flexões, correr mais rápido e fazer tudo melhor, exibindo, ao mesmo tempo, um corpo magro.

Aviso: você fará alguns dos exercícios mais extenuantes de sua vida, portanto, é bom deixar aquele balde de vômito por perto.

Treinamentos

Os programas abaixo podem ser divididos em dois tipos: cardioaceleração, segundo os parâmetros do estudo da Universidade da Califórnia (Davis et al., 2008), e *crossfit*. Se você é iniciante, comece com os programas de cardioaceleração, porque eles o ajudarão a desenvolver um condicionamento físico básico. (Isso não significa que não funcionem para atletas mais bem condicionados. Você pode aumentar o tamanho dos pesos levantados e a velocidade dos exercícios cardio.) A melhor parte da cardioaceleração é que os praticantes reportaram não sofrer praticamente nenhuma rigidez muscular no dia seguinte. Isso é particularmente atraente para iniciantes, que podem se sentir como se tivessem tomado uma surra após uma sessão forte de treinamento. A dor pode intimidar muitos iniciantes, pois restringe as atividades diárias, e, até mesmo, subir escadas pode ser um problema. Esse sistema também funciona muito bem para quem tem uma sala de ginástica em casa, com uma esteira ou remo; a esteira pode ficar ligada durante a sessão de levantamento de peso. Se você não tiver um aparelho de cardio, pode correr 60 segundos em volta do quarteirão entre as sessões de levantamento. Se fizer o treinamento em uma academia, procure levantar peso próximo aos aparelhos de cardio para reduzir o tempo de transição. Quanto mais intenso for o treinamento, melhores serão os resultados.

Os treinamentos de tipo *crossfit* são geralmente feitos por quem já está em boa forma física. Essa modalidade gerou uma crescente comunidade na internet, com os praticantes postando seus treinamentos pessoais e competindo entre si nesse treinamento animal. A obsessão é tanta que o *crossfit* ganhou a denominação de culto. (Porém, a única coisa que queimam é gordura, ou seja, é um culto inofensivo, se comparado a outros.) Há três maneiras básicas de se fazer o treinamento *crossfit*. Você pode fazer o máximo possível de circuitos dentro de um tempo determinado, simplesmente completar o circuito ou competir contra o relógio. Lembre-se de usar pesos de tamanho adequado, pois, se forem grandes demais, você não conseguirá completar o circuito. Ah, e traga um amigo. Essa forma de treinamento é bem mais divertida quando há concorrência, e você precisará de alguém para incentivá-lo.

TREINAMENTOS DE CARDIOACELERAÇÃO

Faça todos os exercícios em sequência, como um circuito gigante, e, depois, repouse de 1 a 3 minutos após cada circuito. Alterne entre os treinamentos 1 e 2 (Tabelas 8.4 e 8.5), e repouse um dia entre cada treinamento. Tente variar ao máximo os aparelhos de cardio para não ficar preso a um só tipo de exercício.

Tabela 8.4 Treinamento 1 de cardioaceleração

Exercício	S	R
Aqueça com um trote de 5 minutos		
1. Agachamento Corra, pedale ou reme por 60 segundos	3-4	12
2. Supino reto com halteres Corra, pedale ou reme por 60 segundos	3-4	12
3. Remada curvada com halteres Corra, pedale ou reme por 60 segundos	3-4	12
4. Levantamento terra com halteres Corra, pedale ou reme por 60 segundos	3-4	12
5. Desenvolvimento sentado com halteres Corra, pedale ou reme por 60 segundos	3-4	12
6. *Rollouts* Corra, pedale ou reme por 60 segundos	3-4	12

Tabela 8.5 Treinamento 2 de cardioaceleração

Exercício	S	R
Aqueça com um trote de 5 minutos		
1. Avanço Corra, pedale ou reme por 60 segundos	3-4	15
2. Remada invertida Corra, pedale ou reme por 60 segundos	3-4	15
3. Mergulho nas barras paralelas Corra, pedale ou reme por 60 segundos	3-4	15
4. *Power clean* Corra, pedale ou reme por 60 segundos	3-4	15
5. Rosca martelo Corra, pedale ou reme por 60 segundos	3-4	15
6. Supino com pegada fechada Corra, pedale ou reme por 60 segundos	3-4	15

TREINAMENTOS DE *CROSSFIT*

Faça um desses treinos de *crossfit* de 2 a 4 vezes por semana. Alterne entre todos eles, para obter um preparo físico mais equilibrado e queimar mais gordura. Lembre-se de repousar um dia entre os treinamentos, para não se esgotar. Procure se divertir, pois logo você desfrutará de uma nova e esbelta aparência.

QUEBRE SEU PRÓPRIO RECORDE

Faça três ou quatro rodadas o mais rápido possível, sem repousar entre os exercícios. Registre seu tempo e tente batê-lo na semana seguinte.

1. Corra 1.000 metros em velocidade máxima.
2. Faça 50 repetições de agachamento com peso corporal.
3. Faça 50 repetições de flexão.
4. Mantenha-se na posição de prancha por 60 segundos.

CORRIDA CONTRA O RELÓGIO

Realize este circuito o mais rápido possível. Anote seu tempo e tente batê-lo na semana seguinte, para ficar mais forte e condicionado e aumentar a resistência.

1. Corra ou pedale em seu próprio ritmo por 2 quilômetros.
2. Faça 20 repetições de remada invertida.
3. Faça 100 repetições de abdominais com pedalada.
4. Faça 50 *steps* com cada perna.
5. Corra 2 quilômetros.

TENTE CONCLUIR O CIRCUITO

Faça o circuito apenas uma vez, e repouse o mínimo possível. Não se preocupe em anotar o tempo – a meta é simplesmente concluir o circuito.

1. Faça 60 barras fixas.
2. Corra 800 metros.
3. Faça 60 mergulhos nas barras paralelas.
4. Corra 800 metros.
5. Faça 60 elevações de perna.
6. Corra 800 metros.
7. Faça 60 remadas invertidas.
8. Corra 400 metros.

FAÇA QUANTAS RODADAS PUDER

Sobra determinação, mas falta tempo? Eis a solução. Faça quantas rodadas puder em 15 minutos ou no tempo que tiver disponível. Não repouse, a menos que seja absolutamente necessário, e use o mesmo peso em todas as séries. Anote o número de rodadas concluídas e tente bater esse número na semana seguinte.

1. Faça 10 supinos retos com halteres.
2. Faça 10 agachamentos.
3. Faça 10 *face pulls*.
4. Corra, reme ou pedale por 1 minuto.

5. Limiar anaeróbio

Aumente a duração de seus intervalos para melhorar seu desempenho esportivo, capacidade para queimar gordura e resistência.

Imagine como você se sentiria depois de correr 400 ou 800 metros. Se tiver coragem, procure uma pista e faça uma tentativa. Ou, então, simplesmente tente visualizar a exaustão que sentiria ao virar a última curva. Suas pernas estariam queimando, como se alguém estivesse cozinhando *curry* dentro delas. Essa sensação é o que a maioria das pessoas descreve como ácido láctico. Isso é um engano. Ácido láctico não é essa queimação, nem está por trás das dores que você sente nos dias seguintes a uma sessão de treinamento intensa. Qual a importância disso? A manipulação do ácido láctico é a espinha dorsal do treinamento no limiar anaeróbio, porque o ácido láctico é, na verdade, um combustível. Ele está mais para amigo do que inimigo.

O ácido láctico é um subproduto – não um resíduo – criado quando seu corpo usa glicose (a energia criada quando se consome carboidratos ou gordura) como combustível. Nem toda glicose que chega aos seus músculos é utilizada. O que sobra vaza das células musculares para dentro da corrente sanguínea. Quando isso ocorre, íons de hidrogênio são liberados. O sal resultante desse processo é chamado de ácido láctico ou lactato. Seu fígado passa, então, a converter essas sobras em mais combustível, para que você possa prosseguir se exercitando.

Você produz lactato o tempo todo, mesmo quando anda até a esquina para comprar um saco de batatinha. Contudo, quando você treina em alta intensidade – como correr até a esquina para comprar mais cerveja –, seus esforços acabam superando a capacidade do fígado de converter esse ácido láctico em combustível, e ele começa a se acumular, em vez de ser consumido. Esse ponto chama-se limiar de lactato. Você precisa reduzir a intensidade do seu treinamento se quiser prosseguir se exercitando. A meta do treinamento no limiar anaeróbio é melhorar seu limiar de lactato, para que você possa treinar mais tempo em alta intensidade. Esse tipo de treinamento é fantástico para queimar gordura, porque quanto maior a intensidade, maior a queima de calorias.

Os dados

Diversos testes podem ajudá-lo a calcular o tempo e o ritmo de treinamento necessários para se atingir esse limiar. Esses testes diferem de um esporte para outro, e só são realmente necessários se você for um atleta de alto rendimento, e, nesse caso, você provavelmente tem um treinador para orientá-lo. Porém, se você quer queimar gordura e melhorar a forma física, há apenas duas coisas de que precisa saber. Primeiro, essas sessões de exercício intensas devem durar de 90 a 180 segundos. Segundo, você precisa treinar em 85%-90% de sua frequência cardíaca máxima durante 20 a 25 minutos. Essa sessão não é contínua – seria impossível fazer isso –, mas interrompida por períodos de repouso. Há testes mais complexos e precisos, mas essa equação fornece um cálculo bastante exato do que se pretende atingir.

Em termos de intensidade, o treinamento no limiar anaeróbio exige um esforço ligeiramente maior do que o treinamento intervalado, porque os intervalos de trabalho são mais longos. Muitos atletas de alta resistência, como ciclistas e corredores, treinam logo abaixo do limiar de lactato, para que possam aumentar esses intervalos para 4 a 6 minutos, fazer uma pausa de 2 a 3 minutos, e, depois, retomar o treino. O treinamento no limiar anaeróbio o ajudará a melhorar seu ritmo geral e emagrecer, seja qual for o esporte praticado.

Calcule sua frequência cardíaca máxima

Sua frequência cardíaca máxima (FCmáx) é a frequência cardíaca mais alta que seu coração pode atingir com segurança quando você se exercita. É possível que você já tenha ouvido falar que pode calcular sua FCmáx usando esta fórmula: 220 – sua idade. Essa fórmula, criada pelo doutor William Haskell, na década de 1970, não foi exatamente baseada em estudos sérios. O próprio Haskell já a chamou de risível e disse que seu objetivo nunca foi servir como um guia absoluto para o treinamento de atletas. Alguém deveria ter avisado os fabricantes de monitores de frequência cardíaca antes que eles a incluíssem em seus aparelhos. Felizmente, um estudo publicado no *Journal of Exercise Physiology* (Robergs e Landwher, 2002) examinou 43 fórmulas de FCmáx e concluiu ser esta a mais precisa:

$$\text{FCmáx (batimentos por minuto)} = 205{,}8 - (0{,}685 \times \text{idade})$$

Assim, o cálculo da FCmáx de um homem de 30 anos de idade seria:

$$205{,}8 - (0{,}685 \times 30) = 185 \text{ batimentos por minuto}$$

Não se preocupe se sua frequência cardíaca superar o máximo. Um estudo da Universidade da Carolina do Norte (Kolata, 2001) descobriu que alguns atletas conseguem manter a FCmáx durante vários minutos, e não há um livro didático no mundo que diga que isso seja possível. Portanto, caso você seja um desses seres estranhos, aproveite para detonar a concorrência.

Treinamentos no limiar anaeróbio

Esses treinamentos podem parecer treinamentos intervalados. São realmente parecidos, mas podem ser mais longos e intensos, dependendo de sua capacidade de recuperação e de seu nível de condicionamento físico. São bons para serem feitos como preparação ou sequência do treinamento intervalado, dependendo da intensidade de seu treinamento. Consistem quase exclusivamente de exercícios cardiovasculares, como corrida, bicicleta ou remo. Se você for meio radical, pode tentar manter uma frequência cardíaca alta nesses exercícios usando pesos, mas correrá o risco de vomitar. A maioria dos treinamentos a seguir é focada em corrida, pois é a forma de exercício mais acessível; mas com um pouco de bom senso você pode adaptá-los facilmente a qualquer tipo de exercício. Se um treinamento envolve corridas na ladeira, faça a subida na bicicleta ou aumente o nível de resistência do aparelho. A meta é colocar os pulmões para funcionar. Eles podem até doer um pouco – isso é bom sinal. Significa que você está acelerando o sumiço dos seus pneuzinhos.

TREINAMENTOS NO LIMIAR ANAERÓBIO

TREINANDO PARA ATINGIR UMA DISTÂNCIA ESPECÍFICA

1. Aqueça com um trote por 5 a 10 minutos.
2. Corra 800 metros o mais rápido possível, e, depois, trote por 2 minutos, ou até normalizar a respiração.
3. Corra 1.000 metros o mais rápido possível, e, depois, trote por 2 minutos, ou até normalizar a respiração.
4. Corra 1.200 metros o mais rápido possível, e, depois, trote por 2 minutos, ou até normalizar a respiração.
5. Corra 1.600 metros o mais rápido possível, e, depois, trote por 2 minutos, ou até normalizar a respiração.
6. Corra 1.000 metros o mais rápido possível, e, depois, trote por 2 minutos, ou até normalizar a respiração.
7. Corra 800 metros o mais rápido possível, e, depois, trote por 2 minutos, ou até normalizar a respiração.
8. Desaqueça o corpo com um trote lento ou caminhada por 5 minutos.

TREINANDO POR TEMPO

1. Corra 2 quilômetros em ritmo lento para se aquecer.
2. Corra (ou pedale, nade, reme, ou faça outra atividade física) por 20 minutos, num ritmo ou numa frequência cardíaca logo abaixo de seu limiar de lactato.
3. Corra de 1 a 2 quilômetros em ritmo lento para desaquecer o corpo. Tente aumentar a distância percorrida ou a velocidade a cada semana.

APARELHOS DE CARDIO DE ACADEMIA

1. Corra, pedale, reme ou nade num ritmo lento por 5 a 10 minutos, para se aquecer.
2. Ajuste a inclinação ou resistência para o nível 1, e trote num ritmo que você seja capaz de sustentar por apenas 2 minutos. Reduza a velocidade e trote até recuperar o fôlego, ou por, no máximo, 1 minuto.
3. Aumente um nível de inclinação ou de resistência por, pelo menos, mais 5 rodadas, de modo que você esteja no nível 6 ao final da sexta rodada. Após cada rodada, trote até recuperar o fôlego, ou, no máximo, por 1 minuto.
4. Exercite-se em ritmo lento por 5 minutos, para desaquecer o corpo.

TREINANDO EM PISTA

1. Corra ou pedale algumas voltas, para se aquecer.
2. Trote em ritmo moderado na parte reta da pista. Ao chegar à curva, acelere o máximo que puder.
3. Ao alcançar a reta novamente, reduza a velocidade e trote até chegar à próxima curva. Na curva, acelere ao máximo. Repita pelo menos 10 vezes, ou quantas vezes aguentar.
4. Caminhe lentamente em volta da pista por 5 minutos, até desaquecer o corpo.

CORRIDA DE LADEIRA

1. Corra em ritmo lento por 5 minutos para se aquecer, se possível na direção de uma ladeira.
2. Ao encontrar uma ladeira de, no mínimo, 400 metros, pare na base. Corra ladeira acima o mais rápido que puder, e, depois, retorne lentamente para baixo. Repita de 8 a 12 vezes, se for capaz.
3. Trote por 5 minutos, para desaquecer o corpo.

6. Cardio contínuo

Embarque numa jornada de queima de gordura que fará a diferença para seu corpo e sua mente.

Sabe quando você se olha no espelho, segura e balança as dobrinhas da barriga e percebe que ganhou alguns quilos? Em seguida, geralmente vem a pergunta: *"Onde estão meus tênis?"*. É assim que a maioria reage a um pequeno acúmulo indesejado de gordura.

Inúmeros artigos e estudos em revistas de condicionamento físico ou na internet detonam o cardio contínuo em favor do treinamento intervalado ou levantamento de peso. Vamos supor que você já saiba que correr em volta do parque não é a melhor maneira de emagrecer. Então, por que fazer isso? Muito simples: por *prazer*. É ótimo fugir da pressão do trabalho e correr ao ar livre, contanto que você tenha fôlego suficiente para isso. Treinar ao livre é uma forma de antidepressivo 100% natural. Um estudo publicado na *Environmental Science and Technology* (Thompson Coon et al., 2011) concluiu que bastam apenas 5 minutos de exercício para melhorar o humor e estimular a sensação de felicidade.

Se você estiver se sentindo meio estressado ou aborrecido, uma corrida na praia ou no parque é uma maneira excelente de aliviar a tensão após um dia duro de trabalho. Obviamente, você deve colher os mesmos benefícios que teria ao correr a mesma distância em uma esteira, mas sem todo o estresse associado ao ambiente de uma academia: música *techno* no último volume, notícias na TV e a sensação de inferiori-

dade ao ficar próximo de um mala de camiseta regata e bronzeado artificial. Na verdade, você deve evitar correr na esteira. No chão firme, você impulsiona o corpo para a frente, ao passo que numa esteira você simplesmente levanta os pés, o que é muito mais fácil. Você não é um *hamster* numa gaiola. Se quiser fazer uma corrida longa, saia e desfrute os benefícios físicos e mentais de se exercitar ao ar livre.

É viciante

Atletas de resistência formam um grupo bastante isolado, mas com grande afinidade entre seus membros. Todos os aficionados bebem na mesma fonte de prazer: a euforia resultante de uma corrida, pedalada ou outro tipo de exercício que mantém o sangue bombeando por um longo período de tempo. É a droga mais barata e saudável que existe, e é certamente viciante. No entanto, ao contrário do que muitos pensam, essa euforia não é causada pela endorfina analgésica. Na verdade, tem mais a ver com a viagem de um maluco fumando um baseado.

Ao se exercitar, você produz uma substância química chama anandamida, que se liga a um receptor canabinoide (percebe a relação?) em seu cérebro. Esse é o mesmo receptor ao qual o ingrediente ativo da maconha (tetra-hidrocanabinol) se liga para lhe proporcionar as sensações de relaxamento e alegria que o Bill Clinton teve quando não tragou.[2] Mas a anandamida vai além de fazê-lo ver estrelas. Ela dilata os vasos sanguíneos e os tubos bronquiais de seus pulmões para que mais oxigênio chegue aos seus músculos, ajudando-o a correr mais e melhor. Só é produzida quando seu corpo está sujeito a certo nível de estresse. Então, por que você não se sente relaxado o suficiente para puxar um papo com aquela loira sentada ao seu lado depois de correr para pegar o ônibus? Você só sentirá a euforia do corredor quando correr um pouco mais devagar e por um período maior. Trabalhe para alcançar essa euforia, pois ela vai estimular seu treinamento, e, certamente, o deixará eufórico em relação a seu corpo.

---

2 N.E.: alusão à resposta sobre o uso de maconha, dada pelo ex-presidente norte-americano Bill Clinton, o qual disse que "fumou, mas não tragou".

Como usar

O cardio contínuo é a maneira ideal de se iniciar num esporte, ou mesmo fazer um treinamento cruzado para certo esporte. Se você quiser começar a correr, pedalar, nadar, remar, ou qualquer outra coisa parecida, no início, provavelmente, manterá um ritmo lento e constante. Sem problemas. Isso o ajudará a desenvolver resistência, e, certamente, queimará calorias. Além disso, envolve o maior fator motivacional que existe: prazer. Se você gostar, continuará praticando, e se não gostar, pode tentar outra coisa. Ademais, você pode usar o treinamento de cardio contínuo para adquirir um condicionamento físico básico, e, depois, começar a encarar técnicas de queima de gordura mais eficazes.

Em termos de diretrizes, não há nenhuma. Simplesmente corra a distância ou o tempo que conseguir, e, depois, volte para casa. (Certifique-se de que terá combustível suficiente no tanque para retornar.) Se você é casado e tem filhos, ou tem um emprego estressante, provavelmente desfrutará esse momento de paz. Você pode até combinar diversas disciplinas numa única sessão de treinamento, como fazem os triatletas. No entanto, saiba que o treinamento deles é extremamente longo. Esse é o problema principal do cardio contínuo: tempo. Se você estiver disposto a dedicar horas sem fim a um esporte específico, esse é o caminho a seguir. Mas, se você tem uma agenda repleta de compromissos, levar um treinamento de resistência a sério será como assumir um segundo emprego, e pode se tornar inviável. Esse tipo de treinamento pode ser um problema se você é uma pessoa sociável, que não gosta de solidão, mas não é difícil arrumar um parceiro de treinamento ou se associar a um clube. Depois de analisar os prós e contras, examine as Tabelas 8.6 e 8.7 para ver quais tipos de exercício queimam mais calorias. O número de calorias queimadas por hora é baseado num homem de 80 quilos (Ainsworth et al., 2000). Escolha um exercício e monte na sua bicicleta, filho.

Juntando tudo

Você não precisa atrelar seus objetivos de emagrecimento a uma só técnica. Eis como unir forças para derrotar as calorias armazenadas.

É possível que você já tenha ouvido falar que abacate faz bem à saúde. Mas não é isso que fará você comer abacate puro o tempo todo. Você provavelmente espalha um pouco na torrada, faz um guacamole ou inclui algumas fatias na salada. Assim, você aproveita todos os benefícios das gorduras e das vitaminas saudáveis, sem enjoar do gosto. Provavelmente, seria possível sobreviver somente comendo abacate, mas é bem mais saudável manter uma dieta equilibrada.

Quando se trata de perder peso, você deve encarar as sessões de exercícios da mesma maneira. Misture-as, tente receitas novas e faça várias experiências, o quanto conseguir. Dessa maneira, você não vai enjoar de tentar constantemente queimar calorias. As seções a seguir explicam como aplicar uma abordagem perfeitamente equilibrada aos seus objetivos de queima calórica e, em longo prazo, colher os benefícios de exibir um tanquinho que aparece mesmo no inverno.

TREINAMENTO DE CARDIO CONSTANTE

Tabela 8.6 **Queima na academia**

Exercício no aparelho da academia	Calorias queimadas em 1 hora
Bicicleta ergométrica (moderado)	571
Remada (moderado)	572
Elíptico	589
Remada (rápido)	695
Step	735
Bicicleta ergométrica (rápido)	859

Tabela 8.7 Queima com esportes

Exercício	Calorias queimadas em 1 hora
Boliche	254
Caminhada (moderado)	279
Golfe (caminhando)	351
Críquete	409
Canoagem	409
Boxe (saco de areia)	490
Luta livre	490
Basquete	654
Tênis	654
Caminhada (rápido)	654
Ciclismo de estrada (moderado)	654
Bicicross ou *mountain bike*	695
Boxe (*sparring*)	736
Artes marciais	818
Futebol	818
Natação	818
Corrida (moderado)	900
Boxe (no ringue)	981
Squash	981
Ciclismo de estrada (rápido)	1.301
Corrida (rápido)	1.309

Variedade

Há dois fatores essenciais envolvidos no jogo de perder peso: prazer, que já foi mencionado, e planejamento. Se você se comprometer seriamente em queimar gordura e buscar fazê-lo da maneira mais rápida e eficaz possível, provavelmente, escolherá um dos dois métodos no topo do *ranking*: circuitos de levantamento de peso e HIT. Você pode achar que sentirá prazer ao admirar seu tanquinho recém-adquirido. É uma suposição válida; no entanto, embora sejam eficazes, os métodos no topo do *ranking* são extremamente extenuantes. São como um remédio amargo: você prende o nariz e toma sem reclamar, pois sabe que lhe fará bem. Após dois meses em um desses programas você estará definitivamente alguns quilos mais leve e contente com os resultados. Além

disso, terá aprendido algo importante: os treinamentos são terrivelmente duros. Assim, toda vez que você pensa em se exercitar, seu cérebro se prepara automaticamente para trabalhar duro. Isso pode ser um verdadeiro problema, pois, em alguns dias, você estará mais cansado do que em outros (até mesmo o Usain Bolt tem desses dias), e a ideia de se exercitar – especialmente treinar até quase vomitar – não será prazerosa. O resultado? Você evita a sessão, em vez de fazer um método de treinamento ligeiramente menos intenso, que lhe proporcionaria prazer e rejuvenescimento em vez de esgotamento. Há o risco de você fazer uma lavagem cerebral em si próprio: convencer-se de que deve fazer o melhor tipo de exercício possível ou nada. Não caia nessa armadilha. Se você está realmente determinado, vá aumentando seus treinamentos a conta-gotas para se manter motivado. Essa estratégia é mais eficaz em longo prazo do que começar com intensidade máxima, esgotar-se e acabar voltando à estaca zero. É por isso que é tão importante planejar. Ajuda a racionar sua motivação em longo prazo e ficar magro para sempre, e não apenas por um verão.

Planeje para o sucesso

Faça uma lista de todos os exercícios e de todas as atividades de preparação física que você aprecia. Sim, todo mundo gostaria de surfar no Havaí algumas vezes por semana, mas nem todos moram perto de Maui. Limite sua lista a atividades locais, realistas e acessíveis. Isso pode incluir correr no parque, pedalar até a praia para dar um mergulho, praticar escalada esportiva, fazer aulas de boxe, jardinagem, ou outras atividades. Escolha somente aquelas que você realmente quer fazer porque acha que serão prazerosas. Não hesite em listar coisas que nunca fez, mas sempre teve vontade de fazer. Experimentar uma nova atividade queima mais calorias do que fazer algo que você faz regularmente, pois o uso de novos músculos queima calorias adicionais. Quando tiver um mínimo de 10 itens em sua lista, pesquise tudo o que puder sobre cada atividade para descobrir como fazê-las perto de sua casa ou de seu trabalho. Logo você terá toda a informação de que precisa para começar, e terá

Quando o exercício é uma tarefa

Realizar trabalhos manuais em casa envolve um esforço real que desenvolve músculos e o mantém magro o suficiente para merecer algumas cervejas. Quando um estudo publicado na *Current Psychology* (Slotterback, Leeman e Oakes, 2006) comparou tarefas domésticas – como as listadas a seguir – com exercícios físicos equivalentes em queima de calorias, as pessoas consideraram as tarefas como atividades mais fáceis de realizar, ainda que queimassem o mesmo número de calorias. Se uma atividade parece ser mais fácil, é maior a probabilidade de você fazê-la. Seu corpo não sabe que você não está suando na academia, portanto, reage como se você estivesse: desenvolvendo músculos e queimando gordura. Seus músculos respondem bem às exigências de tensão, de velocidade e de atividade cardiovascular envolvidas no uso de ferramentas. Levante-se e entalhe seu corpo e sua casa à moda antiga, como nossos avós faziam. Você pode até ganhar um trocado melhorando o visual da casa e do seu próprio corpo.

O número de calorias queimadas é baseado num homem de 80 quilos (Ainsworth et al., 2000).

Tarefa	Calorias queimadas em 1 hora
Instalar fiação elétrica e encanamento	245
Fazer limpeza pesada (carro, janelas)	245
Realizar obras de carpintaria em geral	245
Instalar um painel de parede	245
Podar cercas vivas ou galhos	286
Juntar folhas	352
Plantar uma árvore	368
Operar uma lixadeira de assoalho	409
Limpar calhas	409
Pintar	491
Rachar lenha	491
Cortar grama	491

estimulado o apetite e a motivação. Prenda a lista de 10 atividades na porta da geladeira para vê-la todo dia de manhã.

Agora, estabeleça uma meta de quanto peso pretende perder. Quanto mais peso você tiver para perder, mais tempo levará e mais variado deve ser o plano de treinamento para mantê-lo interessado. Se você deseja perder apenas alguns quilos, provavelmente terá que seguir um programa mais restrito para obter resultados mais rápidos. O importante é estabelecer um número e trabalhar para alcançá-lo.

Abra sua agenda e modifique ou cancele compromissos, de forma que tenha o tempo para si mesmo de que seu corpo tanto necessita. Reserve na agenda um período de 45 a 60 minutos todos os dias, ou ao menos a cada dois dias. Esse período pode ser antes do trabalho, durante a hora de almoço, após o trabalho ou, até mesmo, nos fins de semana. Ao olhar o diário, você não verá apenas almoços de negócio; verá um compromisso com sua saúde e uma promessa de alcançar a aparência que deseja.

Depois de estabelecer quanto você quer pesar ou qual porcentagem de gordura corporal quer ter, faça a si mesmo outra pergunta: até que ponto você consegue seguir um planejamento? Você gosta de fazer listas e ir riscando o que foi feito ou é mais do tipo espontâneo, que nada com a maré? Uma olhada rápida em seu guarda-roupa pode lhe dar a resposta. Se houver uma confusão de camisas e meias misturadas na mesma gaveta, você provavelmente é do tipo espontâneo. Se suas camisas estão bem dobradas e empilhadas, bem longe de qualquer meia, você deve se dar melhor com um treinamento planejado. Ambos os métodos funcionam, mas você deve ser honesto consigo mesmo desde o início. Se mudar de opinião, é fácil trocar o método.

Se você é do tipo que dobra as camisas, siga os planos deste capítulo. Eles resumem exatamente o que fazer com base em quanto peso você deseja perder. São planos um tanto rígidos, mas você sempre poderá passar para o outro lado, com o cara das camisas amassadas. Se você está disposto a abraçar a aleatoriedade do universo, uma rotina de treinamento rígida não funcionará para você em longo prazo. É possível que você já tenha tentado seguir o plano de uma revista, sem sucesso. Tudo bem. Você, às vezes, gosta de estar no controle do próprio destino, apenas isso. Siga a regra do acaso e misture a esmo suas sessões de queima de gordura. Prenda na porta da geladeira a lista de 10 atividades que você realmente gosta de fazer. (Assistir ao seriado *Mad Men* não deve ser uma delas.) Ao acordar de manhã, escolha uma sem pensar muito, ou, então, o que é ainda mais aleatório: peça para a sua companheira ou para alguém que mora com você escolher uma atividade. Faça, pelo menos, quatro atividades por semana, o que não é tão ruim, considerando que são agradáveis. Se você não gostar de uma atividade, escolha outra. No entanto, certifique-se de seguir esse plano nada planejado.

Agora que você já tem sua lista, não precisará se entediar com exercícios de academia ou correndo horas numa esteira. Você tem uma boa desculpa para sair de casa e desfrutar a vida. Caso queira acelerar sua queima de gordura, basta procurar neste livro por um tipo de treinamento que seja adequado ao seu nível de condicionamento. Se você se envolver bastante com um esporte ou com uma atividade física, provavelmente se beneficiará em realizar treinos extras que lhe permitam desfrutar ainda mais do que gosta de fazer. Estar em forma é viver; portanto, reserve um tempo diariamente para sair ao ar livre, viver a vida e se divertir. Não consegue achar tempo? Nesse caso, você precisa mudar seu equilíbrio entre trabalho e vida. Não há sentido em gastar a saúde acumulando riqueza, e, depois, gastar essa riqueza para tentar recuperar a saúde.

Perca os últimos 5 a 10 kg de gordura corporal

Perder aquelas últimas gordurinhas pode ser tão difícil quanto perder um peso bem maior. Eis o caminho mais rápido para adquirir um tanquinho bem definido.

Uma das piadas de mau gosto da Mãe Natureza é que o primeiro lugar em que se ganha peso – acima da cintura – é o último lugar em que se perde peso. Se você passou por um período de desenvolvimento corporal em que acumulou musculatura e um pouco de gordura, boa parte dessa massa pode ter ido parar na barriga. Infelizmente, é exatamente essa área que o mundo usa como indicador de boa forma. Se você tem um abdome bem definido, as pessoas supõem que o resto do seu corpo também é magro. Esse é provavelmente o motivo pelo qual o tanquinho aparece no topo das listas de desejo em revistas femininas baratas. Mas não fique chateado com isso. O sexo frágil enfrenta o mesmo problema, só que o sinal definitivo de boa forma para elas é a bunda.

Essa necessidade de eliminar gordura em locais específicos originou uma geração inteira de comerciais de TV alegando ter a fórmula para transformar áreas gordurosas em músculos. A comunidade do condicionamento físico quis desesperadamente que essa ideia de redução localizada funcionasse, mas, infelizmente, não funciona. Um estudo publicado no *American Journal of Physiology, Endocrinology and Metabolism* (Stallknecht, Dela e Helge, 2007) descobriu que os homens perdiam uma quantidade mínima de gordura nas pernas, mesmo ao fazer um número absurdo de extensões de perna. Os resultados provaram que a redução localizada tem tão pouco efeito que é melhor tentar outra coisa.

A primeira regra numa guerra é conhecer o inimigo. Nesse caso, o inimigo é aquela camada de gordura teimosa cobrindo seu abdome. Se você pressionar o local, dá até para sentir a musculatura firme por trás da gordura. Com seu tanquinho tão próximo, você pode cair na tentação de experimentar qualquer coisa. Passar fome, fazer dietas esquisitas da moda e tomar suplementos que o deixam mais nervoso do que o elenco do filme *Trainspotting* visam a pessoas que procuram se livrar dessa camada final. Para piorar a situação, um estudo publicado no *American Journal of Physiology – Regulatory, Integrative and Comparative Physiology* (Sullivan e Cameron, 2010) descobriu que simplesmente reduzir a ingestão calórica não basta para obter uma perda de peso significativa. A pesquisa descobriu que um mecanismo corporal natural reage à redução calórica conservando energia. A ironia é que os cientistas sugerem que a melhor maneira de emagrecer é cortar calorias e intensificar a atividade física, mas, quando você come menos, não tem muita vontade de se exercitar. Pior ainda é passar por todo o sofrimento e aborrecimento de tomar suplementos e fazer dietas da moda, e, no fim, descobrir que muito pouco mudou. Isso acontece porque o corpo é concebido para armazenar gordura. Na verdade, é para seu próprio bem, embora você possa não concordar. Antigamente – bem antes do bronzeamento artificial e das roupas com etiqueta *Prada* –, as pessoas com tendência para armazenar calorias (os caras grandes) levavam vantagem, porque tinham uma reserva energética caso houvesse falta de alimento. A camada final cobrindo seu abdome é sua corcova de camelo, que pode ser utilizada caso fique preso dentro de um elevador sem comida por alguns dias. Se você parar de comer, seu corpo utilizará essa gordura como combustível, junto com alguma massa muscular. Porém, não use isso como desculpa para passar fome em busca do seu abdome. Muitas vezes, o corpo se agarra a essa gordura quando você perde bastante

peso, porque ele teme desperdiçar suas reservas. Assim, ele segura aquele pedaço final de gordura a todo custo, o que pode provocar algumas mudanças hormonais, como excesso de cortisol e falta de testosterona. Um estudo publicado no *International Journal of Sports Medicine* (Karila et al., 2008) concluiu que perder peso rapidamente reduz o principal hormônio para o desenvolvimento e a preservação dos músculos: a testosterona. Hormônios como esse podem determinar o sucesso ou o fracasso de sua busca por um abdome perfeito.

Não fique estressado

Cortisol é um hormônio liberado em momentos de estresse. Não importa se você está estressado porque seu café está quente demais ou porque não consegue perder peso. O cérebro reage da mesma maneira, seja o estresse físico, mental ou emocional, e envia sinais para aumentar a produção de cortisol. Essa reação pode ser causada por dietas de pouquíssimas calorias, treinamento intenso, alto volume de treinamento, falta de sono de qualidade ou situações de estresse rotineiras, como problemas no trabalho ou brigas com a patroa. Mas não entenda mal: o cortisol é um amigo, não um inimigo. É o que torna o seu corpo a coisa mais adaptável do planeta. Indica quando o coração deve bombear mais rápido, fornece mais energia e mobiliza mais adrenalina – praticamente tudo o que você deseja antes de uma sessão de treinamento intensa. No entanto, o excesso de cortisol pode provocar fadiga, afetar a concentração, retardar a recuperação de contusões ou de doenças e provocar acúmulo de gordura na barriga.

Uma relação existente entre gordura abdominal e cortisol é o fato de que o cortisol provoca o armazenamento de gordura em volta dos órgãos, o que aumenta o risco de doenças cardíacas e de diabetes. O cortisol em si não faz engordar; caso contrário, todos os corretores de ações do planeta estariam na próxima edição do programa *The Biggest Loser*.[3] O truque é mantê-lo em níveis saudáveis. Cortisol

---

3 N.E.: *reality show* dos Estados Unidos – adaptado e transmitido em diversos países, inclusive no Brasil – cujo vencedor é o participante que conseguir perder mais peso.

em excesso pode provocar a perda de tecido muscular e a redução dos níveis de hormônio do crescimento, levando, em ambos os casos, a uma menor queima de calorias. Como manter o cortisol sob controle? A resposta é simples: equilíbrio. Para obter esse controle, você precisa se estressar o suficiente com o treinamento e equilibrar esse estresse com um tempo de recuperação adequado. Siga estas regras básicas de saúde para manter seus hormônios trabalhando na redução de gordura.

- Durma bem. O sono ajuda a recuperação dos músculos, aumenta o hormônio do crescimento (um queimador de gordura poderoso) e reduz o cortisol. A antiga máxima de 8 horas por dia ainda é válida, mas 9 horas é ainda melhor.
- Saia de casa. Tomar um pouco de sol ajuda a absorver mais minerais e se recuperar mais rapidamente do treinamento, segundo um estudo publicado no *Journal of Bone and Mineral Research* (Bell et al., 1988). Outros estudos concluíram que a deficiência de vitamina D reduz a probabilidade de queimar gordura.
- Coma para relaxar. É fácil ter uma alimentação adequada. Consuma alimentos naturais, e você terá todos os nutrientes necessários para manter o corpo saudável e equilibrado. Muitos vegetais crucíferos[4] reduzem os níveis de estrogênio, e carne fresca aumenta os níveis de testosterona.
- Faça treinamentos de alta intensidade. Quanto mais curtos e intensos, melhor. Os níveis de cortisol aumentam após 55-60 minutos de treinamento.
- Beba bastante água. Um estudo publicado no *International Journal of Sports Medicine* (Maresh et al., 2006) concluiu que treinar desidratado pode aumentar o cortisol e reduzir a testosterona. É um golpe duplo contra suas metas de perda de peso.
- Tenha uma mentalidade positiva. Preocupação é sinônimo de estresse. Com a mente povoada de pensamentos negativos, você nunca terá resultados positivos com seu treinamento. Faça o que for preciso para ver o lado bom da vida.
- Não exagere. Apesar da imagem passada por filmes de faroeste, álcool e tabaco provocam redução de testosterona e aumento de cortisol. Não há motivo para bancar o *cowboy* com sua saúde.

O próximo passo

Se estiver enfrentando sérias dificuldades para perder peso, procure um médico e faça exames hormonais para verificar possíveis desequilíbrios. Isso o ajudará a saber se precisa adotar mudanças drásticas em seu estilo de vida ou equilibrar seus hormônios com medicamentos. Restabelecido o equilíbrio hormonal, você pode ajustar suas sessões de treinamento. Aviso: não será uma jornada fácil, mas a perspectiva de obter resultados rápidos será um incentivo para você persistir. Ao contrário de perder muito peso, que pode levar bastante tempo, a estratégia para perder a camada final de gordura é curta e direta. Isso significa que pode não ser muito divertida e envolverá sessões de treinamento extenuantes.

Regras para perder a camada final

Siga os princípios a seguir para tornar seus treinamentos mais eficazes.

- Use os sistemas de queima de gordura do topo do *ranking*. Os treinamentos mais exigentes desenvolvem mais musculatura, queimam mais calorias e produzem resultados mais rápidos.
- Reserve novidades para seu corpo. Adaptar-se a uma atividade ajuda a melhorar a forma física. Quanto mais inexperiente você for num determinado estilo de exercício, mais calorias queimará, portanto, procure variar frequentemente.
- Supere seus limites. Melhore a cada semana. Levante mais peso, corra uma distância maior ou num ritmo mais rápido. Seja qual for a atividade, tente fazer melhor a cada semana. E faça em menos de 60 minutos.
- Mantenha-se motivado. Estabeleça uma meta final a ser alcançada num prazo de-

---

4 Nota do revisor científico: exemplos de vegetais crucíferos: brócolis, couve-flor, couve-manteiga, couve-de-bruxelas, repolho, nabo, entre outros.

terminado. Com esse incentivo, você alcançará seus objetivos mais facilmente.

- Descansar é tão bom quanto treinar. Você dará mais duro no treinamento seguinte se reservar tempo suficiente para se recuperar. Muitos que tentam perder peso acabam se esgotando rapidamente, pois restringem a ingestão calórica. Isso cria um desequilíbrio hormonal e provoca um efeito contrário ao pretendido.

Treinamentos de cardio contínuo

Este plano de curto prazo é mais controlado do que o plano de seis meses do Capítulo 9. Siga-o durante quatro a seis semanas, repetindo depois, se aguentar. Esse plano intenso exige repouso adequado, portanto, faça o treinamento 1 na segunda-feira, o treinamento 2 na terça-feira, e, depois, repouse na quarta-feira. Faça o treinamento 3 na quinta-feira e o treinamento 4 na sexta-feira. O treinamento 5 é um dia de recuperação ativa, portanto, faça-o em qualquer momento do fim de semana.

Nesse regime, o progresso é semanal e cada treinamento é um pouco mais intenso do que o anterior. Na semana 3, a estrutura e os exercícios usados nos treinamentos mudam radicalmente. Contudo, as técnicas são basicamente iguais, portanto, você pode usar o condicionamento físico básico adquirido até então para encarar os treinamentos mais intensos. Ao atingir sua meta de gordura corporal, não será preciso treinar tão duro. Você pode reduzir a intensidade e controlar seus hábitos alimentares. O truque é modificar o treinamento e a dieta para manter um nível de magreza adequado ao seu estilo de vida. Tentar manter os níveis de gordura corporal de um fisiculturista é praticamente impossível e extremamente restritivo em longo prazo. Mesmo assim, você ainda pode ter um tanquinho de derreter corações e um nível de gordura corporal razoavelmente baixo que lhe permita apreciar sua comida favorita e pular uma sessão de treinamento de vez em quando. Reduza a intensidade do treinamento fazendo menos séries e descansando mais, e você colherá os frutos desse trabalho duro por vários anos.

TREINAMENTO PARA PERDER OS ÚLTIMOS QUILOS

SEMANA 1

Treinamento 1: levantamento de peso e cardio de alta intensidade

Esse treinamento é repleto de superséries (Tabela 8.8). Faça o primeiro exercício o mais intensamente possível, para que falhe na sexta repetição. Faça o segundo exercício em seguida, e, depois, repouse de 30 a 45 segundos. Ao terminar, passe para a sessão de cardio.

HIT: vá ao ar livre e corra (ou faça um exercício de sua escolha) por 8 segundos, e, depois, trote por 30 segundos. Faça isso até ter treinado um total de 60 minutos.

Tabela 8.8 Semana 1, treinamento 1

Exercício	S	R
Supersérie 1		
1. Agachamento	4	6
2. Flexão	4	10
Supersérie 2		
3. Arremesso	4	6
4. Desenvolvimento em pé com halteres	4	10
Supersérie 3		
5. Barra fixa com pegada pronada	4	6
6. Avanço (peso corporal)	4	10
Supersérie 4		
7. Levantamento terra com halteres	4	6
8. Supino com pegada fechada	4	10

Treinamento 2: sessão *crossfit* ao ar livre

Faça as repetições do treinamento (Tabela 8.9) em quantas séries for necessário. Se você tiver que parar a cada dez repetições, então, pare. Apenas lembre-se de que cada segundo de relaxamento terá um custo em termos de gordura corporal. Faça este circuito quantas vezes puder em 50 minutos. Mais de duas vezes é um bom desempenho.

Tabela 8.9 Semana 1, Treinamento 2

Exercício	S	R
1. Corra 400 metros		
2. Agachamento (peso corporal)	1	80
3. Flexão	1	80
4. Corra 1 km		
5. Elevação de perna	1	80
6. Corra 800 metros		

Treinamento 3: séries complexas

Neste treinamento (Tabela 8.10), você minimizará o período de repouso ao executar todos os exercícios de uma série sem colocar a barra no chão. Isso deixará seus músculos sob constante tensão. Depois, você descansará e repetirá o circuito por um total de quatro vezes. Ao terminar todos os exercícios da série complexa, faça uma pausa de 2 a 3 minutos.

HIT: vá ao ar livre e corra (ou faça um exercício de sua escolha) por 6 segundos, e, depois, trote por 20 segundos. Faça isso até ter treinado um total de 60 minutos ou quando estiver cansado demais para andar.

Tabela 8.10 Semana 1, treinamento 3

Exercício	S	R
1. Rosca direta com barra	4	10
2. Arremesso	4	8
3. Agachamento	4	8
4. Bom-dia	4	8
5. Levantamento terra com barra	4	8
6. Remada curvada com halteres	4	8
7. Flexão (mãos na barra)	4	8
8. *Rollouts*	4	8

Treinamento 4: treinamento intervalado

O treinamento intervalado é uma maneira rápida e intensa de queimar gordura e trabalhar, ao mesmo tempo, o coração e os pulmões. É possível que você sinta uma queimação no fundo do peito no meio desse treinamento – tudo bem. Não é um ataque cardíaco. É apenas seu corpo trabalhando com capacidade máxima. Ao terminar, quando estiver no chuveiro, sentirá que tem um par de pulmões novinhos em folha. Contudo, é provável que não se sinta assim em relação às pernas.

1. Aqueça por 10 minutos com uma atividade de sua escolha.
2. Corra por 1 minuto, e, depois, reduza o ritmo por 2 minutos. Faça isso cinco vezes.
3. Corra por 2 minutos, e, depois, reduza o ritmo por 2 minutos. Faça isso quatro vezes.
4. Desaqueça o corpo por 10 minutos em ritmo lento.

Treinamento 5: atividade de recuperação

Caminhe, nem que seja dentro de um *shopping*. Apenas se mantenha ativo para trabalhar os músculos.

SEMANA 2

Treinamento 1: levantamento de peso e cardio de alta intensidade

Este treinamento é repleto de superséries (Tabela 8.11). Realize o primeiro exercício o mais intensamente possível, para chegar à falha na sexta repetição. Faça o segundo exercício na sequência, e, depois, repouse de 30 a 45 segundos. Em todas as séries de seis repetições, aumente em 3% o peso usado na semana 1. Ao terminar, passe para a sessão de cardio.

Tabela 8.11 Semana 2, treinamento 1

Exercício	S	R
Supersérie 1		
1. Agachamento	4	6
2. Flexão	4	12
Supersérie 2		
3. Arremesso	4	6
4. Desenvolvimento em pé com halteres	4	12
Supersérie 3		
5. Barra fixa com pegada pronada	4	6
6. Avanço (peso corporal)	4	12
Supersérie 4		
7. Levantamento terra com halteres	4	6
8. Supino com pegada fechada	4	12

HIT: vá ao ar livre e corra (ou faça um exercício à sua escolha) por 8 segundos, e, depois, trote por 30 segundos. Faça isso até ter treinado um total de 60 minutos.

Treinamento 2: sessão *crossfit* ao ar livre

Faça as repetições do treinamento (Tabela 8.12) em quantas séries for necessário. Se tiver que parar a cada dez repetições, então, pare. Apenas se lembre de que cada segundo de relaxamento terá um custo em termos de gordura corporal. Tente fazer este circuito uma vez em menos de 1 hora.

Tabela 8.12 Semana 2, treinamento 2

Exercício	S	R
1. Corra 1 km		
2. Agachamento (peso corporal)	1	90
3. Corra 1 km		
4. Flexão	1	90
5. Corra 1 km		
6. Elevação de perna	1	90
7. Corra 1 km		

Treinamento 3: séries complexas

Neste treinamento (Tabela 8.13), você minimizará o período de repouso ao executar todos os exercícios de uma série sem colocar a barra no chão. Isso deixará seus músculos sob constante tensão. Ao terminar todos os exercícios da série complexa, faça uma pausa de 2 a 3 minutos, repita o circuito quatro vezes, e, depois, faça o HIT subsequente. Ufa! É trabalho duro, mas você consegue.

Tabela 8.13 Semana 2, treinamento 3

Exercício	S	R
1. Rosca direta com barra	4	10
2. Arremesso	4	10
3. Agachamento	4	10
4. Bom-dia	4	10
5. Levantamento terra com barra	4	10
6. Remada curvada com halteres	4	10
7. Flexão (mãos na barra)	4	10
8. *Rollouts*	4	10

HIT: vá ao ar livre e corra (ou faça um exercício de sua escolha) por 8 segundos, e, depois, trote por 20 segundos. Faça isso até ter treinado um total de 60 minutos ou quando estiver cansado demais para andar.

Treinamento 4: treinamento intervalado

Este treinamento envolve intervalos ligeiramente mais longos. Você não dará piques de velocidade como Usain Bolt, mas aprenderá a correr a cerca de 70% do seu ritmo máximo. Esse ritmo difere de uma pessoa para outra, portanto, certifique-se de manter a mesma velocidade durante todo o intervalo. Em outras palavras, tire um pouco o pé do acelerador, mas não muito.

1. Aqueça por 10 minutos com uma atividade de sua escolha.
2. Corra por 90 segundos, e, depois, reduza o ritmo por 2 minutos. Faça isso quatro vezes.
3. Corra por 2 minutos, e, depois, reduza o ritmo por 1 minuto. Faça isso três vezes.
4. Desaqueça o corpo por 10 minutos em ritmo lento.

Treinamento 5: atividade de recuperação

Caminhe (nem que seja dentro de um *shopping*), pedale, nade ou faça outra atividade. Mantenha-se em movimento para trabalhar os músculos – mas sem forçar demais. Você não deve perder o fôlego durante esse treinamento.

SEMANA 3

Treinamento 1: levantamento de peso e cardio de alta intensidade

Este treinamento é repleto de superséries (Tabela 8.14). Realize o primeiro exercício o mais intensamente possível para chegar à falha na sexta repetição. Faça o segundo exercício em seguida, e, depois, repouse de 30 a 45 segundos. Em todas as séries de seis repetições, aumente em 3% o peso usado na semana 2. Ao terminar, passe para a sessão de cardio.

Tabela 8.14 Semana 3, Treinamento 1

Exercício	S	R
Supersérie 1		
1. Agachamento	4	6
2. Flexão	4	14
Supersérie 2		
3. Arremesso	4	6
4. Desenvolvimento em pé com halteres	4	14

Exercício	S	R
Supersérie 3		
5. Barra fixa com pegada pronada	4	6
6. Avanço (peso corporal)	4	14
Supersérie 4		
7. Levantamento terra com halteres	4	6
8. Supino com pegada fechada	4	14

HIT: vá ao ar livre e corra (ou faça um exercício de sua escolha) por 8 segundos, e, depois, trote por 30 segundos. Faça isso até ter treinado um total de 60 minutos.

Treinamento 2: sessão *crossfit* ao ar livre

Faça as repetições do treinamento (Tabela 8.15) em quantas séries for necessário. Se tiver que parar a cada dez repetições, então, pare. Apenas se lembre de que cada segundo de relaxamento terá um custo em termos de gordura corporal. Tente fazer este circuito uma vez em menos de 1 hora.

Tabela 8.15 Semana 3, treinamento 2

Exercício	S	R
1. Corra 1 km		
2. Agachamento (peso corporal)	1	100
3. Corra 1 km		
4. Flexão	1	100
5. Corra 1 km		
6. Elevação de perna	1	100
7. Corra 1 km		

Treinamento 3: séries complexas

Neste treinamento (Tabela 8.16), você minimizará o período de repouso ao executar todos os exercícios da série sem colocar a barra no chão. Isso deixará seus músculos sob constante tensão. Ao terminar todos os exercícios da série complexa, faça uma pausa de 2 a 3 minutos, repita o circuito quatro vezes, e, depois, faça o HIT que se segue.

Tabela 8.16 Semana 3, treinamento 3

Exercício	S	R
1. Rosca direta com barra	4	12
2. Arremesso	4	12
3. Agachamento	4	12
4. Bom-dia	4	12
5. Levantamento terra com barra	4	12
6. Remada curvada com halteres	4	12
7. Flexão (mãos na barra)	4	12
8. *Rollouts*	4	12

HIT: vá ao ar livre e corra (ou faça um exercício de sua escolha) por 10 segundos, e, depois, trote por 20 segundos. Faça isso até ter treinado um total de 60 minutos, ou quando estiver cansado demais para andar.

Treinamento 4: treinamento intervalado

Os intervalos estão ficando cada vez mais longos. Embora você esteja desenvolvendo força e condição física, precisará aprender a controlar de maneira produtiva seu acelerador interno.

1. Aqueça por 10 minutos com uma atividade de sua escolha.
2. Corra por 2 minutos, e, depois, reduza o ritmo por 2 minutos. Faça isso três vezes.
3. Corra por 3 minutos, e, depois, reduza o ritmo por 1 minuto. Faça isso duas vezes.
4. Desaqueça o corpo por 10 minutos num ritmo lento.

Treinamento 5: atividade de recuperação

Caminhe (nem que seja dentro de um *shopping*), pedale, nade ou faça outra atividade. Mantenha-se em atividade para trabalhar os músculos, mas sem forçar demais. Você não deve perder o fôlego durante este treinamento.

SEMANA 4

Treinamento 1: levantamento de peso e cardio de alta intensidade

Este treinamento consiste de tri-sets (Tabela 8.17). Realize o primeiro exercício o mais intensamente possível, para chegar à falha na sexta repetição. Faça o segundo e o terceiro exercícios em seguida, e, depois, repouse de

Emagrecimento brando

30 a 45 segundos. Em todas as séries de seis repetições, aumente em 3% o peso usado na semana 3. Ao terminar, passe para a sessão de cardio.

Tabela 8.17 Semana 4, treinamento 1

Exercício	S	R
Tri-set 1		
1. Agachamento	3	6
2. Flexão	3	14
3. Elevação nas pontas dos pés	3	10
Tri-set 2		
4. Arremesso	3	6
5. Desenvolvimento em pé com halteres	3	14
6. Elevação de pernas em suspensão	3	10
Tri-set 3		
7. Barra fixa com pegada pronada	3	6
8. Avanço (peso corporal)	3	14
9. Rosca martelo	3	10
Tri-set 4		
10. Levantamento terra com halteres	3	6
11. Supino com pegada fechada	3	14
12. Abdominal com pedalada	3	10

HIT: vá ao ar livre e corra (ou faça um exercício à sua escolha) por 8 segundos, e, depois, trote por 25 segundos. Faça isso até ter treinado um total de 60 minutos.

Treinamento 2: sessão *crossfit* com pesos

Tente fazer este circuito (Tabela 8.18) pelo menos duas vezes em 60 minutos. Se aguentar uma terceira vez, vá fundo.

Tabela 8.18 Semana 4, treinamento 2

Exercício	S	R
1. Arremesso	1	50
2. Pedale 1 km		
3. Supino reto com halteres	1	50
4. Reme 1 km		
5. *Power clean*	1	50
6. Corra 1 km		

Exercício	S	R
7. Agachamento	1	50
8. Treine cruzado no elíptico por 1 km		

Treinamento 3: séries complexas

Neste treinamento (Tabela 8.19) você minimizará o período de repouso ao executar todos os exercícios da série sem colocar os halteres no chão. Isso deixará seus músculos sob constante tensão. Ao terminar todos os exercícios da série complexa, faça uma pausa de 2 a 3 minutos, repita o circuito quatro vezes, e, depois, execute os intervalos de alta intensidade que vêm a seguir.

Tabela 8.19 Semana 4, treinamento 3

Exercício	S	R
1. Rosca martelo	4	8
2. Extensão de tríceps	4	8
3. Agachamento de base alternada (halteres)	4	8
4. Elevação lateral com halteres	4	8
5. Desenvolvimento Arnold	4	8
6. Remada em banco inclinado com halteres	4	8
7. Flexão (mãos nos halteres)	4	8
8. Prancha lateral	4	30 s

HIT: vá ao ar livre e corra (ou faça um exercício à sua escolha) por 10 segundos, e, depois, trote por 20 segundos. Faça isso até ter treinado um total de 60 minutos.

Treinamento 4: cardioaceleração ao ar livre

Faça este treinamento (Tabela 8.20) de duas a quatro vezes, dependendo do tempo de repouso. O método ideal é sair para correr e se jogar no chão quando for fazer o exercício de peso corporal seguinte.

Tabela 8.20 Semana 4, treinamento 4

Exercício	R
1. Corra por 5 minutos para aquecer	
2. Flexão	15
3. Corra por 1 minuto	

Exercício		R
4. Agachamento (peso corporal)		15
5. Corra por 1 minuto		
6. Abdominal com pedalada		15
7. Corra por 1 minuto		
8. Agachamento de base alternada		15
9. Corra por 1 minuto		
10. Levantamento terra em uma perna com halteres		15

Treinamento 5: atividade de recuperação

Caminhe (nem que seja dentro de um *shopping*), pedale, nade ou faça outra atividade. Mantenha-se em atividade para trabalhar os músculos, mas sem forçar demais. Você não deve perder o fôlego durante este treinamento.

SEMANA 5

Treinamento 1: levantamento de peso e cardio de alta intensidade

Este treinamento está repleto de tri-sets (Tabela 8.21). Realize o primeiro exercício o mais intensamente possível, para chegar à falha na sexta repetição. Faça o segundo e terceiro exercícios em seguida, e, depois, repouse de 30 a 45 segundos. Em todas as séries de seis repetições, aumente em 3% o peso usado na semana 4. Ao terminar, passe para a sessão de cardio.

HIT: vá ao ar livre e corra (ou faça um exercício à sua escolha) por 10 segundos, e, depois, trote por 25 segundos. Faça isso até ter treinado um total de 60 minutos.

Tabela 8.21 Semana 5, treinamento 1

Exercício	S	R
Tri-set 1		
1. Agachamento	3	6
2. Flexão	3	14
3. Elevação nas pontas dos pés	3	12
Tri-set 2		
4. Arremesso	3	6
5. Desenvolvimento em pé com halteres	3	14
6. Elevação de pernas em suspensão	3	12

Exercício	S	R
Tri-set 3		
7. Barra fixa com pegada pronada	3	6
8. Avanço (peso corporal)	3	14
9. Rosca martelo	3	12
Tri-set 4		
10. Levantamento terra com halteres	3	6
11. Supino com pegada fechada	3	14
12. Abdominal com pedalada	3	12

Treinamento 2: sessão *crossfit* com pesos

Tente fazer este circuito (Tabela 8.22) ao menos duas vezes em 60 minutos. Se aguentar uma terceira vez, vá fundo.

Tabela 8.22 Semana 5, treinamento 2

Exercício	S	R
1. Arremesso	1	60
2. Pedale 1 km		
3. Supino reto com halteres	1	60
4. Reme 1 km		
5. *Power clean*	1	60
6. Corra 1 km		
7. Agachamento	1	60
8. Treine cruzado no elíptico por 1 km		

Treinamento 3: séries complexas

Neste treinamento (Tabela 8.23), você minimizará o período de repouso ao executar todos os exercícios de uma série sem colocar os halteres no chão. Isso deixará seus músculos sob constante tensão. Ao terminar todos os exercícios da série complexa, faça uma pausa de 2 a 3 minutos, repita o circuito quatro vezes, e, depois, execute os intervalos de alta intensidade que vêm a seguir.

Tabela 8.23 Semana 5, treinamento 3

Exercício	S	R
1. Rosca martelo	4	10
2. Extensão de tríceps	4	10
3. Agachamento de base alternada (halteres)	4	10

Exercício	S	R
4. Elevação lateral com halteres	4	10
5. Desenvolvimento Arnold	4	10
6. Remada em banco inclinado com halteres	4	10
7. Flexão (mãos nos halteres)	4	10
8. Prancha lateral	4	40 s

HIT: vá ao ar livre e corra (ou faça um exercício de sua escolha) por 6 segundos, e, depois, trote por 20 segundos. Faça isso até ter treinado um total de 60 minutos.

Treinamento 4: cardioaceleração ao ar livre

Faça este treinamento (Tabela 8.24) de duas a quatro vezes, dependendo do tempo de repouso. O método ideal é sair para correr e se jogar no chão quando tiver que fazer o exercício de peso corporal seguinte. Se for preciso, faça uma pausa entre as repetições.

Tabela 8.24   Semana 5, treinamento 4

Exercício	R
1. Corra por 5 minutos para aquecer	
2. Flexão	20
3. Corra por 1 minuto	
4. Agachamento (peso corporal)	20
5. Corra por 1 minuto	
6. Abdominais com pedalada	20
7. Corra por 1 minuto	
8. Agachamento de base alternada	20
9. Corra por 1 minuto	
10. Levantamento terra em uma perna com halteres	20

Treinamento 5: atividade de recuperação

Caminhe (nem que seja dentro de um *shopping*), pedale, nade ou faça outra atividade. Mantenha-se ativo para trabalhar os músculos, mas sem forçar demais. Você não deve perder o fôlego durante esse treinamento.

SEMANA 6

Treinamento 1: levantamento de peso e cardio de alta intensidade

Esse treinamento está repleto de tri-sets (Tabela 8.25). Realize o primeiro exercício o mais intensamente possível para chegar à falha na sexta repetição. Faça o segundo e terceiro exercícios em seguida usando o maior peso possível por 14 e 10 repetições, respectivamente, e, depois, repouse de 30 a 45 segundos. Em todas as séries de 6 repetições, aumente em 3% o peso usado na semana 5. Ao terminar, passe para a sessão de cardio.

Tabela 8.25   Semana 6, treinamento 1

Exercício	S	R
Tri-set 1		
1. Agachamento	3	8
2. Flexão	3	14
3. Elevação nas pontas dos pés	3	10
Tri-set 2		
4. Arremesso	3	8
5. Desenvolvimento em pé com halteres	3	14
6. Elevação de pernas em suspensão	3	10
Tri-set 3		
7. Barra fixa com pegada pronada	3	8
8. Avanço (peso corporal)	3	14
9. Rosca martelo	3	10
Tri-set 4		
10. Levantamento terra com halteres	3	8
11. Supino com pegada fechada	3	14
12. Abdominal com pedalada	3	10

HIT: vá ao ar livre e corra (ou faça um exercício de sua escolha) por 8 segundos, e, depois, trote por 25 segundos. Faça isso até ter treinado um total de 60 minutos.

Treinamento 2: sessão *crossfit* com pesos

Tente repetir este circuito (Tabela 8.26) ao menos duas vezes em 60 minutos. Se aguentar uma terceira vez, vá fundo.

Tabela 8.26   Semana 6, treinamento 2

Exercício	R
1. Arremesso	70
2. Pedale 1 km	
3. Supino reto com halteres	70

Exercício	R
4. Reme 1 km	
5. *Power clean*	70
6. Corra 1 km	
7. Agachamento	70
8. Treine cruzado no elíptico por 1 km	

Treinamento 3: séries complexas

Neste treinamento (Tabela 8.27), você minimizará o período de repouso ao executar todos os exercícios de uma série sem colocar os halteres no chão. Isso deixará seus músculos sob constante tensão. Ao terminar todos os exercícios da série complexa, faça uma pausa de 2 a 3 minutos, repita o circuito quatro vezes, e, depois, execute os intervalos de alta intensidade que vêm a seguir.

Tabela 8.27 Semana 6, treinamento 3

Exercício	S	R
1. Rosca martelo	4	12
2. Extensão de tríceps	4	12
3. Agachamento de base alternada (halteres)	4	12
4. Elevação lateral com halteres	4	12
5. Desenvolvimento Arnold	4	12
6. Remada em banco inclinado com halteres	4	12
7. Flexão (mãos nos halteres)	4	12
8. Prancha lateral	4	50 s

HIT: vá ao ar livre e corra (ou faça um exercício à sua escolha) por 15 segundos, e, depois, trote por 30 segundos. Faça isso até ter treinado por um total de 60 minutos.

Treinamento 4: cardioaceleração ao ar livre

Faça este treinamento (Tabela 8.28) de duas a quatro vezes, dependendo do tempo de repouso. O método ideal é sair para correr e se jogar no chão quando for fazer o exercício de peso corporal seguinte.

Tabela 8.28 Semana 6, Treinamento 4

Exercício	R
1. Corra por 5 minutos para aquecer	
2. Flexão	20
3. Corra por 1 minuto	
4. Agachamento (peso corporal)	20
5. Corra por 1 minuto	
6. Abdominal com pedalada	20
7. Corra por 1 minuto	
8. Agachamento de base alternada	20
9. Corra por 1 minuto	
10. Levantamento terra em uma perna com halteres	20

Treinamento 5: atividade de recuperação

Caminhe (nem que seja dentro de um *shopping*), pedale, nade ou faça outra atividade física. Mantenha-se ativo para trabalhar os músculos, mas sem forçar demais. Você não deve perder o fôlego durante este treinamento.

É isso! Parabéns: você eliminou uma quantidade significativa de gordura corporal, e está pronto para desfilar seu tanquinho assim que sair o sol.

E agora?

Se você tiver mais do que 10 quilos para eliminar, prossiga para o Capítulo 9, para um plano completo em longo prazo que garantirá uma perda de peso duradoura. Se você já está contente como está, prossiga para os programas de treinamento do homem sem tempo, no Capítulo 10, para saber o que fazer quando tiver menos tempo do que gostaria. Outra opção é ir para os treinamentos que oferecem resultados dobrados (Capítulo 11) e terminar com os treinamentos esportivos específicos (Capítulo 12), que o ajudarão a testar seu novo corpo enxuto contra adversários.

Redução pesada

inda tem muito a fazer? Precisa perder mais que 10 quilos de gordura corporal? Aqui está o programa que, em longo prazo, deixará você mais magro.

Se você tem um longo caminho a percorrer, provavelmente já considerou fazer uma dieta. Talvez até tenha experimentado alguns desses programas alimentares famosos: Atkins, South Beach, *detox* do limão. Caso tenha os feito, possivelmente sentiu aquilo que os cientistas estão lentamente descobrindo com suas mentes afiadas. Uma pesquisa publicada no periódico *Psychology of Health and Medicine* (Amigo e Fernandez, 2007) notou que pessoas que fazem dietas regularmente – em especial, caras que fizeram uma "dieta ioiô" –, de fato, conseguiram resultados notáveis em pouco tempo. Porém, em longo prazo, eles retornaram ao peso normal e continuaram vendo os mesmos números de sempre na balança. Será que esse método rápido e fácil funciona? Sim, e muito bem. Contudo, os resultados rápidos também levam a uma perda rápida de motivação, e, muitas vezes, as pessoas retornam aos seus antigos hábitos alimentares e de treino, cheios de comidas artificiais, como cachorro-quente.

Se você reverter os seus antigos hábitos alimentares – o principal agente do sucesso ou do fracasso de qualquer meta de perda de peso –, não é preciso ser Nostradamus para prever que isso provavelmente também ocorrerá no campo dos exercícios. Amigo e Fernandez (2007) afirmaram que a melhor maneira de perder peso em longo prazo é fazer mudanças no estilo de vida. Esse conselho pode parecer vago, mas isso não significa que você não

conseguirá aprender nada com ele. Pequenas mudanças diárias tornam mais fácil alterar o seu dia a dia de vez. Em vez de estabelecer um limite de tempo – por exemplo, fazer uma dieta e se exercitar por 2 meses, para perder 10 quilos –, procure fazer mudanças permanentes que deseja e que sejam fáceis. É como decidir adicionar uma porção extra de vegetais ao jantar em vez de entrar em uma dieta flatulenta que o faça comer apenas repolho.

Considere adotar a abordagem do estilo de vida, pois treinar é bem mais difícil do que comer. Exige tempo, dinheiro e esforço, portanto, é melhor não entrar nos treinamentos ao mesmo tempo que abre mão de todas as coisas que gosta. Sua melhor aposta é encontrar um equilíbrio que lhe permita merecer as suas atividades não muito saudáveis, como devorar um balde inteiro de asas de galinha. Imagine ver o fundo desse balde todos os dias. Ele teria um gosto melhor se você o comesse uma vez por mês. Os programas de exercício que vêm a seguir começam devagar, para que você consiga levar uma vida normal, sem mudanças drásticas. Você não perde nada; apenas fará um pouco de movimento para contrabalançar a sua falta de movimento. Uma pessoa sem qualquer tipo de preparo físico consegue fazer esses treinamentos. Sim, mesmo que você fique sem fôlego só de subir as escadas de casa. Os programas começam leves, e incluem algumas lacunas, para que você celebre sua individualidade e realize as atividades de que gosta. Da mesma maneira, eles lhe oferecem a flexibilidade para cortar fora aquilo que detesta. Não gosta de correr? Sem problemas! Não há uma regra que o obrigue a se associar a uma academia e usar a esteira para ficar magro e em forma. A meta é mudar gradualmente o estilo de vida em vez de uma mudança rápida e curta.

Uma coisa que você deve buscar é consistência. É aí que entra o elemento estilo de vida. Você desenvolverá lentamente o seu preparo físico, sua força de vontade e seu contentamento em utilizar o corpo da maneira como ele deve ser utilizado sem voltar para o ponto inicial, igual a um ioiô. Saiba que esses programas podem não ser iguais aos que você conseguiria se contratasse um *personal trainer* para ajudá-lo todos os dias. Um treinador provavelmente faria você atacar os pesos e a esteira com grande vigor, o que traria resultados rápidos. Infelizmente, ter um treinador pode ser um pouco como começar uma dieta rápida. Você obterá resultados muito rápidos, porque alguém o ajuda a superar os momentos difíceis em que sente vontade de desistir. Porém, será que você pretende contratar um *personal trainer* para sempre? Improvável. Quando sua motivação ou dinheiro terminarem, você terá resultados notáveis que o deixam feliz, mas correrá o risco de deslizar de volta para os velhos hábitos sem alguém para lembrá-lo das sessões de treino ou perguntar o que comeu. A estratégia a seguir não é a que o melhor treinador do mundo recomendaria, porque este programa funcionaria apenas se ele estivesse trabalhando de graça e o medindo, incentivando e avaliando a cada momento. O que está aqui é o melhor programa que você pode utilizar para desenvolver lentamente sua própria motivação, pegar gosto por mover seus músculos e criar um padrão de vida sustentável que o faça perder gordura todos os meses – bem, até que você esteja perfeitamente satisfeito com o seu peso e tão magro quanto sempre planejou.

Os seus músculos ficam facilmente entediados. Se não estiver atingindo os seus objetivos rápido o suficiente, você tem que quebrar o tédio – e depressa. Para renovar o seu treinamento, você deve incluir quantos novos desafios puder, e, para isso, você tem que se planejar. Programe-se para o caos e para a chegada do imprevisível. Você não tem que pegar o calendário do ano inteiro; é possível planejar as suas metas de preparo físico com um mês de antecedência. Programar-se com um fim em vista é, provavelmente, o método mais eficiente, porque lhe permite ajustar os treinamentos durante o processo. Um mês você pode estar com uma namorada que gosta de correr. No mês seguinte, a mesma garota (ou outra) prefere ficar em casa e assistir à TV ou pedalar. Você pode, e deve, ajustar seu treinamento de acordo com mudanças de vida, estações do ano e compromissos familiares e de trabalho. Isso mantém as coisas flexíveis e o ajuda a colocar tudo no lugar certo. E o principal: ajuda você a construir com base nos sucessos e nos fracassos anteriores. Se você de repente perceber que consegue subir montanhas de bicicleta assobiando, pode utilizar esse preparo físico para escalar alguma montanha ou morro. Porém, se você tiver dificuldades com a subida, saberá que não deve aceitar um convite para uma longa caminhada até que melhore. Na vida, aqueles que se adaptam melhor são os mais bem-sucedidos.

Os treinamentos

Apesar de a adaptabilidade ser vital para o sucesso, por motivos práticos os programas de treinamentos que seguem são bem rígidos e incluem alguns espaços em aberto para você preencher com seu toque particular. Nos primeiros três meses, você não precisará se associar a uma academia. Caso siga esse programa, procure a academia do bairro apenas no mês 4, pois os seus músculos estarão fortes o suficiente para permitir que você treine com pesos. Quando finalmente for a uma academia, você já estará bem forte e confiante quanto ao tamanho dos pesos que irá levantar.

Os programas descritos a seguir são guias que ajudarão a melhorar gradualmente o seu preparo físico e a sua capacidade de queimar calorias. Você pode adaptá-los e modificá-los o quanto quiser; provavelmente, estará mais apto a seguir um programa que você mesmo desenvolveu. Todos envolvem treinar três ou quatro dias por semana, para fornecer a você um equilíbrio entre trabalho e recuperação. É claro que você pode adicionar algumas sessões extras, porém tente adicionar essas sessões em coisas que você realmente gosta de fazer, para que, acima de qualquer outra coisa, você se divirta. Gosta de passear no parque ou de ir à praia? Faça isso nos seus dias de repouso, pois, apesar de serem atividades que queimam calorias, elas aliviam o estresse, e não constituem um esforço consciente para entrar em forma. Dê à mente e ao corpo um descanso dos seus objetivos e dos seus treinamentos, e sua busca por um estilo de vida mais saudável e por um corpo magro irá durar bem mais.

MÊS 1: começando

Os treinamentos não estão alocados em dias específicos, portanto, encaixe-os onde puder na sua agenda. Se puder apenas realizá-los três dias consecutivos, sem problemas. Entretanto, a melhor estratégia é alternar entre dias de treino e de repouso. Não é essencial, mas lhe fornece o descanso de que precisa para progredir rápido. Note que, apesar de os exercícios de peso corporal exigirem menos repetições do que os apresentados no Capítulo 8, você não deve fazer poucas repetições com cargas altas. A ideia é se acostumar a trabalhar os músculos gradualmente em vez de desgastá-los completamente na primeira oportunidade. Vá devagar e faça uma pausa sempre que precisar.

SEMANA 1
Treinamento 1: intervalos curtos
Corra, pedale, nade, reme, ou faça qualquer outra atividade física, por 1 minuto, e, então, reduza a velocidade por 90 segundos. Repita oito vezes.

Treinamento 2: à sua escolha
Faça qualquer atividade física de que goste, por 30 a 40 minutos. O Wii Fit não conta, porque ele gasta apenas uma fração das calorias perdidas em esportes na vida real.

Treinamento 3: circuito com exercícios de peso corporal
Realize os exercícios em circuito (Tabela 9.1), mas repouse por 45 segundos entre cada um deles, para que possa se recuperar. Se julgar que não precisa de repouso, pode pulá-lo.

Tabela 9.1 Semana 1: circuito com exercícios de peso corporal

Exercício	S	R	Rp
1. Flexão	4	6	45 s
2. Agachamento (peso corporal)	4	6	45 s
3. Avanço	4	6	45 s
4. Super-Homem	4	30 s	45 s
5. Abdominal com pedalada	4	6	45 s

Corra, pedale, reme, nade, ou faça qualquer outra atividade física, por 15 minutos, em um ritmo que possa suportar.

SEMANA 2
Treinamento 1: intervalos curtos
Corra, pedale, nade, reme, ou faça qualquer outra atividade física, por 2 minutos, e, então, reduza a velocidade por 1 minuto. Repita sete vezes.

Treinamento 2: à sua escolha
Faça qualquer atividade física de que goste, por 30 a 40 minutos.

Treinamento 3: circuito com exercícios de peso corporal
Realize os exercícios em circuito (Tabela 9.2), mas repouse por 45 segundos entre cada um deles, para que possa se recuperar. Se julgar que não precisa de repouso, pode pulá-lo.

Tabela 9.2 Semana 2, treinamento 3

Exercício	S	R	Rp
1. Agachamento em base alternada	4	8	45 s
2. Remada invertida	4	8	45 s
3. Avanço	4	8	45 s
4. Flexão inclinada	4	8	45 s
5. Prancha	4	8	45 s

Corra, pedale, reme, nade, ande, ou faça qualquer outra atividade física, por 15 minutos, em um ritmo que possa suportar.

S = Séries / R = Repetições / Rp = Repouso

SEMANA 3
Treinamento 1: intervalos curtos
Corra, pedale, nade, reme, ou faça qualquer outra atividade física, por 3 minutos, e, então, reduza a velocidade por 1 minuto. Repita seis vezes.

Treinamento 2: à sua escolha
Faça qualquer atividade física de que goste, por 30 a 40 minutos.

Treinamento 3: Circuito com exercícios de peso corporal
Realize os exercícios em circuito (Tabela 9.3), mas repouse por 30 segundos entre cada um deles, para que possa se recuperar.

Tabela 9.3 Semana 3, treinamento 3

Exercício	S	R	Rp
1. Agachamento (peso corporal)	3	8	30 s
2. Remada invertida	3	8	30 s
3. Flexão inclinada	3	8	30 s
4. Agachamento de base alternada	3	8	30 s
5. Avanço	3	8	30 s
6. Prancha	3	8	30 s
7. Super-Homem	3	30 s	30 s
8. Abdominal com pedalada	3	6	30 s

Corra, pedale, reme, nade, ande, ou faça qualquer outra atividade física, por 10 minutos, em um ritmo que possa suportar.

Treinamento 4 (opcional): à sua escolha
Faça qualquer coisa ativa de que goste, por 30 a 40 minutos.

SEMANA 4
Treinamento 1: intervalos curtos
Corra, pedale, nade, reme, ou faça qualquer outra atividade física, por 4 minutos, e, então, reduza a velocidade por 2 minutos. Repita seis vezes.

Treinamento 2: à sua escolha
Faça qualquer atividade física de que goste, por 30 a 40 minutos.

Treinamento 3: circuito com exercícios de peso corporal
Realize os exercícios em circuito (Tabela 9.4), mas repouse por 30 segundos entre cada um deles, para que possa se recuperar.

Tabela 9.4 Semana 4, treinamento 3

Exercício	S	R	Rp
1. Agachamento (peso corporal)	4	8	30 s
2. Remada invertida	4	8	30 s
3. Flexão inclinada	4	8	30 s
4. Agachamento de base alternada	4	8	30 s
5. Avanço	4	8	30 s
6. Prancha	4	8	30 s
7. Super-Homem	4	30 s	30 s
8. Abdominal com pedalada	4	6	30 s

Corra, pedale, reme, nade, ande, ou faça qualquer outra atividade física, por 10 minutos, em um ritmo que possa suportar.

Treinamento 4 (opcional): à sua escolha
Faça qualquer atividade física de que goste, por 30 a 40 minutos.

MÊS 2: observando melhorias

Neste ponto, você deve ter começado a sentir suas roupas ficando largas, e também deve estar com mais energia e começando a se sentir mais em forma. Isso não significa que se exercitar deve ficar mais fácil. Exercícios devem quase sempre parecer difíceis, não importa o quão em forma você esteja. Caso estejam fáceis, você tem que aumentar a carga ou treinar mais forte. A intensidade dos treinamentos aumenta gradualmente, porém se esforce para continuar com eles. Quando o treino se tornar um hábito totalmente desenvolvido, fazê-lo será tão natural quanto arrotar depois de tomar refrigerante.

SEMANA 5
Treinamento 1: intervalos curtos
Corra, pedale, nade, reme, ou faça qualquer outra atividade física, por 5 minutos, e, então, reduza a velocidade por 2 minutos. Repita quatro vezes.

Treinamento 2: à sua escolha
Faça qualquer atividade física de que goste, por 30 a 40 minutos.

Treinamento 3: circuito com exercícios de peso corporal
Realize os exercícios em circuito (Tabela 9.5), mas repouse por 30 segundos entre cada um deles, para que possa se recuperar.

Tabela 9.5   Semana 5, treinamento 3

Exercício	S	R	Rp
1. Agachamento (peso corporal)	4	10	30 s
2. Remada invertida	4	10	30 s
3. Flexão inclinada	4	10	30 s
4. Agachamento de base alternada	4	10	30 s
5. Avanço	4	10	30 s
6. Prancha	4	10	30 s
7. Super-Homem	4	30 s	30 s
8. Abdominal com pedalada	4	10	30 s

Corra, pedale, reme, nade, ande, ou faça qualquer outra atividade física, por 10 minutos, em um ritmo que possa suportar.

Treinamento 4 (opcional): à sua escolha
Faça qualquer atividade física de que goste, como um esporte ou uma corrida, por 30 a 40 minutos.

SEMANA 6
Treinamento 1: intervalos curtos
Corra, pedale, nade, reme, ou faça qualquer outra atividade física, por 8 minutos, e, então, reduza a velocidade por 2 minutos. Repita três vezes.

Treinamento 2: à sua escolha
Faça qualquer atividade física de que goste, por 30 a 40 minutos.

Treinamento 3: circuito com exercícios de peso corporal
Realize os exercícios em circuito (Tabela 9.6), mas repouse por 30 segundos entre cada um deles, para que possa se recuperar.

Tabela 9.6   Semana 6, treinamento 3

Exercício	S	R	Rp
1. Agachamento (peso corporal)	4	12	30 s
2. Remada invertida	4	12	30 s
3. Flexão	4	12	30 s
4. Agachamento de base alternada	4	12	30 s
5. Avanço	4	12	30 s
6. Prancha	4	12	30 s
7. Super-Homem	4	30 s	30 s
8. Abdominal com pedalada	4	12	30 s

Corra, pedale, reme, nade, ande, ou faça qualquer outra atividade física, por 10 minutos, em um ritmo que possa suportar.

Treinamento 4: à sua escolha
Faça qualquer atividade física de que goste, como um esporte ou, até mesmo, uma leve caminhada, por 30 a 40 minutos.

SEMANA 7
Treinamento 1: intervalos curtos
Corra, pedale, nade, reme, ou faça qualquer outra atividade física, por 12 minutos, e, então, reduza a velocidade por 1 minuto. Repita três vezes.

Treinamento 2: à sua escolha
Faça qualquer atividade física de que goste, por 30 a 40 minutos.

Treinamento 3: circuito com exercícios de peso corporal
Realize os exercícios em circuito (Tabela 9.7), mas repouse por 30 segundos entre cada um deles, para que possa se recuperar.

Tabela 9.7 Semana 7, treinamento 3

Exercício	S	R	Rp
1. Agachamento (peso corporal)	4	15	30 s
2. Remada invertida	4	15	30 s
3. Flexão	4	15	30 s
4. Agachamento de base alternada	4	15	30 s
5. Avanço	4	15	30 s
6. Prancha	4	15	30 s
7. Super-Homem	4	30 s	30 s
8. Abdominal com pedalada	4	15	30 s

Corra, pedale, reme, nade, ande, ou faça qualquer outra atividade física, por 10 minutos, em um ritmo que possa suportar.

Treinamento 4: à sua escolha
Faça qualquer atividade física de que goste, como um esporte ou, até mesmo, uma leve caminhada, por 30 a 40 minutos.

SEMANA 8
Treinamento 1: intervalos curtos
Corra, pedale, nade, reme, ou faça qualquer outra atividade física, por 15 minutos, então, reduza a velocidade por 1 minuto, e vá novamente por outros 15 minutos.

Treinamento 2: à sua escolha
Faça qualquer atividade física de que goste, por 30 a 40 minutos.

Treinamento 3: circuito com exercícios de peso corporal
Realize os exercícios em circuito (Tabela 9.8), e não repouse entre eles. Faça uma pausa de recuperação de 2 a 3 minutos cada vez que fizer todos os exercícios.

Tabela 9.8 Semana 8, treinamento 3

Exercício	S	R
1. Agachamento (peso corporal)	4	15
2. Remada invertida	4	15
3. Flexão	4	15
4. Agachamento de base alternada	4	15
5. Avanço	4	15

Exercício	S	R
6. Prancha	4	15
7. Super-Homem	4	30 s
8. Abdominal com pedalada	4	15

Corra, pedale, reme, nade, ande, ou faça qualquer outra atividade física, por 10 minutos, em um ritmo que possa suportar.

Treinamento 4: à sua escolha
Faça qualquer atividade física de que goste, como um esporte ou, até mesmo, uma leve caminhada, por 30 a 40 minutos.

MÊS 3: fazendo de tudo para emagrecer

Agora, você tem uma bela quantidade de exercícios físicos no histórico. Se também tiver ajustado seu plano alimentar (vide o Capítulo 2), você, com certeza, terá emagrecido e estará com uma autoestima mais alta. Aviso: a maioria das pessoas desiste neste estágio, que é justamente quando podem obter os ganhos mais visíveis. O simples aumento da intensidade dos seus treinamentos pode render uma melhora acentuada no seu condicionamento físico básico. Caso tenha dificuldades para se manter motivado, volte ao Capítulo 1, para garantir que não irá pular fora e retornar à sua forma antiga. Curta seus treinamentos e comece a pesquisar academias ou halteres – esse é o último mês de treinamentos sem academia.

SEMANA 9
Treinamento 1: exercício cardiovascular contínuo
Corra, pedale, nade, reme, ou faça qualquer outra atividade física, por 30 minutos sem pausas.

Treinamento 2: à sua escolha
Faça qualquer atividade física de que goste, por 30 a 40 minutos.

Treinamento 3: circuito com exercícios de peso corporal
Realize os exercícios em circuito (Tabela 9.9), e não repouse entre eles. Faça uma pausa de

recuperação de 2 a 3 minutos cada vez que fizer todos os exercícios.

Tabela 9.9 Semana 9, treinamento 3

Exercício	S	R
1. Avanço (peso corporal)	4	15
2. Flexão	4	15
3. Agachamento	4	15
4. Remada invertida	4	15
5. Avanço	4	15
6. Prancha com flexão	4	15
7. Pêndulo	4	30 s
8. *Knee tuck*	4	15

Corra, pedale, reme, nade, ande, ou faça qualquer outra atividade física, por 10 minutos, em um ritmo que possa suportar.

Treinamento 4: treino intervalado

1. Aqueça com um exercício de sua escolha por 5 minutos.
2. Corra (ou faça uma atividade à sua escolha) por 20 segundos, e, então, reduza a velocidade por 40 segundos. Repita 15 vezes.
3. Desaqueça por 5 a 10 minutos.

SEMANA 10

Treinamento 1: circuito com exercícios de peso corporal 1

Realize os exercícios em circuito (Tabela 9.10) e não repouse entre eles. Faça uma pausa de recuperação de 2 a 3 minutos cada vez que fizer todos os exercícios.

Tabela 9.10 Semana 10, treinamento 1

Exercício	S	R
1. Agachamento (peso corporal)	4	12
2. Remada invertida	4	12
3. Flexão	4	12
4. Agachamento de base alternada	4	12
5. Avanço	4	12
6. Prancha	4	12
7. Super-Homem	4	30 s
8. Abdominais com pedalada	4	12

Corra, pedale, reme, nade, ande, ou faça qualquer outra atividade física, por 10 minutos, em um ritmo que possa suportar.

Treinamento 2: à sua escolha

Faça qualquer atividade física de que goste, por 30 a 40 minutos.

Treinamento 3: circuito com exercícios de peso corporal 2

Realize os exercícios em circuito (Tabela 9.11), e não repouse entre eles. Faça uma pausa de recuperação de 2 a 3 minutos cada vez que fizer todos os exercícios.

Tabela 9.11 Semana 10, Treinamento 3

Exercício	S	R
1. Avanço (peso corporal)	4	15
2. Flexão	4	15
3. Agachamento	4	15
4. Remada invertida	4	15
5. Avanço	4	15
6. Prancha com flexão	4	15
7. Pêndulo	4	30 s
8. *Knee tuck*	4	15

Corra, pedale, reme, nade, ande, ou faça qualquer outra atividade física, por 10 minutos, em um ritmo que possa suportar.

Treinamento 4: treino intervalado

1. Aqueça com uma atividade à sua escolha por 5 minutos.
2. Corra (ou faça uma atividade à sua escolha) por 10 segundos, e, então, reduza a velocidade durante 20 segundos. Repita três vezes. Após cada sessão, aumente o tempo de aceleração em 10 segundos, até que esteja acelerando por 40 segundos e tenha aumentado o repouso para 60 segundos.
3. Inverta o procedimento e reduza os tempos de aceleração e de recuperação em 10 segundos, até que você dê uma última acelerada de 10 segundos.
4. Desaqueça em ritmo lento por 5 a 10 minutos.

SEMANA 11

Treinamento 1: circuito com exercícios de peso corporal 1

Realize os exercícios em circuito (Tabela 9.12), e não repouse entre eles. Faça uma pausa de recuperação de 2 a 3 minutos cada vez que fizer todos os exercícios.

Tabela 9.12 Semana 11, treinamento 1

Exercício	S	R
1. Agachamento (peso corporal)	4	15
2. Remada invertida	4	15
3. Flexão	4	15
4. Agachamento de base alternada	4	15
5. Avanço	4	15
6. Prancha	4	15
7. Super-Homem	4	60 s
8. Abdominais com pedalada	4	15

Corra, pedale, reme, nade, ande, ou faça qualquer outra atividade física, por 10 minutos, em um ritmo que possa suportar.

Treinamento 2: à sua escolha

Faça qualquer atividade física de que goste, por 30 a 40 minutos.

Treinamento 3: circuito com exercícios de peso corporal 2

Realize os exercícios em circuito (Tabela 9.13), e não repouse entre eles. Faça uma pausa de recuperação de 2 a 3 minutos cada vez que fizer todos os exercícios.

Tabela 9.13 Semana 11, treinamento 3

Exercício	S	R
1. Avanço (peso corporal)	4	20
2. Flexão	4	20
3. Agachamento	4	20
4. Remada invertida	4	20
5. Avanço	4	20
6. Prancha com flexão	4	20
7. Pêndulo	4	60 s
8. *Knee tuck*	4	20

Corra, pedale, reme, nade, ande, ou faça qualquer outra atividade física, por 10 minutos, em um ritmo que possa suportar.

Treinamento 4: treino intervalado

1. Aqueça com uma atividade de sua escolha por 5 minutos.
2. Defina uma pista que tenha, aproximadamente, 50-60 metros de comprimento. Ajuste um cronômetro e corra de um lado a outro nessa distância quantas vezes puder em 1 minuto. Ande por 1 minuto e vá novamente. Repita dez vezes, para completar o seu dia de treinamento.

SEMANA 12

Treinamento 1: circuito com exercícios de peso corporal 1

Realize os exercícios em circuito (Tabela 9.14), e não repouse entre eles. Faça uma pausa de recuperação de 2 a 3 minutos cada vez que fizer todos os exercícios.

Tabela 9.14 Semana 12, treinamento 1

Exercício	S	R
1. Agachamento (peso corporal)	5	15
2. Remada invertida	5	15
3. Flexão	5	15
4. Agachamento de base alternada	5	15
5. Avanço	5	15
6. Prancha	5	15
7. Super-Homem	5	60 s
8. Abdominal com pedalada	5	15

Corra, pedale, reme, nade, ande, ou faça qualquer outra atividade física, por 10 minutos, em um ritmo que possa suportar.

Treinamento 2: à sua escolha

Faça qualquer atividade física de que goste, por 30 a 40 minutos.

Treinamento 3: circuito com exercícios de peso corporal 2

Realize os exercícios em circuito (Tabela 9.15), e não repouse entre eles. Faça uma pausa de recuperação de 2 a 3 minutos a cada vez que fizer todos os exercícios.

Tabela 9.15 Semana 12, treinamento 3

Exercício	S	R
1. Avanço (peso corporal)	5	20
2. Flexão	5	20
3. Agachamento	5	20
4. Remada invertida	5	20
5. Avanço	5	20
6. Prancha com flexão	5	20
7. Pêndulo	5	60 s
8. *Knee tuck*	5	20

Corra, pedale, reme, nade, ande, ou faça qualquer outra atividade física, por 10 minutos, em um ritmo que possa suportar.

Treinamento 4: treino intervalado
1. Aqueça com uma atividade de sua escolha por 5 minutos.
2. Corra (ou faça uma atividade à sua escolha) por 10 segundos, e, então, reduza a velocidade durante 20 segundos. Repita dez vezes.
3. Corra (ou faça uma atividade à sua escolha) por 20 segundos, e, então, reduza a velocidade durante 40 segundos. Repita dez vezes.
4. Desaqueça em ritmo lento por 5 a 10 minutos.

MÊS 4: parabéns

Caso tenha ficado firme até aqui, cumprimente-se com um tapinha nas costas – dessa vez você conseguirá alcançá-la. O terceiro mês é como uma quarta-feira: quando você consegue superá-la, fica tudo mais tranquilo em direção ao fim de semana. Neste momento, exercitar-se já deve parecer um hábito. Uma pesquisa publicada no *European Journal of Social Psychology* (Lally et al., 2010) descobriu que demorava, em média, cerca de 66 dias para algo se tornar rotineiro. Por volta do mês 3, é seguro afirmar que você formou um hábito muito saudável. Os pesquisadores também notaram que uma ausência ocasional não reduzia as chances de criar um hábito, portanto não se sinta culpado caso a vida o obrigue a fazer outra

coisa de vez em quando. Agora que o exercício já é um hábito, você pode se matricular em uma academia confiante de que irá usá-la. Alguns dos treinamentos deste mês incluem exercícios de levantamento de peso. Você pode continuar com os movimentos de peso corporal, contudo, terá que descobrir maneiras de torná-los mais difíceis, por exemplo, vestindo colete lastrado (com pesos) ou uma mala com algumas edições das páginas amarelas. Percebe um padrão? Durante os próximos três meses, você passará a incluir cada vez mais os métodos para exercícios de alta intensidade que são utilizados pelos mais experientes. Isso permite que você desafie constantemente o seu corpo, e o force a queimar mais calorias e produzir mais músculos. Respire fundo. Você pode precisar.

SEMANA 13
Treinamento 1: circuito com pesos livres 1
Realize os exercícios em circuito (Tabela 9.16), e não repouse entre eles. Faça uma pausa de recuperação de 2 a 3 minutos cada vez que fizer todos os exercícios.

Tabela 9.16 Semana 13, Treinamento 1

Exercício	S	R
1. Agachamento (barra)	3	10
2. Supino reto com halteres	3	10
3. Remada curvada com halteres	3	10
4. Levantamento terra com halteres	3	10
5. Elevação de pernas em suspensão	3	10

Corra, pedale, reme, nade, ou faça qualquer outra atividade física, por 30 segundos, e, então, reduza a velocidade por outros 30 segundos. Repita cinco vezes.

Treinamento 2: à sua escolha
Faça qualquer atividade física de que goste, por 30 a 40 minutos. Agora, é a hora de aumentar a intensidade e a variedade daquilo que está fazendo. Caso tenha entrado para uma academia, experimente fazer aulas de boxe, *spinning* ou pilates. Hábitos são bons, mas não devem impedir você de explorar diferentes maneiras de trabalhar seu corpo.

Treinamento 3: circuito com pesos livres 2

Realize os exercícios em circuito (Tabela 9.17), e não repouse entre eles. Faça uma pausa de recuperação de 2 a 3 minutos cada vez que fizer todos os exercícios.

Tabela 9.17 Semana 13, treinamento 3

Exercício	S	R
1. *Power clean*	4	8
2. *Leg press*	4	8
3. Mergulho nas barras paralelas	4	8
4. *Face pull*	4	8
5. *Rollouts*	4	8

Corra, pedale, reme, nade, ou faça qualquer outra atividade física, por 15 segundos, e, então, reduza a velocidade por outros 15 segundos. Alterne por 10 minutos.

Treinamento 4: treino intervalado

1. Aqueça com uma atividade de sua escolha por 5 minutos.
2. Corra (ou faça a atividade à sua escolha) por 15 segundos, e, então, reduza a velocidade durante 30 segundos. Repita vinte vezes.
3. Desaqueça por 5 a 10 minutos.

SEMANA 14

Treinamento 1: circuito com pesos livres 1

Realize os exercícios em circuito (Tabela 9.18), e não repouse entre eles. Faça uma pausa de recuperação de 2 a 3 minutos cada vez que fizer todos os exercícios.

Tabela 9.18 Semana 14, Treinamento 1

Exercício	S	R
1. Agachamento (barra)	3	12
2. Supino reto com halteres	3	12
3. Remada curvada com halteres	3	12
4. Levantamento terra com halteres	3	12
5. Elevação de pernas em suspensão	3	12

Corra, pedale, reme, nade, ou faça qualquer outra atividade física, por 30 segundos, e, então reduza, a velocidade por outros 30 segundos. Repita cinco vezes.

Treinamento 2: à sua escolha

Faça qualquer atividade física de que goste, por 30 a 40 minutos, ou participe de uma aula de ginástica na academia.

Treinamento 3: circuito com pesos livres 2

Realize os exercícios em circuito (Tabela 9.19), e não repouse entre eles. Faça uma pausa de recuperação de 2 a 3 minutos cada vez que fizer todos os exercícios.

Tabela 9.19 Semana 14, treinamento 3

Exercício	S	R
1. *Power clean*	4	10
2. *Leg press*	4	10
3. Mergulho nas barras paralelas	4	10
4. *Face pull*	4	10
5. *Rollouts*	4	10

Corra, pedale, reme, nade, ou faça qualquer outra atividade física, por 15 segundos, e, então, reduza a velocidade por outros 15 segundos. Alterne por 10 minutos.

Treinamento 4: treino intervalado

1. Aqueça com uma atividade de sua escolha por 5 minutos.
2. Ache um morro de, aproximadamente, 50-60 metros de comprimento, se estiver correndo, ou 100-200 metros, caso esteja pedalando. Se estiver em um aparelho de remo ou num elíptico, coloque a resistência no máximo. Caso esteja em uma piscina, nade com hidro-halteres. Comece na base do morro e corra até o topo. Ande de volta à base lentamente. Faça isso sete ou oito vezes.
3. Desaqueça com uma caminhada lenta por 5 a 10 minutos.

SEMANA 15

Treinamento 1: circuito com pesos livres 1

Realize os exercícios em circuito (Tabela 9.20), e não repouse entre eles. Faça uma pausa de recuperação de 2 a 3 minutos cada vez que fizer todos os exercícios.

Tabela 9.20 Semana 15, treinamento 1

Exercício	S	R
1. Agachamento (barra)	4	15
2. Supino reto com halteres	4	15
3. Remada curvada com halteres	4	15
4. Levantamento terra com halteres	4	15
5. Elevação de pernas em suspensão	4	15

Corra, pedale, reme, nade, ou faça qualquer outra atividade física, por 10 segundos, e, então, reduza a velocidade por outros 10 segundos. Repita entre 10 e 15 vezes.

Treinamento 2: à sua escolha

Faça qualquer atividade física de que goste, por 30 a 40 minutos, ou participe de uma aula de ginástica na academia.

Treinamento 3: circuito com pesos livres 2

Realize os exercícios em circuito (Tabela 9.21), e não repouse entre eles. Faça uma pausa de recuperação de 2 a 3 minutos cada vez que fizer todos os exercícios.

Tabela 9.21 Semana 15, treinamento 3

Exercício	S	R
1. *Power clean*	4	15
2. *Leg press*	4	15
3. Mergulho nas barras paralelas	4	15
4. *Face pull*	4	15
5. *Rollouts*	4	15

Corra, pedale, reme, nade, ou faça qualquer outra atividade física, por 7 segundos, e, então, reduza a velocidade por 20 segundos. Alterne por 12 minutos.

Treinamento 4: treino intervalado

1. Aqueça por 5 minutos com uma atividade de sua escolha.
2. Ande em ritmo rápido por 2 minutos, e, em seguida, reduza a velocidade por outros 2 minutos. Independentemente da atividade que tenha escolhido, repita sete vezes.
3. Desaqueça com uma lenta caminhada de 5 a 10 minutos.

SEMANA 16

Treinamento 1: circuito com pesos livres 1

Realize os exercícios em circuito (Tabela 9.22), e não repouse entre eles. Faça uma pausa de recuperação de 2 a 3 minutos cada vez que fizer todos os exercícios.

Tabela 9.22 Semana 16, treinamento 1

Exercício	S	R
1. Agachamento (barra)	4	15
2. Supino reto com halteres	4	15
3. Remada curvada com halteres	4	15
4. Levantamento terra com halteres	4	15
5. Elevação de pernas em suspensão	4	15

Corra, pedale, reme, nade, ou faça qualquer outra atividade física, por 30 segundos, e, então, reduza a velocidade por outros 30 segundos. Repita cinco vezes.

Treinamento 2: à sua escolha

Faça qualquer atividade física de que goste, por 30 a 40 minutos, ou participe de uma aula de ginástica na academia.

Treinamento 3: circuito com pesos livres 2

Realize os exercícios em circuito (Tabela 9.23), e não repouse entre eles. Faça uma pausa de recuperação de 2 a 3 minutos cada vez que fizer todos os exercícios.

Tabela 9.23 Semana 16, treinamento 3

Exercício	S	R
1. *Power clean*	4	15
2. *Leg press*	4	15
3. Mergulho nas barras paralelas	4	15
4. *Face pull*	4	15
5. *Rollouts*	4	15

Corra, pedale, reme, nade, ou faça qualquer outra atividade física, por 15 segundos, e, então, reduza a velocidade por outros 15 segundos. Alterne por 10 minutos.

Treinamento 4: treino intervalado

1. Aqueça com uma atividade de sua escolha por 5 minutos.
2. Corra (ou faça a atividade à sua escolha) por 15 segundos, e, então, reduza a velocidade durante 30 segundos. Repita vinte vezes.
3. Desaqueça por 5 a 10 minutos.

MÊS 5: levando a sério

Se você resistiu até agora, provavelmente, alterou treinamentos, períodos de repouso e dias livres, com base na sua experiência pessoal que acumulou ao longo do caminho. Isso é esperado. Quando você conversa com pessoas que têm ideias parecidas com as suas, elas sempre estão dispostas para compartilhar dicas e truques para que você possa melhorar. Neste ponto, uma coisa é certa: você está diferente e, com certeza, está ganhando elogios, com sorte do sexo oposto. Agora que está se acostumando com seu novo eu, você pode afirmar categoricamente que não é mais um iniciante. Você tem força, está emagrecendo e está extremamente mais em forma e saudável por dentro e por fora.

Neste próximo passo, você seguirá um programa um pouco mais controlado. Talvez tenha notado que está emagrecendo menos. O peso desaparece durante os primeiros dois a três meses, porém, depois disso, cada quilo perdido pode parecer uma pequena vitória. Para encontrar um motivo de celebração, comece a levar a sério o desenvolvimento muscular e a perda de gordura passando a fazer três sessões de academia por semana. Não é muito, e as sessões não devem levar mais do que 40 a 60 minutos cada uma. O cronograma perfeito seria fazê-las na segunda, na quarta e na sexta-feira – isso coloca um dia de repouso entre cada uma. Porém, se sua agenda não permite, realize-as quando puder. Você utilizará os mesmos exercícios durante todo o mês, pois eles trabalham uma quantidade enorme de fibras musculares; isso irá preparar os seus músculos para experimentar novos movimentos no mês posterior. Se puder se comprometer com três dias de academia por semana você irá acelerar a sua queima de gordura. Prepare-se para o mês mais difícil e bem-sucedido que houve até agora.

SEMANA 17

Treinamento 1: circuito com pesos livres 1

Realize os exercícios de cada tri-set (Tabela 9.24) consecutivamente, sem repouso. Faça uma pausa de recuperação de 1 ou 2 minutos após terminar cada uma das tri-sets. Sempre utilize a maior carga possível.

Tabela 9.24   Semana 17, treinamento 1

Exercício	S	R
Tri-set 1		
1. Power clean	3	5
2. Supino inclinado com halteres	3	5
3. Elevação nas pontas dos pés	3	5
Tri-set 2		
4. Barra fixa com pegada pronada	3	5
5. Agachamento (barra)	3	5
6. Tríceps pulley com corda	3	5
Tri-set 3		
7. Extensão de tronco	3	5
8. Rosca martelo	3	5
9. Elevação de pernas	3	5

Corra, pedale, reme, nade, ou faça qualquer outra atividade física, durante 10 segundos, e, depois, reduza a velocidade por 20 segundos. Alterne por 10 a 15 minutos.

Treinamento 2: circuito com pesos livres 2

Realize os exercícios de cada tri-set (Tabela 9.25) consecutivamente, sem repouso. Esta sessão serve para ajudá-lo a se recuperar, portanto, reduza as cargas. É melhor pegar leve e terminar todas as repetições do que pegar pesado e não aguentar. Faça uma pausa de recuperação de 1 a 2 minutos para respirar após terminar cada uma das tri-sets.

Tabela 9.25 Semana 17, treinamento 2

Exercício	S	R
Tri-set 1		
1. *Power clean*	3	15
2. Supino inclinado com halteres	3	15
3. Elevação nas pontas dos pés	3	15
Tri-set 2		
4. Barra fixa com pegada pronada	3	15
5. Agachamento (barra)	3	15
6. Tríceps *pulley* com corda	3	15
Tri-set 3		
7. Extensão de tronco	3	15
8. Rosca martelo	3	15
9. Elevação de pernas	3	15

Corra, pedale, reme, nade, ou faça qualquer outra atividade física, durante 20 segundos, e, depois, reduza a velocidade por 40 segundos. Alterne por 10 a 15 minutos.

Treinamento 3: circuito com pesos livres 3

Realize os exercícios de cada tri-set (Tabela 9.26) consecutivamente, sem repouso. Não utilize cargas que o façam falhar na décima repetição. Em vez disso, pegue leve para que possa fazer as séries rapidamente e sair da academia em 1 hora. Faça uma pausa de recuperação de 1 ou 2 minutos após terminar cada uma das tri-sets.

Tabela 9.26 Semana 17, treinamento 3

Exercício	S	R
Tri-set 1		
1. *Power clean*	4	10
2. Supino inclinado com halteres	4	10
3. Elevação nas pontas dos pés	4	10
Tri-set 2		
4. Barra fixa com pegada pronada	4	10
5. Agachamento (barra)	4	10
6. Tríceps *pulley* com corda	4	10
Tri-set 3		
7. Extensão de tronco	4	10
8. Rosca martelo	4	10
9. Elevação de pernas	4	10

Corra, pedale, reme, nade ou faça qualquer coisa similar, durante 30 segundos, e, depois, reduza a velocidade por 60 segundos. Alterne por 10 a 15 minutos.

Treinamento 4: à sua escolha

Faça qualquer atividade física de que goste, por 30 a 40 minutos ou participe de uma aula de ginástica na academia.

Treinamento 5: exercício cardiovascular contínuo

Corra, pedale ou nade por 20 minutos.

SEMANA 18

Treinamento 1: circuito com pesos livres 1

Realize os exercícios de cada tri-set (Tabela 9.27) consecutivamente, sem repouso. Faça uma pausa de recuperação de 1 ou 2 minutos após terminar cada uma das tri-sets.

Tabela 9.27 Semana 18, treinamento 1

Exercício	S	R
Tri-set 1		
1. *Power clean*	3	5
2. Supino inclinado com halteres	3	5
3. Elevação nas pontas dos pés	3	5
Tri-set 2		
4. Barra fixa com pegada pronada	3	5
5. Agachamento (barra)	3	5
6. Tríceps *pulley* com corda	3	5
Tri-set 3		
7. Extensão de tronco	3	5
8. Rosca martelo	3	5
9. Elevação de pernas	3	5

Corra, pedale, reme, nade, ou faça qualquer outra atividade física, durante 10 segundos, e, depois, reduza a velocidade por 20 segundos. Alterne por 10 a 15 minutos.

Treinamento 2: circuito com pesos livres 2

Realize os exercícios de cada tri-set (Tabela 9.28) consecutivamente, sem repouso. Essa sessão serve para ajudá-lo a se recuperar, portanto, reduza as cargas. É melhor pegar leve e terminar todas as repetições do que pegar

Preparação física para homens

pesado e não aguentar. Faça uma pausa de recuperação de 1 ou 2 minutos após terminar cada uma das tri-sets.

Tabela 9.28 Semana 18, treinamento 2

Exercício	S	R
Tri-set 1		
1. *Power clean*	3	15
2. Supino inclinado com halteres	3	15
3. Elevação nas pontas dos pés	3	15
Tri-set 2		
4. Barra fixa com pegada pronada	3	15
5. Agachamento (barra)	3	15
6. Tríceps *pulley* com corda	3	15
Tri-set 3		
7. Extensão de tronco	3	15
8. Rosca martelo	3	15
9. Elevação de pernas	3	15

Corra, pedale, reme, nade, ou faça qualquer outra atividade física, durante 20 segundos, e, depois, reduza a velocidade por 40 segundos. Alterne por 10 a 15 minutos.

Treinamento 3: circuito com pesos livres 3

Realize os exercícios de cada tri-set (Tabela 9.29) consecutivamente, sem repouso. Não utilize cargas que o façam falhar na décima repetição. Em vez disso, pegue leve, para que possa fazer as séries rapidamente e sair da academia em 1 hora. Faça uma pausa de recuperação de 1 ou 2 minutos após terminar cada uma das tri-sets.

Tabela 9.29 Semana 18, treinamento 3

Exercício	S	R
Tri-set 1		
1. *Power clean*	4	10
2. Supino inclinado com halteres	4	10
3. Elevação nas pontas dos pés	4	10
Tri-set 2		
4. Barra fixa com pegada pronada	4	10
5. Agachamento (barra)	4	10
6. Tríceps *pulley* com corda	4	10

Exercício	S	R
Tri-set 3		
7. Extensão de tronco	4	10
8. Rosca martelo	4	10
9. Elevação de pernas	4	10

Corra, pedale, reme, nade, ou faça qualquer outra atividade física, durante 30 segundos, e, depois, reduza a velocidade por 60 segundos. Alterne por 10 a 15 minutos.

Treinamento 4: à sua escolha

Faça qualquer atividade física de que goste, por 30 a 40 minutos, ou participe de uma aula de ginástica na academia.

Treinamento 5: aula de baixa intensidade

Participe de uma aula relativamente tranquila, como ioga, ou faça um alongamento completo que dure de 10 a 15 minutos.

SEMANA 19

Treinamento 1: circuito com pesos livres 1

Realize os exercícios de cada tri-set (Tabela 9.30) consecutivamente, sem repouso. Faça uma pausa de recuperação de 1 ou 2 minutos após terminar cada uma das tri-sets.

Tabela 9.30 Semana 19, treinamento 1

Exercício	S	R
Tri-set 1		
1. *Power clean*	3	5
2. Supino inclinado com halteres	3	5
3. Elevação nas pontas dos pés	3	5
Tri-set 2		
4. Barra fixa com pegada pronada	3	5
5. Agachamento (barra)	3	5
6. Tríceps *pulley* com corda	3	5
Tri-set 3		
7. Extensão de tronco	3	5
8. Rosca martelo	3	5
9. Elevação de pernas	3	5

Corra, pedale, reme, nade, ou faça qualquer outra atividade física, durante 10 segundos, e, depois, reduza a velocidade por 20 segundos. Alterne por 10 a 15 minutos.

Treinamento 2: circuito com pesos livres 2

Realize os exercícios de cada tri-set (Tabela 9.31) consecutivamente, sem repouso. Esta sessão serve para ajudá-lo a se recuperar, portanto, reduza as cargas. É melhor pegar leve e terminar todas as repetições do que pegar pesado e não aguentar. Faça uma pausa de recuperação de 1 ou 2 minutos após terminar cada uma das tri-sets.

Tabela 9.31   Semana 19, treinamento 2

Exercício	S	R
Tri-set 1		
1. *Power clean*	3	15
2. Supino inclinado com halteres	3	15
3. Elevação nas pontas dos pés	3	15
Tri-set 2		
4. Barra fixa com pegada pronada	3	15
5. Agachamento (barra)	3	15
6. Tríceps *pulley* com corda	3	15
Tri-set 3		
7. Extensão de tronco	3	15
8. Rosca martelo	3	15
9. Elevação de pernas	3	15

Corra, pedale, reme, nade, ou faça qualquer outra atividade física, durante 20 segundos, e, depois, reduza a velocidade por 40 segundos. Alterne por 10 a 15 minutos.

Treinamento 3: circuito com pesos livres 3

Realize os exercícios de cada tri-set (Tabela 9.32) consecutivamente, sem repouso. Não utilize cargas que o façam falhar na décima repetição. Em vez disso, pegue leve, para que possa fazer as séries rapidamente e sair da academia em 1 hora. Faça uma pausa de recuperação de 1 ou 2 minutos ao terminar cada uma das tri-sets.

Tabela 9.32   Semana 19, treinamento 3

Exercício	S	R
Tri-set 1		
1. *Power clean*	4	10
2. Supino inclinado com halteres	4	10
3. Elevação nas pontas dos pés	4	10

Exercício	S	R
Tri-set 2		
4. Barra fixa com pegada pronada	4	10
5. Agachamento (barra)	4	10
6. Tríceps *pulley* com corda	4	10
Tri-set 3		
7. Extensão de tronco	4	10
8. Rosca martelo	4	10
9. Elevação de pernas	4	10

Corra, pedale, reme, nade, ou faça qualquer outra atividade física, durante 30 segundos, e, depois, reduza a velocidade por 60 segundos. Alterne por 10 a 15 minutos.

Treinamento 4: à sua escolha

Faça qualquer atividade física de que goste, por 30 a 40 minutos, ou participe de uma aula de ginástica na academia.

Treinamento 5: longa caminhada

Caminhe por, pelo menos, 30 minutos.

SEMANA 20
Treinamento 1: circuito com pesos livres 1

Realize os exercícios de cada tri-set (Tabela 9.33) consecutivamente, sem repouso. Faça uma pausa de recuperação de 1 ou 2 minutos após terminar cada uma das tri-sets.

Tabela 9.33   Semana 20, treinamento 1

Exercício	S	R
Tri-set 1		
1. *Power clean*	3	5
2. Supino inclinado com halteres	3	5
3. Elevação nas pontas dos pés	3	5
Tri-set 2		
4. Barra fixa com pegada pronada	3	5
5. Agachamento (barra)	3	5
6. Tríceps *pulley* com corda	3	5
Tri-set 3		
7. Extensão de tronco	3	5
8. Rosca martelo	3	5
9. Elevação de pernas	3	5

Corra, pedale, reme, nade, ou faça qualquer outra atividade física, durante 10 segundos, e, depois, reduza a velocidade por 20 segundos. Alterne por 10 a 15 minutos.

Treinamento 2: circuito com pesos livres 2

Realize os exercícios de cada tri-set (Tabela 9.34) consecutivamente, sem repouso. Esta sessão serve para ajudá-lo a se recuperar, portanto, reduza as cargas. É melhor pegar leve e terminar todas as repetições do que pegar pesado e não aguentar. Faça uma pausa de recuperação de 1 ou 2 minutos após terminar cada uma das tri-sets.

Tabela 9.34   Semana 20, treinamento 2

Exercício	S	R
Tri-set 1		
1. *Power clean*	3	15
2. Supino inclinado com halteres	3	15
3. Elevação nas pontas dos pés	3	15
Tri-set 2		
4. Barra fixa com pegada pronada	3	15
5. Agachamento (barra)	3	15
6. Tríceps *pulley* com corda	3	15
Tri-set 3		
7. Extensão de tronco	3	15
8. Rosca martelo	3	15
9. Elevação de pernas	3	15

Corra, pedale, reme, nade, ou faça qualquer outra atividade física, durante 20 segundos, e, depois, reduza a velocidade por 40 segundos. Alterne por 10 a 15 minutos.

Treinamento 3: circuito com pesos livres 3

Realize os exercícios de cada tri-set (Tabela 9.35) consecutivamente, sem repouso. Não utilize cargas que o façam falhar na décima repetição. Em vez disso, pegue leve para que possa fazer as séries rapidamente e sair da academia em 1 hora. Faça uma pausa de recuperação de 1 ou 2 minutos após terminar cada uma das tri-sets.

Tabela 9.35   Semana 20, treinamento 3

Exercício	S	R
Tri-set 1		
1. *Power clean*	4	10
2. Supino inclinado com halteres	4	10
3. Elevação nas pontas dos pés	4	10
Tri-set 2		
4. Barra fixa com pegada pronada	4	10
5. Agachamento (barra)	4	10
6. Tríceps *pulley* com corda	4	10
Tri-set 3		
7. Extensão de tronco	4	10
8. Rosca martelo	4	10
9. Elevação de pernas	4	10

Corra, pedale, reme, nade, ou faça qualquer outra atividade física, durante 30 segundos, e, depois, reduza a velocidade por 60 segundos. Alterne por 10 a 15 minutos.

Treinamento 4: à sua escolha

Faça qualquer atividade física de que goste, por 30 a 40 minutos, ou participe de uma aula de ginástica na academia.

Treinamento 5: exercício cardiovascular contínuo

Corra, pedale ou nade por 20 minutos.

MÊS 6: você está quase lá

Seu corpo e sua mente agora estão prontos para utilizar uma combinação das técnicas mais efetivas. Se achar esse cronograma muito frenético e se ele interferir na sua felicidade usual em se exercitar, mude-o. O fato de poder fazer alguma coisa não significa que você precisa fazê-lo. Você sempre pode mudar, voltar aos circuitos com exercícios de peso corporal e às atividades que você adora fazer, como um esporte ou, simplesmente, andar com seu cachorro. Porém, se quiser melhorar um pouco mais seus resultados, mergulhe neste último mês com todo seu entusiasmo. Então, parta para o plano delineado neste livro especializado em remover aqueles últimos quilos de gordura que cobrem seu abdome.

SEMANA 21

Treinamento 1: circuito de levantamento de peso

Realize os exercícios (Tabela 9.36) consecutivamente, sem repouso; então, faça uma pausa de 1 ou 2 minutos após terminar o circuito. Prepare as estações antes de começar, para minimizar a perda de tempo entre as séries.

Tabela 9.36 Semana 21, treinamento 1

Exercício	S	R
1. Agachamento	4	12
2. Mergulho nas barras paralelas	4	12
3. Barra fixa com pegada pronada	4	12
4. Bom-dia	4	12
5. Desenvolvimento sentado com halteres	4	12
6. Supino com pegada fechada	4	12
7. Prancha lateral	4	60 s

Treinamento 2: treinamento de alta intensidade

O treino de alta intensidade difere do treino intervalado no fato de que você deve deixar sair tudo o que tem dentro de você e treinar como se não houvesse amanhã.

1. Aqueça por 5 minutos. Ache uma pista ou gramado em que possa correr para cima e para baixo.
2. Corra o máximo que puder durante 10 segundos e, em seguida, ande ou trote por 50 segundos. Repita de 10 a 15 vezes.
3. Desaqueça com um trote de 10 minutos.

Treinamento 3: cardioaceleração

Faça a parte cardio deste treinamento (Tabela 9.37) com qualquer equipamento disponível. Realize os exercícios em sequência, como um circuito, e, quando completar, repita-os. Você pode até fazer este treino quando for correr ou pedalar, caso prefira treinar ao ar livre.

Tabela 9.37 Semana 21, treinamento 3

Exercício	S	R
1. Agachamento (peso corporal) Corra ou pedale devagar por 60 segundos	4	10
2. Flexão Corra ou pedale devagar por 60 segundos	4	10
3. Avanço (peso corporal) Corra ou pedale devagar por 60 segundos	4	10
4. Mergulho nas barras paralelas Corra ou pedale devagar por 60 segundos	4	10
5. Mergulho no banco Corra ou pedale devagar por 60 segundos	4	10
6. Pêndulo Corra ou pedale devagar por 60 segundos	4	10
7. Elevação de pernas Corra ou pedale devagar por 60 segundos	4	10

Treinamento 4: treino de resistência

Corra, pedale, nade, reme, ou faça qualquer outra atividade física, por, pelo menos, 35 minutos. Você pode, até mesmo, fazer 5 ou 10 minutos de cada atividade, para conseguir um preparo variado e desafiar todos os seus músculos.

Treinamento 5: à sua escolha

Faça qualquer atividade física de que goste, por 30 a 40 minutos, ou participe de uma aula de ginástica na academia.

SEMANA 22

Treinamento 1: circuito de levantamento de peso

Realize os exercícios de maneira consecutiva, sem repouso; então, faça uma pausa de recuperação de 1 ou 2 minutos após terminar o circuito (Tabela 9.38). Prepare as estações antes de começar para minimizar a perda de tempo entre as séries.

Tabela 9.38 Semana 22, treinamento 1

Exercício	S	R
1. Agachamento	4	12
2. Mergulho nas barras paralelas	4	12
3. Barra fixa com pegada pronada	4	12
4. Bom-dia	4	12
5. Desenvolvimento sentado com halteres	4	12
6. Supino com pegada fechada	4	12
7. Prancha lateral	4	60 s

Treinamento 2: treinamento de alta intensidade

O treino de alta intensidade difere do treino intervalado no fato de que você deve deixar sair tudo o que tem dentro de você e treinar como se não houvesse amanhã.

1. Aqueça por 5 minutos no aparelho de remada.
2. Coloque a resistência no máximo. Acelere o máximo que puder durante 10 segundos, e, em seguida, reme devagar por 50 segundos. Repita de 10 a 15 vezes.
3. Desaqueça com uma pedalada de 10 minutos na bicicleta ergométrica.

Treinamento 3: cardioaceleração

Faça a parte cardio deste treinamento (Tabela 9.39) com qualquer equipamento disponível. Realize os exercícios em sequência, como um circuito, e, quando completar, repita-os. Você pode até fazer este treino quando for correr ou pedalar, caso prefira treinar ao ar livre.

Tabela 9.39 Semana 22, treinamento 3

Exercício	S	R
1. Agachamento (peso corporal) Corra ou pedale devagar por 60 segundos	4	10
2. Flexão Corra ou pedale devagar por 60 segundos	4	10
3. Avanço (peso corporal) Corra ou pedale devagar por 60 segundos	4	10
4. Mergulho nas barras paralelas Corra ou pedale devagar por 60 segundos	4	10
5. Mergulho no banco Corra ou pedale devagar por 60 segundos	4	10
6. Pêndulo Corra ou pedale devagar por 60 segundos	4	10
7. Elevação de pernas Corra ou pedale devagar por 60 segundos	4	10

Treinamento 4: treino de resistência

Corra, pedale, nade, reme, ou faça qualquer outra atividade física, por, pelo menos, 35 minutos. Você pode, até mesmo, fazer 5 ou 10 minutos de cada atividade, para conseguir um preparo variado. Certifique-se de fazer algo diferente daquilo realizado na semana 21.

Treinamento 5: à sua escolha

Faça qualquer atividade física de que goste, por 30 a 40 minutos, ou participe de uma aula de ginástica na academia.

SEMANA 23

Treinamento 1: circuito de levantamento de peso

Realize os exercícios (Tabela 9.40) de maneira consecutiva, sem repouso; então, faça uma pausa de recuperação de 1 ou 2 minutos após terminar o circuito. Prepare as estações antes de começar, para minimizar a perda de tempo entre as séries.

Tabela 9.40 Semana 23, treinamento 1

Exercício	S	R
1. Agachamento	4	12
2. Mergulho nas barras paralelas	4	12
3. Barra fixa com pegada pronada	4	12
4. Bom-dia	4	12
5. Desenvolvimento sentado com halteres	4	12
6. Supino com pegada fechada	4	12
7. Prancha lateral	4	60 s

Treinamento 2: treinamento de alta intensidade

O treino de alta intensidade difere do treino intervalado no fato de que deve deixar tudo que tem dentro de você e treinar como se não houvesse amanhã.

1. Aqueça por 5 minutos em uma bicicleta ergométrica ou em uma normal.
2. Coloque a resistência próxima do máximo. Acelere o quanto puder durante 15 segundos, até que os músculos da perna estejam queimando, e você tenha se erguido do banco. Então, pedale devagar por 50 segundos, até a queimação muscular desaparecer. Repita de 10 a 15 vezes.
3. Desaqueça com um trote de 10 minutos na esteira.

Treinamento 3: cardioaceleração

Faça a parte cardio deste treinamento (Tabela 9.41) com qualquer equipamento disponível. Realize os exercícios em sequência, como um circuito, e quando completar, repita-os. Você pode até fazer esse treino quando for correr ou pedalar, caso prefira treinar ao ar livre.

Tabela 9.41 Semana 23, treinamento 3

Exercício	S	R
1. Agachamento (peso corporal) Corra ou pedale devagar por 60 segundos	4	12
2. Flexão Corra ou pedale devagar por 60 segundos	4	12
3. Avanço (peso corporal) Corra ou pedale devagar por 60 segundos	4	12
4. Mergulho nas barras paralelas Corra ou pedale devagar por 60 segundos	4	12
5. Mergulho no banco Corra ou pedale devagar por 60 segundos	4	12
6. Pêndulo Corra ou pedale devagar por 60 segundos	4	12

Exercício	S	R
7. Elevação de pernas Corra ou pedale devagar por 60 segundos	4	12

Treinamento 4: treino de resistência

Corra, pedale, nade, reme, ou faça qualquer outra atividade física, por, pelo menos, 35 minutos. Você pode até fazer 5 ou 10 minutos de cada atividade, para conseguir um preparo variado. Certifique-se de fazer algo diferente daquilo que realizou na semana 22.

Treinamento 5: à sua escolha

Faça qualquer atividade física de que goste, por 30 a 40 minutos, ou participe de uma aula de ginástica na academia.

SEMANA 24

Treinamento 1: circuito de levantamento de peso

Realize os exercícios (Tabela 9.42) de maneira consecutiva, sem repouso; então, faça uma pausa de recuperação de 1 ou 2 minutos após terminar o circuito. Prepare as estações antes de começar, para minimizar a perda de tempo entre as séries.

Tabela 9.42 Semana 24, treinamento 1

Exercício	S	R
1. Agachamento	4	12
2. Mergulho nas barras paralelas	4	12
3. Barra fixa com pegada pronada	4	12
4. Bom-dia	4	12
5. Desenvolvimento sentado com halteres	4	12
6. Supino com pegada fechada	4	12
7. Prancha lateral	4	60 s

Treinamento 2: treinamento de alta intensidade

O treino de alta intensidade difere do treino intervalado no fato de que deve deixar sair tudo o que tem dentro de você e treinar como se não houvesse amanhã.

1. Aqueça por 5 minutos em uma pista de corrida ou em uma piscina.

2. Corra (ou nade) o máximo que conseguir por 15 segundos; em seguida, ande ou trote por 60 segundos. Repita de 10 a 15 vezes.
3. Desaqueça com um trote de 10 minutos.

Treinamento 3: cardioaceleração

Faça a parte cardio deste treinamento (Tabela 9.43) com qualquer equipamento disponível. Realize os exercícios em sequência, como um circuito, e, quando completar, repita-os. Você pode até fazer este treino quando correr ou pedalar, caso prefira treinar ao ar livre.

Tabela 9.43 Semana 24, treinamento 3

Exercício	S	R
1. Agachamento (peso corporal)	4	15
Corra ou pedale devagar por 60 segundos		
2. Flexão	4	15
Corra ou pedale devagar por 60 segundos		
3. Avanço (peso corporal)	4	15
Corra ou pedale devagar por 60 segundos		
4. Mergulho nas barras paralelas	4	15
Corra ou pedale devagar por 60 segundos		
5. Mergulho no banco	4	15
Corra ou pedale devagar por 60 segundos		
6. Pêndulo	4	15
Corra ou pedale devagar por 60 segundos		
7. Elevação de pernas	4	15
Corra ou pedale devagar por 60 segundos		

Treinamento 4: treino de resistência

Corra, pedale, nade, reme, ou faça qualquer outra atividade física, por, pelo menos, 35 minutos. Você pode até fazer 5 ou 10 minutos de cada atividade, para conseguir um preparo variado. Certifique-se de fazer algo diferente daquilo que realizou na semana 23.

Treinamento 5: à sua escolha

Faça qualquer atividade física de que goste, por 30 a 40 minutos, ou participe de uma aula de ginástica na academia.

E agora?

Agora que você bateu ponto regularmente por seis meses, não há motivo para diminuir. Você pode começar tudo de novo ou experimentar alguns dos treinamentos dos outros capítulos. É hora de planejar seus próprios objetivos com base nas coisas das quais gosta mais. Se você gostou de trabalhar os músculos, adicione umas sessões extras para queima de gordura no final de seus treinamentos. As possibilidades são incontáveis. Desde que esteja suando algumas vezes por semana, graças a algum levantamento de peso ou porque está chutando uma bola por aí, você sempre estará dando um passo em direção ao emagrecimento. Agora, tire a camisa, e aproveite o seu novo físico.

O treino do homem sem tempo

Se você não tem condições de passar várias horas na academia fazendo musculação e entrando em forma, siga este método, para maximizar seu tempo.

Viver é um *hobby* que exige tempo. Existe o tempo de trabalho. Tempo com a família. Tempo para viajar. Tempo com a companheira. Tempo com os amigos. Tempo para si próprio. Parece difícil achar tempo para se exercitar. Felizmente, é possível fazer algum progresso constante treinando menos tempo do que se perde esperando o pedido em um restaurante.

Meros 15 a 20 minutos diários já bastam para você desenvolver músculos, queimar gordura e melhorar seu desempenho esportivo. O único problema é que, como suas sessões de treinamento são curtas e rápidas, elas terão que ser mais frequentes do que seriam se você tivesse 1 hora inteira para se dedicar ao treinamento. Para obter os melhores resultados, faça de 3 a 6 sessões por semana. Se cada sessão levar míseros 20 minutos, você dedicará um total de 1 a 2 horas aos seus treinamentos a cada semana de 168 horas. Pode apostar que a maioria dos caras passa mais tempo assistindo a comerciais de TV, passivamente. É o mínimo que você pode fazer pelo seu corpo. Afinal, se você tivesse um cachorro, ficaria mal se não o levasse para passear pelo menos 2 horas por semana. Eis como garantir um mínimo de exercício para que seus músculos não atrofiem.

A estratégia do homem trabalhador

Como tem pouco tempo para treinar, gostará de saber que esses treinamentos são todos curtos, incisivos e objetivos. São projetados para oferecer o máximo de intensidade possível, para que você sinta o esforço físico e entre no chuveiro com a sensação de que trabalhou duro. Estes treinamentos são feitos na metade do tempo dos normais. Com 1 hora de almoço você pode andar até a academia, treinar por 20 minutos, tomar banho, andar de volta ao trabalho, e ainda ter tempo para comer um sanduíche. Em vez de tentar fazer uma sessão de treino enfadonha após o trabalho, você pode ir direto para casa e relaxar, ou, até mesmo, passar no boteco para tomar uma cerveja sem dor na consciência. Além disso, você se sentirá energizado o resto da tarde, com mais poder de concentração e de decisão, porque seu cérebro teve um descanso merecido. Se você está de olho numa promoção, revigorar a memória e o cérebro no meio do dia é mais que uma boa ideia.

Os treinamentos a seguir podem ser feitos em uma academia, em um parque ou em casa, com equipamento limitado. Não é necessário prender seus músculos a um método específico de treinamento. Basta ajustar o treinamento ao seu estilo de vida. Só tem 1 hora em casa antes de sair para jantar? Faça um treino caseiro usando um par de halteres. Se você está viajando a negócios e só tem um pequeno intervalo para treinar, faça um exercício rápido de peso corporal. Se você for capaz de adaptar seu método de treinamento à sua situação atual, será recompensado com músculos maiores e mais magros, que parecerão ter exigido várias horas de treino.

Entrando em forma rapidamente

Faça os programas a seguir para desenvolver musculatura e entrar em forma o mais rápido possível.

Assim como os sabres de luz vermelha e azul da série *Star Wars*, quando se trata de treinamentos rápidos, existem apenas duas teorias. A primeira sugere variar ao máximo os exercícios a cada sessão, para que seu corpo se acostume a todo tipo de movimento e nenhum músculo – grande ou pequeno – fique de fora. A segunda sugere se limitar com dois a quatro exercícios compostos (como agachamento e *power clean*) por sessão, porque eles trabalham todos os músculos e o ajudarão a se especializar nos melhores exercícios de musculação e força. Qual enfoque é o mais eficaz? A verdade é que ambos têm desvantagens e os efeitos em termos de desenvolvimento muscular e de queima de calorias são semelhantes. Experimente ambos os enfoques, cada um de seis a oito semanas, e alterne, para assegurar o progresso semanal, sem estagnação. Siga o método variado durante algumas semanas, para acostumar os músculos ao treinamento. Quando o efeito começar a perder força, mude para o método com exercícios que trabalhem múltiplas articulações e faça poucos exercícios por sessão. Depois de seguir ambos os métodos durante alguns meses, você descobrirá qual deles se adapta mais ao seu físico e poderá planejar suas sessões de acordo. Assim, sempre terá prazer em treinar e desfrutar seu progresso. Que a força esteja com você.

TREINAMENTOS PARA QUEM FICA FACILMENTE ENTEDIADO

Levantar peso pode ser entediante e monótono. Eis um plano para manter ativos a mente e o corpo.

TREINAMENTO 1: DESENVOLVIMENTO MUSCULAR TOTAL

Faça cada um dos exercícios (Tabela 10.1) por 45 segundos, repouse por 15 segundos e recomece. Ao completar uma série de todos os exercícios, repouse por 60 segundos e repita uma vez.

Tabela 10.1   Treinamento variado 1

Exercício	S	R	Rp
1. Agachamento	2	45 s	15 s
2. Avanço	2	45 s	15 s
3. Supino reto com halteres	2	45 s	15 s
4. Remada curvada com halteres	2	45 s	15 s
5. Levantamento terra com halteres	2	45 s	15 s
6. Desenvolvimento sentado com halteres	2	45 s	15 s
7. Rosca martelo	2	45 s	15 s
8. Tríceps com polia alta	2	45 s	15 s
9. Abdominal com pedalada	2	45 s	15 s

TREINAMENTO 2: QUEIMADOR DE GORDURA QUE DESENVOLVE MÚSCULO

Realize os exercícios a seguir (Tabela 10.2) como uma supersérie gigante, e faça cada movimento em sequência, sem repouso. Ao completar uma série de cada exercício, faça uma pausa de 1 a 2 minutos. Se o seu objetivo é musculação, faça 10 repetições usando cargas altas. Se quiser queimar gordura, faça 15 repetições com pesos ligeiramente menores.

Tabela 10.2   Treinamento variado 2

Exercício	S	R
1. *Step*	2	10-15
2. Levantamento terra com pernas estendidas	2	10-15
3. Remada em banco inclinado com halteres	2	10-15
4. Supino inclinado com halteres	2	10-15
5. Bom-dia	2	10-15
6. Rosca com barra EZ	2	10-15
7. Tríceps *pulley* com corda	2	10-15

Exercício	S	R
8. Elevação lateral com halteres	2	10-15
9. *Rollouts*	2	10-15

TREINAMENTO 3: DESENVOLVIMENTO DE RESISTÊNCIA TOTAL

Faça cada um dos exercícios (Tabela 10.3) por 40 segundos, repouse por 20 segundos e recomece. Ao completar uma série de todos os exercícios, repouse por 60 segundos e repita uma vez.

Tabela 10.3 Treinamento variado 3

Exercício	S	R	Rp
1. *Step*	2	40 s	20 s
2. Levantamento terra com pernas estendidas	2	40 s	20 s
3. Remada em banco inclinado com halteres	2	40 s	20 s
4. Supino inclinado com halteres	2	40 s	20 s
5. Bom-dia	2	40 s	20 s
6. Rosca com barra EZ	2	40 s	20 s
7. Tríceps *pulley* com corda	2	40 s	20 s
8. Elevação lateral com halteres	2	40 s	20 s
9. *Rollouts*	2	40 s	20 s

TREINAMENTO 4: PROGRAMA DO ESPORTISTA

Realize os exercícios abaixo (Tabela 10.4) como uma supersérie gigante, e faça cada movimento em sequência, sem repouso. Ao completar uma série de cada exercício, faça uma pausa de 1 a 2 minutos. Se seu objetivo é musculação, faça 10 repetições usando cargas altas. Se quiser queimar gordura, faça 15 repetições com pesos ligeiramente menores.

Tabela 10.4 Treinamento variado 4

Exercício	S	R
1. Agachamento	2	10-15
2. Avanço	2	10-15
3. Supino reto com halteres	2	10-15
4. Remada curvada com halteres	2	10-15

Exercício	S	R
5. Levantamento terra com halteres	2	10-15
6. Desenvolvimento sentado com halteres	2	10-15
7. Rosca martelo	2	10-15
8. Tríceps com polia alta	2	10-15
9. Abdominal com pedalada	2	10-15

TREINAMENTO 5: QUEIMA RADICAL DE GORDURA

Faça o máximo possível de superséries de cinco repetições durante 5 a 7 minutos para cada uma das combinações de superséries a seguir (Tabela 10.5). Repouse o quanto quiser entre cada supersérie. Anote o número de séries realizadas e tente superá-lo no próximo treinamento.

Tabela 10.5 Treinamento variado 5

Exercício	S	R
Supersérie 1		
1. *Leg press*	O máximo possível	5
2. Levantamento terra com halteres	O máximo possível	5
Supersérie 2		
3. Mergulho nas barras paralelas	O máximo possível	5
4. Remada invertida	O máximo possível	5
Supersérie 3		
5. Super-Homem	O máximo possível	5
6. Prancha	O máximo possível	5

TREINAMENTOS PARA QUEM ADORA ROTINA

Se você gosta de treinamentos simples e constantes, utilize este plano para reforçar suas intenções diariamente.

TREINAMENTO 1: DEFINIDOR DE PERNAS, PEITORAIS E COSTAS

Este programa com três levantamentos de halteres intervalados (Tabela 10.6) é de alta intensidade – portanto, é bom para o coração –, e você ganhará força se aumentar o número de repetições a cada vez que o fizer. Nos primeiros 8 minutos, faça o máximo possível de séries de cinco repetições do agachamento. Anote o número alcançado e tente superá-lo na semana seguinte. Passe imediatamente para o segundo e o terceiro exercícios, fazendo-os em sequência, em uma supersérie. Faça o máximo possível de superséries de dez repetições nos 7 minutos finais do seu treinamento de 15 minutos. Se você passar mal depois, é sinal de que a intensidade está perfeita.

Tabela 10.6 Treinamento de persistência 1

Exercício	S	R
1. Agachamento	O máximo possível	5
Supersérie		
2. Barra fixa com pegada pronada	O máximo possível	10
3. Supino reto com halteres	O máximo possível	10

TREINAMENTO 2: DEFINIDOR DE PEITORAIS, COSTAS E BRAÇOS

Faça os exercícios a seguir como superséries (Tabela 10.7). Realize os movimentos em sequência, e, depois, faça uma pausa de 30 segundos antes de repetir a supersérie. Na segunda supersérie, faça uma pausa de 20 segundos entre os movimentos e realize as repetições o mais rápido possível.

Tabela 10.7 Treinamento de persistência 2

Exercício	S	R
Supersérie 1		
1. Supino inclinado com halteres	4	8
2. Levantamento terra com halteres	4	8
Supersérie 2		
3. Rosca na polia baixa	3	12
4. Tríceps *pulley* com corda	3	12

TREINAMENTO 3: DESENVOLVIMENTO DE FORÇA TOTAL

Faça o máximo possível de séries gigantes de seis repetições dos exercícios abaixo (Tabela 10.8) em 15 a 20 minutos. Não descanse entre os exercícios. Em vez disso, repouse por 1 minuto após completar uma série de cada movimento. Anote quantas vezes você completou a série gigante, e tente superar esse número na semana seguinte.

Tabela 10.8 Treinamento de persistência 3

Exercício	S	R
1. *Power clean*	O máximo possível	6
2. Mergulho nas barras paralelas	O máximo possível	6
3. Barra fixa com pegada invertida	O máximo possível	6

TREINAMENTO 4: ABDOME E BRAÇOS

Faça todas as repetições da primeira supersérie, descanse por 1 minuto, e, em seguida, faça os exercícios da segunda supersérie (Tabela 10.9). Alterne, até completar três ou quatro séries de cada exercício, dependendo do tempo disponível.

Tabela 10.9 Treinamento de persistência 4

Exercício	S	R
Supersérie 1		
1. Rosca direta com barra	3-4	12
2. Prancha	3-4	60 s
Supersérie 2		
3. Supino com pegada fechada	3-4	12
4. *Rollouts*	3-4	12

Ajustando os treinamentos para queimar gordura

Se a vida lhe deu um excesso de cintura que você gostaria de eliminar em tempo recorde, os programas a seguir foram feitos para você.

- Realize mais repetições. Quanto mais repetições você fizer, mais seu corpo trabalhará, desde que você use pesos suficientemente grandes. Fazer de 15 a 20 repetições adicionais por série é uma maneira excelente de queimar calorias.
- Acrescente uma sessão intervalada. Simplesmente, adicione uma rápida sessão de treinamento intervalado ao final de seu treinamento de levantamento de peso. Não precisa ser muito longo – bastam 5 a 10 minutos. Escolha um método intervalado entre os treinamentos de queima de calorias do Capítulo 8.
- Realize cardio entre as séries. Não é necessário dar piques, mas pode alternar suas repetições pesadas com uma pedalada.
- Faça 6 repetições com cargas altas. Usar pesos tão grandes que você só consiga fazer 6 repetições acelera mais o metabolismo do que fazer 12 repetições, segundo um estudo da Norwegian University of Sport and Physical Education (Mjølsnes et al., 2004). Seu corpo precisa consumir calorias para reparar o desgaste muscular, uma maneira infalível de acelerar o metabolismo.
- Elimine o repouso completamente. Você só está treinando por 15 a 20 minutos, portanto, pode descansar em casa ou no trabalho. Use esse tempo para dar 100% e se esgotar totalmente. O descanso merecido pode vir depois.

TREINAMENTO 5: FORÇA E RESISTÊNCIA

Complete uma série de *power clean*, repouse por 40 segundos, e, em seguida, faça os exercícios 2 a 4 como uma supersérie, sem pausa (Tabela 10.10). Repouse por 40 segundos, e repita o *power clean*.

Tabela 10.10   **Treinamento de persistência 5**

Exercício	S	R
1. *Power clean*	3-4	8
Supersérie		
2. Super-Homem	3-4	60 s
3. Flexão	3-4	15
4. Prancha	3-4	60 s

Principais dúvidas

Eis as respostas às perguntas mais frequentes sobre treinar extremamente focado.

P: Se tenho apenas alguns minutos para usar os aparelhos cardiovasculares, qual devo escolher?

R: A força empregada no remo o ajudará a alcançar suas metas mais rapidamente do que qualquer outro aparelho. Trotar na esteira é simplesmente correr sem sair do lugar, portanto, ajuda muito pouco a desenvolver sua forma física. Um indivíduo de 80 quilos queima apenas cerca de 765 calorias por hora na esteira. Use a bicicleta apenas para aquecer as pernas, pois queima míseras 535 calorias por hora. O remo trabalha os músculos das pernas, tronco e parte superior do corpo, que são os maiores músculos do seu corpo, e lidera o *ranking*, queimando 802 calorias por hora. Além disso, não envolve impacto, portanto, você pode abusar dos músculos mesmo com as articulações cansadas. Se o remo estiver livre, monte nele, e reme em direção à forma física.

P: **Quero fazer musculação em casa para ganhar tempo. Tenho dinheiro para gastar em um aparelho, mas vale a pena?**

R: Você provavelmente consegue comprar uma barra olímpica e um banco de levantamento de peso usado. Não há problema em comprar equipamento usado, pois é praticamente impossível danificar aço. Se você comprar um banco e pesos usados, é possível que ache halteres ajustáveis também. Um aparelho sofisticado não fará muita diferença. Você precisa de ferro. Felizmente, é abundante e barato.

P: **Faço treinamentos curtos durante a semana, mas, aos sábados, às vezes, treino por 2 horas e me sinto esgotado depois. Por quê?**

R: É o seu corpo avisando você de que precisa descansar. Você provavelmente fica desidratado e acumula muito lactato em seu sistema. Você deve se hidratar e comer alguma coisa antes de treinamentos intensos. Treinar duro demais por muito tempo pode esgotar suas reservas de eletrólitos e provocar náusea e cãibra. Se você insiste em fazer treinamentos longos, tomar líquidos e se alimentar antes do treino deve evitar a sensação de ressaca depois.

P: **Tenho um cargo alto e uma família grande. Como posso achar tempo e energia para entrar em forma?**

R: Tempo é fácil: simplesmente escolha uma hora em que você se ocupa de algo menos importante do que sua saúde. Praticamente qualquer hora, certo? Use esse tempo para se exercitar e reorganize sua vida de acordo. A energia vem naturalmente quando você começa a fazer de cinco a seis refeições pequenas por dia,

corta as porcarias e o álcool e estrutura sua vida em torno daquela hora de treinamento. Você vai dormir melhor, sentir-se melhor, perder peso, desenvolver musculatura e ter mais energia. Quanto à motivação, você realmente precisa que alguém mande você desligar a televisão durante 1 hora e fale para se alimentar melhor? Não gaste a saúde acumulando riqueza ou acabará gastando a riqueza para recuperar a saúde.

P: **Só tenho tempo para correr de manhã antes do trabalho, mas, no inverno, meu corpo não funciona bem, por causa do frio. O que posso fazer?**

R: Quando o tempo esfria, você parece ter 20 anos a mais e sente todas as contusões antigas dos músculos e articulações, desde a queda de bicicleta aos 5 anos de idade até a lesão no tendão do verão passado. Para evitar lesões quando o tempo esfria, aqueça os músculos dentro de casa, antes de sair. Quando o músculo está frio, ele fica menos flexível, e você fica mais suscetível a contusões e a distensões musculares. Para seu corpo funcionar bem, faça três séries de 12 repetições de agachamento, de flexão e de avanço, na sala, antes de sair pela porta.

P: **Quando treino na hora do almoço, fico cansado e dolorido o resto do dia. Como posso me recuperar rapidamente?**

R: É provável que você não esteja dando tempo suficiente para seus músculos se recuperarem. Faça uma pausa de, no mínimo, 60 segundos entre os exercícios. Além disso, tente reduzir em 10% o peso que está levantando. Tome um *shake* de proteína antes e depois de cada sessão de treinamento, e almoce bem. Esses nutrientes adicionais fornecerão energia para o resto do dia, e o ajudarão a desenvolver a musculatura. Não se preocupe com o efeito do almoço sobre a queima de calorias. O corpo não para de trabalhar após o treinamento, portanto, sua refeição não será transformada em gordura.

P: **Eu pedalo depois do trabalho, no fim da tarde, quando o tempo está mais frio, e meu nariz escorre feito uma torneira quebrada. Como resolver isso?**

R: Use um par de luvas de corrida com tecido felpudo no polegar e limpe o nariz com isso. Outra opção é usar uma bandana, que agirá como um protetor, aquecendo o ar antes que alcance seu nariz. Só não se esqueça de tirá-la antes de entrar numa loja, ou o caixa poderá achar que se trata de um assalto.

P: **É melhor perder peso primeiro e depois fazer musculação, ou vice-versa?**

R: A vantagem é que você pode perder peso e desenvolver musculatura ao mesmo tempo. A desvantagem é que isso exige bastante trabalho e dedicação. Inicie um programa saudável de nutrição e de suplementação, e treine de três a seis vezes por semana. Sua massa corporal magra vai aumentar, o que lhe dará mais músculo. Mais músculo é a solução em longo prazo para se manter magro e saudável, porque você queima mais calorias quando treina e quando deita no sofá para assistir à televisão. E ter mais músculo nunca é uma desvantagem.

P: **Como posso manter o foco no treinamento se não gosto de frequentar a academia?**

R: Seu plano de entrar em forma fazendo academia está condenado, porque, bem, você não gosta da academia. Um iniciante que escolhe um treinamento adequado à sua personalidade tem mais probabilidade de sucesso. As sete características principais que se deve considerar ao escolher um programa são: sociabilidade, espontaneidade, automotivação, agressividade, competitividade, foco mental e risco. Assim, se você é do tipo sociável e espontâneo, considere um esporte de equipe. Os que gostam de se arriscar podem gostar de esquiar ou de MMA. Agressivo e focado? Você vai adorar *rugby*. A chave para entrar em forma é simplesmente achar a atividade perfeita para você.

P: **Eu treino de manhã, antes do trabalho. Quanto tempo devo esperar depois de comer para começar a treinar?**

R: Quanto maior a refeição (e quanto mais gordura ou proteína tiver), maior a espera. Se você tomar um café da manhã típico, com aveia e suco de laranja, deve esperar de 30 a 45 minutos para se exercitar. É o tempo de se preparar e chegar à academia. Você terá que testar sua tolerância por tentativa e erro. Não treine com o estômago vazio. Aumentar a taxa de glicose com uma banana ou alguns ovos vai ajudá-lo a preservar seus músculos arduamente conquistados.

E agora?

Agora que sua programação da hora do almoço está resolvida e você está maximizando cada minuto de seu dia, é hora de levar seu compromisso a um passo adiante. O simples fato de praticar exercícios já traz vários benefícios diretos. No entanto, há, também, alguns benefícios secundários que você pode querer adotar como metas principais. Já tomou umas e outras a mais? Ou precisa dormir melhor? Ou incrementar seu desempenho na cama? O capítulo a seguir discute como resolver esses problemas e outros com a ajuda de exercícios especializados. Continue lendo, para descobrir como seu suor pode ser uma alternativa contra os problemas da vida.

Treinos de função dupla

Os seus treinamentos o deixam em forma, forte e acabam com a gordura, mas eles deveriam fazer muito mais por você. Aqui está como.

Multitarefa é o truque de se distrair com duas coisas – nenhuma das quais você gosta o suficiente para fazê-la sozinha –, realizando-as simultaneamente. Já está mais que na hora de seus treinamentos seguirem o seu exemplo e atingirem mais de um objetivo. Na verdade, ao se exercitar, você já cumpre múltiplas tarefas. Suar dá a você mais energia, confiança, força e o torna uma pessoa melhor. Mas você merece mais. As orientações de exercício deste capítulo dão a você o dobro de resultados pelo mesmo esforço. Você descobrirá como aumentar o seu Q.I. e a sua libido, vencer o estresse, superar uma ressaca, dormir melhor e viver mais. Muito tempo depois de ter parado de se exercitar, você se sentirá reconfortado em saber que resolverá múltiplos problemas sem ter que pensar duas vezes. Aqui estão algumas das melhores estratégias para resolver alguns dos problemas mais difíceis da vida.

Treinamento para melhorar o desempenho sexual

Não aposte nos músculos que você acha que ela gosta. Melhore suas chances com a sorte com esse treinamento que irá melhorar seu desempenho no quarto. Quando se trata de conseguir garotas, abdome não é tudo. Tudo bem, ele pode até atrair as mulheres no início, mas os tempos modernos exigem mais versatilidade do que apenas os abdominais. Construir um físico que permita um sexo incrível tem pouco a ver com a quantidade de peso que você consegue erguer, empurrar ou puxar. Tudo depende do quão bem o seu corpo consegue empurrar e impulsionar. Essas ações são executadas pelos seus músculos pequenos – aqueles que você não consegue ver nem sentir. Felizmente, eles são fáceis de trabalhar, e você consegue movimentar a maioria em uma academia feita em casa. Não precisa de muito para treinar esses músculos menos conhecidos, entretanto terá de trabalhá-los com uma mistura de exercícios de força, flexibilidade e resistência. O programa a seguir fará você maleável e forte o suficiente para manter o corpo na mesma posição por longos períodos de tempo – bem, pelo menos até que ela tenha terminado.

Como funciona

Para treinar o seu encanto você não pode ser excelente apenas em puxar ferro. Você tem que ser bom em tudo. Isso é pedir muito, certo? É por isso que esse treinamento de corpo inteiro mistura exercícios específicos para força e alguns alongamentos. O resultado final: resistência. Você fará cada um dos exercícios até falhar, que é aquele ponto do exercício em que sente que injetaram pimenta nos músculos. Quando estiver fazendo as repetições e atingir esse ponto, o pensamento na amada (ou futura amada) o motivará a continuar. Realize todos os exercícios em um circuito sem pausas, repetindo de uma a três vezes, repousando de

1 a 2 minutos cada vez que completar todos. Você pode, até mesmo, acoplar esse circuito ao final de um treinamento normal e usá-lo para encerrar. Cada circuito deve demorar apenas de 5 a 10 minutos, um sacrifício pequeno para desenvolver a resistência que pode vir a formar o centro de uma longa relação com a mulher dos seus sonhos.

Treinos de função dupla

Levantamento terra com barra

Este movimento dará a você a força para erguê-la do chão sem barulhos desnecessários. Você fará ela se sentir leve e *sexy*.

Músculos
Quadríceps, glúteos, isquiotibiais, lombar, abdome.

Execução
1. Coloque uma barra (20 quilos) no chão, à sua frente. Posicione-se com pés afastados na largura dos ombros.
2. Flexione os joelhos e os quadris e leve a parte superior do corpo em direção à barra. Segure a barra com uma pegada pronada (Figura 11.1a).
3. Use as coxas para erguer a barra, até que suas pernas estejam totalmente estendidas (Figura 11.1b).

Figura 11.1 Levantamento terra com barra. (*a*) Segure a barra. (*b*) Erga a barra.

Flexão sobre a bola suíça

Aprender a suportar o peso do corpo com as mãos fará você parar de amassá-la e aumentará as suas chances de ganhar um repeteco.

Músculos
Ombros, peitorais, tríceps, abdome.

Execução
1. Ajoelhe-se com uma bola suíça atrás de você. Coloque as mãos abertas no chão, afastadas na largura dos ombros.
2. Posicione as canelas sobre a bola e entre na posição padrão para flexão: braços estendidos, mãos diretamente abaixo dos ombros (Figura 11.2a). Endireite as costas e puxe o abdome para dentro.
3. Flexione o pescoço e coloque o queixo para dentro. Começando pelo peito, abaixe o corpo até o chão (Figura 11.2b). Empurre-se de volta para cima e repita o exercício.

Figura 11.2　Flexão sobre a bola suíça. (a) Posição inicial. (b) Abaixe o corpo em direção ao chão.

Ponte

Tronco e pelve fortes são os alicerces da ação de impulsionar. Este exercício irá melhorar a sua resistência muscular em todas essas áreas.

Músculos
Glúteos, tronco.

Execução
1. Posicione-se em decúbito dorsal, com os joelhos flexionados e os pés no chão. Coloque os braços ao lado do tronco.
2. Contraia os glúteos e, lentamente, erga-os, até que seu corpo forme uma linha reta, desde os joelhos até os ombros (Figura 11.3).
3. Mantenha essa posição por 1 ou 2 segundos, e, então, abaixe lentamente, até o chão. Faça três séries com quantas repetições aguentar.

Figura 11.3 Ponte.

Barra fixa com pegada pronada com pesos

Este exercício cria costas poderosas em formato V que oferecem a você a potência para ser criativo no quarto sem ter que ir ao quiroprático no dia seguinte.

Músculos
Costas, bíceps, abdome, antebraços.

Execução
1. Use um cinto para prender um peso pequeno em volta da cintura. Segure uma barra fixa com uma pegada pronada e posicione as mãos na linha dos ombros. Caso tenha dificuldades para erguer seu próprio peso, utilize o aparelho que o auxilia a fazer barras fixas.
2. Pendure-se de forma que seus cotovelos fiquem completamente estendidos.
3. Flexione os cotovelos e puxe-se para cima, até que o seu queixo cruze a linha da barra (Figura 11.4). Mantenha brevemente a posição; em seguida, abaixe lentamente à posição inicial, sem permitir que seu corpo balance. Faça quatro séries de oito repetições.

Figura 11.4 Barra fixa com pegada pronada com pesos.

Alongamento de quadril

Você não precisa de uma mente poluída para perceber que tipo específico de força este exercício irá gerar.

Músculos
Flexores de quadril.

Execução
1. Posicione-se com os pés unidos e coloque as mãos nos quadris. Pise para a frente com um pé, de forma que seus pés estejam separados por, mais ou menos, meio metro. Aponte os pés para a frente e mantenha os joelhos levemente flexionados.
2. Empurre gentilmente a pélvis para frente, até que sinta um leve alongamento nos quadris (Figura 11.5). Mesmo esse movimento parecendo sutil, não exagere. Os flexores do quadril estão conectados às pernas de uma maneira que torna necessário muito pouca força para estirá-los.
3. Segure o alongamento por 5 segundos. Inverta a posição das pernas e repita.

Figura 11.5 Alongamento de quadril.

Prancha com braço estendido

Mãos ao alto, caso queira um abdome mais duro que seja bom para os dois.

Músculos
Abdome.

Execução
1. Posicione-se em decúbito ventral, com as pernas estendidas e unidas. Coloque as mãos embaixo do peito, de forma que o peso do seu corpo esteja apoiado nos antebraços. Erga-se sobre cotovelos e dedos do pé, formando uma linha reta com o seu corpo, desde os tornozelos até os ombros (Figura 11.6a).
2. Erga o braço esquerdo à sua frente, e mantenha-o nessa posição por 30 segundos (Figura 11.6b). Repita com o braço direito.

Figura 11.6 Prancha com braço estendido. (a) Posição inicial. (b) Erga o braço esquerdo.

Treinos de função dupla

Cruzamento de pernas em quatro apoios

Este exercício cria um tipo de força estática nas suas pernas que permite a você manter as posições mais estranhas pelo tempo que ela quiser.

Músculos
Glúteos.

Execução
1. Fique na posição de quatro apoios, olhando para o chão, e afaste suas mãos e seus joelhos na largura dos ombros (Figura 11.7a). Estenda a perna direita para trás e vire-a para direita, com os dedos do pé tocando o chão.
2. Erga a perna direita e passe-a sobre a perna esquerda (Figura 11.7b), então, abaixe-a, até que o seu pé direito toque o chão do lado externo do seu pé esquerdo. Inverta o movimento, até voltar à posição inicial, e repita quantas vezes puder. Troque a posição, para trabalhar também a perna esquerda.

Figura 11.7 Cruzamento de pernas em quatro apoios. (a) Posição inicial. (b) Levante a perna direita e passe-a sobre a perna esquerda.

Prancha lateral com perna e braço estendidos

Levante a mão aquele que se importa em ficar bonito.

Músculos
Tronco.

Execução
1. Posicione-se em decúbito ventral, com as pernas estendidas e unidas.
2. Fique na posição de prancha lateral. Erga a perna de cima um pouco acima do chão e levante o braço para o lado (Figura 11.8). Mantenha a posição, e, em seguida, repita do outro lado. Resista à vontade de acenar para o seu reflexo.

Figura 11.8 Prancha lateral com perna e braços estendidos.

Alongamento de glúteo

Cãibras causadas por rigidez muscular nunca são *sexy*. Aqui está a maneira de superá-las para sempre.

Músculos
Glúteos.

Execução
1. Posicione-se em decúbito dorsal, com os joelhos flexionados e os pés apoiados no chão.
2. Leve o seu joelho direito lentamente em direção ao peito. Segure a parte exterior do joelho com a mão esquerda e, gentilmente, puxe-o em direção ao joelho esquerdo o máximo que puder sem ficar desconfortável (Figura 11.9). Mantenha a posição por 20 segundos, e, em seguida, abaixe a perna de volta à posição inicial.
3. Repita o movimento, desta vez, erguendo o joelho esquerdo e puxando-o em direção ao ombro direito.

Figura 11.9 Alongamento de glúteo.

Alimente-se para aumentar sua libido

Você não precisa de remédios para recuperar sua virilidade. Tudo o que precisa é ir à cozinha e comer os alimentos certos. Aqui estão as coisas que não podem faltar no seu menu.

- Melancia. É muito mais saboroso que uma pílula e tem o mesmo efeito. Pesquisadores da Universidade do Texas (Jayaprakasha, Chidambara Murthy e Patil, 2011) descobriram que a citrulina da melancia faz mais sangue rumar para baixo. E você nem precisa de uma receita médica.
- Chocolate amargo. Em um estudo da Universidade da Califórnia, de São Francisco (Engler et al., 2004), a dilatação dos vasos sanguíneos aumentou em mais de 10% nos participantes que comeram até 50 gramas de chocolate amargo *diet* por dia.
- Bagas. Desencane de café e torradas ao servir o café da manhã na cama; leve framboesas e morangos. Você perde 9% da sua ingestão diária de zinco quando ejacula. As bagas recompõem o zinco perdido – 5 miligramas, ou 1/3 da ingestão diária recomendada – o que faz delas o lanche perfeito para comer entre rodadas.
- Manteiga de amendoim. Entre na dieta do amendoim. Estudos descobriram que homens com dietas ricas em gorduras monossaturadas – justamente o tipo que existe no amendoim – tinham os maiores índices de testosterona, hormônio que ajuda a desenvolver músculos maiores e a ter ereções mais firmes.
- Suco de romã. Chute o suco de laranja para escanteio, porque um estudo da Universidade da Califórnia (Azadzoi et al., 2005) descobriu que o suco de romã direciona o fluxo sanguíneo para os seus países baixos, graças aos altos índices de antioxidantes. Ele também não é nada ruim…

Mudanças no estilo de vida

Realize essas pequenas mudanças para conseguir grandes resultados de maneira rápida.

- Faça uma viagem ou, simplesmente, vá para a praia. Os raios de sol aumentam seus níveis de testosterona, segundo um estudo publicado no *International Journal of Andrology* (Maggio et al., 2011). E, quem sabe, sua companheira pode gostar da sua pele bronzeada. Apenas não exagere – o visual camarão não está na moda.
- Melhore sua flexibilidade para aumentar a resistência embaixo dos lençóis. Um estudo no *Journal of Sexual Medicine* (Dhikav et al., 2007) descobriu que praticar ioga 1 hora por dia triplica o tempo que os homens duram na cama.
- Considere fazer uma manutenção regular dos pelos. Um estudo publicado no *Archives of Sexual Behaviour* (Prokop et al., 2012) descobriu que as mulheres se sentem mais atraídas por homens que não se parecem com ursos. Essa atração por homens sem pelos se deve ao fato de eles serem considerados mais saudáveis; portanto, vá buscar o aparador de pelos.

Melhore sua circulação para viver mais

Exercitar-se traz muitos outros benefícios além de simplesmente deixar você bonito para a praia. Os exercícios podem salvar a sua vida. Aqui está a maneira de melhorar sua circulação para garantir um futuro melhor e melhorar a sua aparência.

Estar saudável não se resume à falta de doença; é sobre se sentir bem por dentro e por fora. Infelizmente, alguns detalhes sutis podem ser um sinal de que algo está errado do lado de dentro. Se você tem propensão a varizes ou sente frio, dormência e formigamento nas extremidades dos membros; se tem cãibras nas pernas com regularidade ou se a cor não voltar rapidamente à sua pele depois de ser apertada, é possível que necessite de uma melhora na circulação.

Não precisa sair correndo e chamar a ambulância, pois existe uma solução simples: exercício. Ao flexionar um músculo você informa os vasos sanguíneos próximos a ele que será necessário um volume maior de sangue para agir. A maneira mais fácil de forçar uma flexão? Levantar coisas pesadas. Treinos regulares de força fazem as veias se dilatarem e aumenta a circulação de todo o corpo, o que pode, até mesmo, reduzir o nível do colesterol. O remédio mais rápido é realizar exercícios que trabalhem os músculos das duas pontas do corpo. No mundo da preparação física, isso recebe o nome de ação periférica do coração, um jeito chique de dizer que você faz primeiro um exercício para as pernas, e, depois, um para os peitorais ou para as costas. Você faz o sangue circular rapidamente dos pés à cabeça. No final desse treinamento, terá a segurança de saber que treinou o interior do seu corpo para aguentar muito tempo.

Treinamento para melhorar a circulação

Alterne entre os treinamentos 1 (Tabela 11.1) e 2 (Tabela 11.2) e se permita pelo menos um dia de repouso após cada dia de treino. Realize de duas a quatro sessões por semana. Faça os exercícios como uma supersérie, em sequência e sem paradas. Em seguida, repouse por 45 a 60 segundos e repita. Para dar ao seu sistema cardiovascular um serviço completo, faça 12 repetições em cada supersérie e repita as superséries três ou quatro vezes. Considere o ganho muscular e a queima de gordura um merecido bônus.

Tabela 11.1 Treinamento 1 para melhorar a circulação

Exercício	S	R
Supersérie 1		
1. Agachamento (barra)	3-4	12
2. Supino reto com halteres	3-4	12
Supersérie 2		
3. Barra fixa com pegada pronada	3-4	12
4. Avanço	3-4	12
Supersérie 3		
5. Levantamento terra com halteres	3-4	12
6. Desenvolvimento sentado com halteres	3-4	12
Supersérie 4		
7. *Power clean*	3-4	12
8. Elevação lateral com halteres	3-4	12

Tabela 11.2 Treinamento 2 para melhorar a circulação

Exercício	S	R
Supersérie 1		
1. Remada invertida	3-4	12
2. *Step*	3-4	12
Supersérie 2		
3. Avanço	3-4	12
4. Mergulho nas barras paralelas	3-4	12
Supersérie 3		
5. Rosca martelo	3-4	12
6. Agachamento de base alternada	3-4	12
Supersérie 4		
7. Extensão dos pés sentado	3-4	12
8. Elevação frontal com halteres	3-4	12

Melhore seus indicadores de circulação

Inclua estes alimentos na sua dieta semanal para melhorar a circulação.

- Pimentão, batata-doce, *kiwi* e morango. Esses alimentos têm os altos níveis de vitamina C necessários para produzir colágeno, proteína que mantém as artérias flexíveis.
- Nozes, linhaça e salmão. Os ácidos graxos ômega-3 atuam como agentes anti--inflamatórios naturais para músculos e artérias.
- Feijão, arroz integral, carne vermelha e de frango. Você conseguirá vitaminas B6 e B12 e ácido fólico, necessários para baixar os níveis de homocisteína, um fator de risco que causa má circulação.
- Folhas verdes, bagas, melancia e laticínios. Essas são excelentes fontes de magnésio e vitaminas A, C e E. Elas também provêm selênio, necessário para manter as artérias flexíveis e prevenir cãibras.

Não faça nada e ganhe músculos

Vai viajar e quer voltar grande e bronzeado? Aqui está a maneira de fazer isso.

Você sabe que, ao agendar suas férias, o foco dos seus treinos passa a ser o dia em que vai sair do trabalho e, finalmente, relaxar. Geralmente, o foco de qualquer treinamento pré-viagem é ficar o mais bonito possível durante a viagem toda e ganhar créditos de comida para atacar alguns *buffets* pelo caminho. O problema é que, na maioria das vezes em que tira algumas semanas de férias, você volta mais cheinho em vez de mais musculoso.

Felizmente, isso não precisa ser assim. Você pode voltar das férias mais definido e bronzeado, e utilizar o *buffet* a seu favor. Para tanto, o programa a seguir irá exigir que você ande na corda bamba entre o *overtraining* de um lado e o *overreaching*[1] do outro. Provavelmente você já foi alertado muitas vezes sobre o *overtraining*, pois ele acontece quando você aumenta a intensidade do treino sem aumentar o tempo de repouso e de recuperação. Os músculos sofrem para aguentar todo o estresse imposto sobre eles e liberam mais cortisol; a testosterona – o hormônio do desenvolvimento muscular – também pode ser atingida. Portanto, em vez de aumentar de tamanho e melhorar seu desempenho, você acaba fazendo justamente o contrário. É comum acontecer com atletas muito exigentes e pode acarretar diversos problemas (*vide* "Sinais de *overtraining*"). Porém, existe uma maneira de usar esse malefício em sua vantagem.

Na corda bamba

Overreaching é o momento anterior ao *overtraining*. Ao colocar-se em *overreaching*, você intensifica o treino e impõe quantidades enormes de estresse sobre os músculos, trazendo-os até um ponto imediatamente antes do *overtraining*. Aqui está o truque. Um pouco antes de sentir os sintomas de *overtraining*, pare completamente com os treinamentos e inicie um merecido relaxamento, seja em casa ou em uma praia exótica. Tudo o que precisa é consumir vários alimentos ricos em proteína e incorporar o Homer Simpson quando for

atacar o *buffet*. Então, quando estiver estirado embaixo do sol, os seus músculos irão absorver os nutrientes. Os danos causados pelo treinamento pesado serão reparados, o que resulta em crescimento. O resultado final? Você voltará de viagem com um bronzeado e mais músculos.

Treinamento de *overreaching*

Nos próximos quatro a seis meses, você irá chegar ao *overreaching* aumentando drasticamente o seu volume de treinamento. Você irá trabalhar cada parte do corpo algumas vezes por semana e repousar pelo menos 24 horas antes de repetir uma parte. Isso dá a cada uma delas o tempo necessário para se recuperar antes de entrarem em ação novamente. Realize três séries de dez repetições de cada exercício, e tire de 30 a 60 segundos de repouso entre cada série (Tabelas 11.3 até 11.8). Depois do terceiro exercício para cada parte do corpo, faça uma *drop set* de seis repetições, para exaurir completamente os músculos. No domingo, repouse; você merece.

Tabela 11.3 Treinamento de *overreaching*: segunda-feira

Exercício	S	R	Rp
Peitorais			
1. Supino reto com halteres	3	10	30-60 s
2. Supino inclinado com halteres	3	10	30-60 s
3. Mergulho nas barras paralelas	3	10	30-60 s
Ombros			
4. Desenvolvimento sentado com halteres	3	10	30-60 s
5. Elevação lateral	3	10	30-60 s
6. Remada alta com halteres	3	10	30-60 s
Tríceps			
7. Supino com pegada fechada	3	10	30-60 s
8. Tríceps *pulley* com corda	3	10	30-60 s
Abdome			
9. Abdominais com pedalada	3	10	30-60 s

---

1 N.T.: desequilíbrio entre estresse e recuperação, com consequente queda no rendimento do atleta, restabelecida em até duas semanas.

Treinos de função dupla

Sinais de *overtraining*

Caso sinta qualquer um desses sintomas, pare de treinar por completo ou reduza a carga de treinamento pela metade.

MENTAL
- Diminuição da vontade de treinar
- Depressão
- Apatia
- Baixa autoestima
- Falta de concentração
- Sensibilidade ao estresse

FÍSICO
- Fadiga crônica
- Insônia
- Falta de apetite
- Dor de cabeça
- Enjoo
- Dores nos ligamentos

Tabela 11.4 Treinamento de *overreaching*: terça-feira

Exercício	S	R	Rp
Pernas			
1. Agachamento (barra)	3	10	30-60 s
2. Levantamento terra com pernas estendidas	3	10	30-60 s
3. *Leg press*	3	10	30-60 s
4. Bom-dia	3	10	30-60 s
Bíceps			
5. Barra fixa com pegada invertida	3	10	30-60 s
6. Rosca martelo	3	10	30-60 s
7. Rosca na polia baixa	3	10	30-60 s

Tabela 11.6 Treinamento de *overreaching*: quinta-feira

Exercício	S	R	Rp
Pernas			
1. *Step*	3	10	30-60 s
2. Avanço	3	10	30-60 s
3. Rosca de isquiotibiais	3	10	30-60 s
4. Elevação nas pontas dos pés	3	10	30-60 s
Bíceps			
5. Barra fixa com pegada invertida	3	10	30-60 s
6. Rosca direta com barra	3	10	30-60 s
7. Rosca na polia baixa	3	10	30-60 s

Tabela 11.5 Treinamento de *overreaching*: quarta-feira

Exercício	S	R	Rp
Costas			
1. Barra fixa com pegada pronada	3	10	30-60 s
2. Remada curvada com halteres	3	10	30-60 s
3. Remada invertida	3	10	30-60 s
Peitorais			
4. Crucifixo com halteres	3	10	30-60 s
5. *Crossover*	3	10	30-60 s
6. *Pullover* com halteres	3	10	30-60 s
Abdome			
7. Elevação de pernas em suspensão	3	10	30-60 s

Tabela 11.7 Treinamento de *overreaching*: sexta-feira

Exercício	S	R	Rp
Costas			
1. *Power clean*	3	10	30-60 s
2. Remada unilateral com halter	3	10	30-60 s
3. *Face pull*	3	10	30-60 s
Ombros			
4. Desenvolvimento Arnold	3	10	30-60 s
5. Elevação lateral	3	10	30-60 s
6. Crucifixo invertido	3	10	30-60 s
Abdome			
7. Prancha	3	10	60 s
8. Prancha lateral	3	10	60 s

Tabela 11.8 Treinamento de *overreaching*: sábado

Exercício	S	R	Rp
Peitorais			
1. Supino reto com halteres	3	10	30-60 s
2. Supino inclinado com halteres	3	10	30-60 s
3. Mergulho nas barras paralelas	3	10	30-60 s
Tríceps			
4. Supino com pegada fechada	3	10	30-60 s
5. Tríceps testa com barra EZ	3	10	30-60 s
6. Extensão de tríceps com halteres	3	10	30-60 s

Durma bem

Este programa de exercício e nutrição induz o sono, assegurando que você acorde cheio de energia e pronto para realizar seus sonhos.

Problemas para dormir? Então, prepare seu pijama, gorro de dormir e luvas de academia. Uma pesquisa publicada no *Journal of Sports Science and Medicine* (Ferris et al., 2005) descobriu que três sessões de treinamentos com peso por semana reduzem a insônia e melhoram a qualidade do sono em 38%. Os participantes tinham certa idade, porém isso não significa que o treino deles não funcione com jovens. Eles treinavam de manhã, para dar ao corpo tempo suficiente de relaxar antes que entrassem debaixo dos lençóis. Para imitar o treinamento de indução de sono que eles fizeram, repouse por 60 a 120 segundos entre as séries e faça duas séries com 10 a 12 repetições em todos os exercícios. A ideia é se exercitar em uma intensidade baixa – apenas 50% do correspondente à sua uma repetição máxima (1 RM) em todos os exercícios. Treinar em intensidades altas, de fato, queima mais calorias, mas isso pode deixá-lo acordado, especialmente se você malhar à noite. São necessárias intensidade baixa e velocidade reduzida de levantamento para tornar o seu corpo mais forte, preparado e acostumado ao sono.

O treinamento (Tabela 11.9) não deve demorar mais que 30 minutos, um preço pequeno a se pagar para não ter que ficar assistindo à outra reprise na TV. Aviso: a força dos participantes desse estudo aumentou em 52%, portanto, tome cuidado para não quebrar o despertador.

Tabela 11.9 Treinamento de contar carneirinhos

Exercício	S	R	Rp
1. Supino reto com halteres	2	10-12	1-2 min
2. *Leg press*	2	10-12	1-2 min
3. Extensão de perna	2	10-12	1-2 min
4. Remada curvada com halteres	2	10-12	1-2 min
5. Desenvolvimento sentado com halteres	2	10-12	1-2 min
6. Rosca martelo	2	10-12	1-2 min

Em seguida, corra, reme ou pedale, em ritmo constante, por 10 a 15 minutos.

Caia nos braços de Morfeu

Este guia da hora de dormir explica como o tempo de sono interfere no seu corpo.

Menos de quatro horas por noite: segundo pesquisadores (Gundersen et al., 2006), você reduz sua energia e resistência em 15% a 40%. Pare de assistir aos comerciais e corra mais longe amanhã.

Seis horas por noite: quando você treina sem ter dormido o suficiente, você se exercita em uma intensidade menor do que pode perceber e que parece muito maior do que de fato é. É menos provável que os seus músculos recebam a carga de estresse de que necessitam para se desenvolver.

Oito horas por noite: você ficará cheio de entusiasmo para treinar e terá estimulado seus hormônios de recuperação. Uma pesquisa publicada no *Journal of Clinical Investigation* descobriu que liberamos hormônios de crescimento, responsáveis por reparar os músculos enquanto dormimos (Takahashi, Kipnis e Daughaday, 1968).

Dez horas por noite: você irá melhorar seu tempo de corrida em até 8%, segundo pesquisadores da Universidade Stanford (Mah et al., 2011). Eles também descobriram que essa quantidade de sono aumenta a potência e melhora os reflexos – sua mais nova desculpa para apertar o botão "soneca".

Doze horas por noite: isso já é preguiça. Compre uma agenda e comece a preenchê-la. Um estudo publicado na *Internal Medicine* (Gottlieb et al., 2005) descobriu que dormir tanto assim o deixa propenso a ter diabetes, o que aumenta o risco de obesidade. Surpreso? Agora, saia logo da cama!

Coma bem para dormir melhor ainda

Para dormir não se usam apenas travesseiros e halteres. Escolher o que e como você come é essencial para dormir feito pedra.

- Coma vegetais verdes, nozes, sementes e cereais integrais. Eles são ricos em magnésio. Um estudo publicado na *Sleep* descobriu que uma dieta saudável rica em magnésio melhora a qualidade do sono (Hornyak et al., 1998).
- Evite refeições grandes. Elas farão você se sentir desconfortável e inchado e o impedirão de dormir. Entretanto…
- …Não pule as refeições. Se o fizer, você ficará mais focado no buraco que tem no estômago do que em dormir.
- Evite tomar muito álcool. O álcool faz você acordar se sentindo meio tonto. Contudo, algumas pessoas declaram dormir melhor quando tomam uma taça de bebida antes de se deitar.

Menos estresse, mais relaxamento

O estresse é responsável por 40 milhões de dias de trabalho perdidos por ano no Reino Unido e 12 milhões de pessoas visitam clínicos gerais anualmente com problemas ligados ao estresse. Aqui está a receita para vencer os problemas da vida por meio do suor.

Trabalho, dinheiro, filhos, exercícios… Ironicamente, tudo o que faz a vida valer a pena também pode destruí-la. Se você sofre de estresse, não está sozinho. Em todo o mundo, a porcentagem de ausências no trabalho em razão do estresse é altíssima. Mas não fique aflito. Em vez disso, adicione aos seus treinamentos duas estratégias para combatê-lo: fazer o trabalho cardiovascular ao ar livre e demorar o tempo que julgar necessário ao realizar um exercício de força.

Pesquisadores da Universidade de Wisconsin (Farrell et al., 1987) descobriram que o levantamento de peso de baixa intensidade é melhor para o humor do que levantamentos de média e de alta intensidade. Tentar exorcizar seus demônios treinando furiosamente não irá funcionar. Para relaxar, você deve adotar uma atitude também um pouco relaxada em relação ao exercício, coisa que não deve suscitar muitas reclamações. Contudo, essa não é a única frente de ataque para combater os pedidos irritantes do seu chefe. Sair ao ar livre é essencial para você relaxar. Meros 5 minutos trotando ao ar livre em algum lugar com um pouco de verde já irá melhorar seu humor e autoestima. Imagine, então, o que 15 minutos não podem fazer pela sua cabeça. O treinamento a seguir foi concebido com base nesses princípios e irá produzir um corpo ao mesmo tempo relaxado e forte. Definitivamente, uma preocupação a menos.

Treinamento que combate o estresse

Encontre um parque, uma praia ou uma reserva natural e aqueça com um trote leve de 5 minutos. Trote por 45 a 60 segundos antes de cada exercício de peso corporal (Tabela 11.10). Essa estratégia irá relaxá-lo e, se tudo der certo, eliminar qualquer dor do pós-treino. Ela também irá reduzir o seu tempo de treinamento pela metade, garantindo o máximo de resultados pelo mínimo de esforço.

Por que o estresse é tão ruim?

Ao ficar irritado porque alguém superou você em alguma coisa você produz quantidades excessivas de cortisol e de adrenalina. Essas substâncias são necessárias em pequenas quantidades, contudo, doses altas no corpo são como manter o carro a 10.000 rpm. O seu motor irá fundir. Muita adrenalina acelera os batimentos cardíacos, o que aumenta a pressão sanguínea. Muito cortisol aumenta os níveis de açúcar no sangue, o que infla sua barriga, prejudica seu sistema imunológico e pode reduzir sua musculatura. Realize este treinamento para reduzir o estresse, e tente se lembrar da seguinte ironia: qualquer um dirigindo mais rápido que você é um maníaco, e qualquer um dirigindo mais devagar é um idiota.

Tabela 11.10 Treinamento que combate o estresse

Exercício	R
Trote ou pedale devagar por 12 minutos	
1. Agachamento (peso corporal)	6-8
2. Flexão	6-8
3. Prancha	30 s
4. Avanço	6 com cada perna
Trote ou pedale devagar por 5 minutos	
5. Agachamento (peso corporal)	6-8
6. Flexão	6-8
7. Prancha	30 s
8. Avanço (peso corporal)	6 com cada perna
Trote ou pedale devagar por 10 minutos e, em seguida, alongue-se	

E chega por hoje. No final, você estará calmo como um monge, e não irá se estressar com bobagens.

Alimentação sem estresse

Esqueça os remédios contra o estresse. Aqui está a maneira de comer até ficar tranquilo.

- Espinafre, pimentões, couve-flor, cogumelos, aspargos, cebola e tomate são ricos em vitaminas B, que abrandam os efeitos do cortisol, um hormônio do estresse.
- Coma peixes oleosos ou tome comprimidos de óleo de peixe. Um estudo publicado no periódico *Diabetes and Metabolism* percebeu que aqueles que consumiam um suplemento de óleo de peixe tinham níveis de cortisol 20% menores durante os testes de estresse (Delarue et al., 2003).
- Bananas têm altos níveis do hormônio melatonina, que promove serenidade e sono e o ajuda a relaxar.
- Saboreie os M&Ms de amendoim. O chocolate aciona a liberação de serotonina, que faz você se sentir melhor, e o amendoim fornece a proteína que regula os níveis de açúcar do sangue e o mantém focado. Nota: um dia ruim não é desculpa para devorar um saco inteiro antes do almoço.

Sinais de estresse

Fadiga	Baixa concentração	Perda de cabelo
Mudanças de humor	Resfriados e gripes constantes	Cicatrização lenta
Incapacidade de perder peso		

Mudanças no estilo de vida

Antes de visitar o médico em busca de antidepressivos, experimente estes truques e dicas fáceis que ajudam no relaxamento.

- Coma em um ambiente relaxado. Os níveis de cortisol aumentam caso esteja estressado enquanto come. Para evitar notícias ruins, desligue a TV e largue o jornal. Utilize esse tempo exclusivamente para saborear a refeição.
- Simplifique seu cronograma. Elimine atividades que demandem muito tempo e que tragam pouco retorno e adicione um pouco de relaxamento à programação diária.
- Mude sua perspectiva. A maneira como você percebe o mundo afeta seus níveis de estresse. Uma coisa que o deixa nervoso pode ser facilmente ignorada por outra pessoa. Sempre use seus óculos cor-de-rosa.
- Cerque-se de pessoas positivas e alegres. Interações sociais que envolvem situações desgastantes aumentam os níveis dos hormônios do estresse e elevam os batimentos cardíacos. Mande aquela namorada exigente para o olho da rua.

Vença a ressaca

Noitada boa? Utilize este programa rápido, na hora do almoço, para se sentir bem novamente sem ter que ir correndo a uma lanchonete *fast-food*.

12h30: recupere um pouco de energia

Você precisará de combustível para vencer sua ressaca. Sua fonte de energia deve ser algo fácil de achar e inteiramente natural; isso diminuirá as chances de você ter de ajoelhar-se diante do vaso sanitário para vomitar. Sua melhor aposta é algo tenro, como uma banana, que é rica em vitamina B6, uma boa fonte de energia. Uma tigela de cereal também tem essa vitamina fornecedora de vigor, mas você terá de digerir o leite. Procure evitar o açúcar – o seu corpo já sofreu o suficiente. Em vez disso, adoce a comida com mel, pois ele tem sódio e frutose, que o ajudarão a superar a ressaca (Stephens et al., 2008). Ele também fornecerá a você disposição com rapidez, o que será necessário para começar seu treinamento.

13h às 13h10: saia de onde estiver

Quer esteja no trabalho recebendo para estar de ressaca ou em casa, depois do meio-dia é um horário aceitável para dar as caras. Se estiver no escritório, isso irá esmagar os rumores de que você está muito mal para ser produtivo. O objetivo é chegar a um parque tranquilo e arborizado, longe dos barulhos da cidade. Esse treinamento dura apenas uns 10 minutos e pode ser feito com uma bicicleta ou a pé. Apenas alguns minutos de exercício ao ar livre já melhoram seu físico, concedem uma sensação de revitalização, aumentam sua energia e participação positiva, além de reduzirem a tensão, a confusão, a raiva e a depressão. A receita perfeita para curar uma ressaca. É melhor ver um pouco de verde do que a luz artificial da academia.

13h10 às 13h30: recupere sua energia

Vamos ser francos: hoje não será o dia que você quebrará seus recordes pessoais. Em vez disso, trabalhe para levar sangue a todas as partes do corpo para que se recupere e se sinta solto e energizado pelo restante do dia. Realize os seguintes exercícios por 10 a 20 minutos. Faça mais, se conseguir, ou menos, se não aguentar. Não repouse mais de 30 segundos entre cada movimento.

Avanço com flexão de tronco

Este exercício irá alongar a parte superior do corpo e abrir seus pulmões, para que possa respirar um pouco mais fundo.

Músculos
Glúteos, isquiotibiais, quadríceps, tronco.

Execução
1. Posicione-se com os pés unidos e coloque os braços ao lado do corpo.
2. Erga o braço direito acima da cabeça, e dê um passo largo adiante, com a perna direita.
3. Ao pisar no chão, flexione o tronco para o lado e tente alongar o grande dorsal (Figura 11.10). Volte para a posição inicial e repita do lado esquerdo. Faça de seis a oito repetições de cada lado.

Figura 11.10 Avanço com flexão de tronco.

Treinos de função dupla

Stiff unilateral

Talvez você tenha perdido o equilíbrio na noite anterior, mas este movimento irá ajudá-lo a recuperar a compostura.

Músculos
Isquiotibiais, lombar, tronco.

Execução
1. Posicione-se com os joelhos levemente flexionados.
2. Tire o pé direito do chão. Incline-se para a frente e tente alcançar o pé esquerdo com as mãos (Figura 11.11). Mantenha as costas retas.
3. Alterne as pernas até que tenha feito oito repetições com cada uma.

Figura 11.11 *Stiff* unilateral.

Extensão cruzada (*bird dog*)

Talvez você tenha assumido essa posição algumas horas antes. Volte a ela e se certifique de que, desta vez, ela fará bem a você.

Músculos
Abdome, lombar.

Execução
1. Posicione-se com as mãos e os joelhos no chão, fazendo sua melhor imitação de cachorro.
2. Erga o braço esquerdo e a perna direita e estenda-os para longe do corpo (Figura 11.12). Mantenha a posição por 5 segundos; em seguida, repita com o lado oposto. Isso conta como uma repetição. Faça de seis a oito repetições.

Figura 11.12 Extensão cruzada (*bird dog*).

Treinos de função dupla

Flexão com apoio

Esta é a versão fácil da flexão comum. Não fuja, mesmo que esteja se sentindo extremamente fraco, pois ela o ajudará a recuperar sua força.

Músculos
Peitorais, ombros, abdome.

Execução
1. Ache uma grade ou um banco que seja mais ou menos da altura da sua cintura.
2. Posicione as mãos, que devem estar na linha dos ombros, sobre a grade e estenda as pernas para trás, de forma que seu corpo fique em diagonal em relação ao chão.
3. Flexione os cotovelos e abaixe o peito em direção à grade (Figura 11.13a). Em seguida, impulsione-se para cima, em um movimento explosivo, terminando o exercício em pé (Figura 11.13b). Faça 12 repetições.

Figura 11.13
Flexão com apoio.
(a) Abaixe o peito.
(b) Estenda o cotovelo para ficar em pé.

13h30 às 13h50: pronto, agora, vá se alimentar!

Ande ou pedale rápido novamente por uns 10 minutos, até chegar a um café, pois, agora, seu estômago já deve estar gritando por comida. O melhor almoço? Um *muffin* de tomate, ovo e *bacon*, acompanhado de um suco de laranja, ajudará você a recuperar a alegria de viver. Ovos são ricos em cisteína, substância que quebra as toxinas do fígado causadoras dos sintomas da ressaca. O tomate e o suco se unem para regar seu corpo com vitamina C e frutose, que ajudam a eliminar o álcool do sangue. Quando chegar à última mordida, você se sentirá renovado. Lembrar-se do que aconteceu durante a noite já é outra história...

Utilize a comida para eliminar a dor de cabeça e recuperar seu corpo da noitada. Aqui estão alguns outros alimentos que combatem a ressaca e o ajudam a se recuperar.

- Sementes de abóbora. Talvez essa não seja a primeira coisa em que você vai pensar quando acordar, mas isso também poderia ser dito sobre aquelas incontáveis doses da noite anterior. Sementes de abóbora são a maior fonte de magnésio disponível, um mineral que o álcool suga do seu sistema. O magnésio é um medicamento natural para a dor de cabeça, portanto, jogue algumas sementes sobre o seu cereal, se quiser silenciar a bateria que está tocando no seu cérebro.
- Gengibre. Você pode até se sentir relaxado depois de alguns *drinks*, mas seu estômago se revirará inteiro. O álcool inflama a parede do estômago e aumenta a produção de suco gástrico. Felizmente, a cerveja de gengibre – bebida popular entre mulheres grávidas por aliviar a náusea – reorganiza o seu estômago. Se estiver atrás de algo para matar a sede, a cerveja de gengibre tem que estar na lista.
- Bebida isotônica. Você não irá se sentir como o Usain Bolt, mas qualquer bebida que tenha taurina lhe trará de volta ao mundo dos vivos. Pesquisadores da escola de farmácia da Universidade de Londres descobriram que a taurina pode reverter os danos ao fígado causados pelo alcoolismo (Kerai et al., 1999).
- Azeite de oliva. Sabe aquele desejo de comer algo engordurado que você sente assim que acorda? Pois bem, satisfaça-o com esse azeite. O seu corpo anseia por gordura para reparar os danos causados na noite anterior; porém, ele quer gorduras boas, não as gorduras trans que entopem suas artérias. O azeite de oliva está repleto de ácidos graxos ômega-3, que impulsionam o cérebro, e gorduras insaturadas, que ajudam o fígado. Quer ovos? Frite-os em azeite de oliva em fogo baixo. Você também pode jogar o azeite sobre a salada, caso tenha coragem suficiente para ser saudável.

13h50 às 14h: tome um banho e se ajeite

Lembre-se de tomar o máximo de água que conseguir durante e após o banho.[2] Você pode não estar se sentindo como um atleta, mas está sofrendo do mesmo problema que eles: desidratação. Reidratar-se irá devolver a cor à sua pele e lhe dar um pouco mais de energia. Pronto! Você deve estar totalmente recuperado – isto é, pelo menos até a próxima sexta.

E agora?

Em vez de fazer esses treinamentos toda hora, realize-os como e quando precisar – são soluções rápidas para problemas específicos que podem surgir. No final deles, você terá aprendido a fazer mais de uma coisa ao mesmo tempo. E em nenhum outro lugar essa habilidade é mais útil do que nos campos e nas quadras. Portanto, se quiser testar essas novas destrezas contra um adversário, continue lendo para descobrir o essencial sobre o treinamento esportivo.

---

2 N.E.: Se a qualidade da água assim o permitir.

Treinamento esportivo

Encontre o seu atleta interior. Aceite o esportista que existe dentro de você, para que possa melhorar seu preparo físico e suas habilidades e se tornar o principal jogador do time, mesmo que seja um time de uma pessoa só.

Se existe uma coisa que pode levar você a superar seus limites, essa coisa é a competitividade. Uma vez que começar a tentar superar um adversário, você perceberá que uma das grandes motivações para se exercitar e tornar-se melhor é a competição. A rivalidade entre você e o relógio ou com outro time pode fazê-lo buscar forças escondidas nas profundezas dos seus músculos e forçá-lo a atingir novos patamares, conseguir músculos maiores, melhorar a forma física e se tornar mais forte.

Até mesmo se você pensa que está em forma porque queimou um pouco de gordura aqui e levantou alguns pesos ali, saiba que você pode não estar verdadeiramente em forma – pelo menos não se considerarmos o corpo como um todo. Você perceberá isso apenas quando entrar em campo. O preparo físico esportivo é mais que apenas resistência, forma física e força. Ele combina essas coisas com potência, aceleração e tempo de reação. É isso que faz os bons atletas ficarem ótimos e, o mais importante, é o que faz o esporte ser divertido. A variedade fornece equilíbrio, previne lesões causadas por sobrecarga e quebra a monotonia das rotinas insípidas e repetitivas. Os diferentes níveis de esforço em cada sessão mostram que você faz os trabalhos aeróbios e de força ao mesmo tempo, o que queima mais gordura do que ambas as formas de exercício isoladas.

Gostou desses benefícios? Deixe de lado o Wii Sports e encontre um oponente de verdade.

Caso você seja um atleta veterano ou compita apenas em um esporte em particular, pode pensar que o melhor é especializar o treinamento. Nem sempre. Especialização é para insetos. Fazer apenas um tipo de exercício repetidamente extenua os mesmos músculos dia após dia, ao passo que o treinamento cruzado o ajuda a melhorar a sua aptidão física e o seu condicionamento físico geral. Envolver-se em uma gama de atividades condiciona seu corpo para tudo em vez de apenas uma coisa específica. Isso o prepara melhor para qualquer situação inesperada que possa acontecer no campo e o torna mais forte se adotarmos uma perspectiva de corpo inteiro.

O treinamento cruzado é muito menos complicado do que você pensa. Caso seja um corredor assíduo, experimente substituir uma corrida semanal por um passeio de bicicleta. O treinamento cruzado o ajudará a se recuperar, pois você não estará desgastando os mesmos músculos, ligamentos e tendões das pernas que a corrida corrói com o tempo. E o melhor: uma pesquisa publicada na *Sports Medicine* (Tanaka, 1994) descobriu que o treinamento cruzado é excelente para reabilitar uma lesão. Esse estudo também descobriu que ele aumenta sua motivação, portanto, se estiver se sentindo desmotivado com seu esporte, experimente algo novo e recupere seu entusiasmo.

Com isso em mente, seria possível fazer uma única rotina de treino que o condicione para todos os esportes? Sim e não. O "treinamento poliesportivo" deste capítulo dará a você um condicionamento físico básico que serve para todos os esportes. Caso queira se especializar, os programas específicos que estão mais à frente no capítulo o ajudarão a se condicionar o suficiente para se envolver com um novo esporte ou, simplesmente, melhorar seu rendimento naquele que já pratica. Se quiser correr mais do que competidores, cachorros e namoradas irritadas, utilize os treinamentos deste capítulo para conseguir um preparo físico completo. Parou de competir e agora só assiste? Não deixe que a busca por dinheiro, mulheres ou um jardim sem ervas daninhas sufoque sua competitividade natural. Existem torneios para todas as idades, não importa o quão jovem ou velho você seja. Nunca é tarde para retornar aos velhos dias de competição. O constante desejo, desafio e habilidade de caber nas próprias calças valem o esforço. Liberte o esportista dentro de você. Pode ter a certeza de que ele está lá, doido para sair toda vez que você liga a TV para assistir ao jogo.

Treinamento poliesportivo

Ganhe músculos, resistência e explosividade e exiba-os durante a próxima partida.

Os requisitos básicos de todos os esportes são mais ou menos os mesmos, a não ser que você considere *curling* ou xadrez atividades atléticas. Para a maioria dos esportes, você precisa de uma mistura de velocidade, força, massa muscular, explosividade e resistência. Você pode até tentar ganhar velocidade em um treinamento, depois força em outro, músculos no seguinte, e assim por diante; no entanto, esse método pressupõe que o seu corpo consegue segmentar suas habilidades durante uma partida. Quando pratica um esporte, você precisa de resistência para aguentar toda a partida, combinada com a velocidade para alcançar a bola e o tempo de reação e explosividade para fazer algo produtivo com ela. Combinar todas essas capacidades em alguns poucos segundos sem ter que pensar sobre isso é o que separa vencedores e perdedores. Em vez de tentar fragmentar o corpo em diferentes atributos, você pode trabalhar todos eles a cada treinamento, tornando as sessões mais parecidas com uma partida de verdade. Ajuste sua alimentação para definir se esses treinamentos vão fornecer tamanho ou reduzir gordura. Os treinos podem e farão ambos, mas a quantidade de calorias que você ingerir se combinará a eles para definir a sua aparência. O rendimento do treino dependerá do seu talento natural, obtido geneticamente. Culpe, ou agradeça, seus pais por isso.

O treinamento poliesportivo está dividido em três sessões.

1. **Força**. Você fará o trabalho de força no início do treinamento, quando está mais forte e descansado. O treinamento foca em apenas um exercício para a parte superior do corpo e outro para a inferior. Nos treinamentos 1 e 3, você começará com um movimento para a parte inferior e nos treinamentos 2 e 4 com um para a parte superior. Isso cria um equilíbrio de força, evitando que uma das metades do seu corpo destoe da outra com o tempo. Os exercícios desta seção estão estruturados em pirâmide, para que você possa levantar o máximo de peso possível. No treino em pirâmide, você consegue aumentar a carga com segurança, pois reduz as repetições. Entretanto, solicite a ajuda de um parceiro, para que possa erguer o máximo de peso. Repouse de 2 a 3 minutos entre cada série, especialmente nas últimas, que têm quatro repetições; você precisará do repouso para ficar mais forte. Lembre-se: quanto maior o peso, maior a recompensa.

2. **Resistência muscular**. Realize os exercícios desta seção em circuito único, utilizando a mesma carga. Se utilizar uma barra no primeiro exercício, coloque o máximo de peso que puder aguentar e não baixe a carga até ter realizado todas as repetições. Os exercícios trabalham primeiro seus músculos menores, como o bíceps, para maximizar a força deles. Próximo do final da série, quando começar a cansar, você pode utilizar seus músculos maiores, por exemplo, as pernas, para ajudá-lo a completar as repetições. Repouse por 2 minutos depois de

cada circuito. O treino é extremamente difícil, e você estará completamente ofegante quando chegar à última série. Porém, lembre-se de que quanto mais dor sentir treinando, menos irá sentir durante o jogo.

3. **Velocidade de explosão**. Realize os exercícios desta seção em circuito e em seguida repouse por 30 a 60 segundos. Felizmente, esta seção não é tão difícil quanto a supersérie anterior, porque pede menos repetições. Concentre-se na velocidade de cada repetição, fazendo-as o mais rápido possível. Isso deixará seus músculos preparados para se moverem rapidamente, mesmo quando você estiver cansado, exatamente o exigido quando se está no campo.

Siga este programa por quatro a oito semanas, e, então, experimente algum dos outros treinos deste livro, escolhendo conforme seu desejo de queimar gordura ou desenvolver musculatura. Este programa pode exigir bastante do seu sistema nervoso. Caso se sinta cansado e não esteja melhorando, fique uma ou duas semanas sem treinar e utilize outros exercícios ao retornar a essa rotina, para que continue desafiando seu corpo. Lembre-se de deixar tempo suficiente para repouso entre os treinamentos.

Considerando que a maioria dos esportes são praticados aos fins de semana, você fará a maior parte do seu treinamento durante a semana. Realize o treinamento 1 (Tabela 12.1) na segunda-feira, o treinamento 2 (Tabela 12.2) na terça, repouse na quarta, faça o treinamento 3 (Tabela 12.3) na quinta e o treinamento 4 (Tabela 12.4) na sexta-feira.

Tabela 12.1 Treinamento poliesportivo 1

Exercício	S	R
Força		
1. Agachamento (barra)	4	10, 6, 4, 4
2. Barra fixa com pegada pronada com peso	4	10, 6, 4, 4

Exercício	S	R
Resistência muscular		
1. Rosca direta com barra	4	6
2. Arremesso	4	6
3. Bom-dia	4	6
4. Remada curvada com halteres	4	6
5. Levantamento terra	4	6
6. Supino com pegada fechada	4	6
Velocidade de explosão		
1. Elevação de pernas em suspensão	3	4
2. Arremesso deitado com *medicine ball*	3	4
3. Elevação de pernas	3	4

Tabela 12.2 Treinamento poliesportivo 2

Exercício	S	R
Força		
1. Supino inclinado com halteres	4	10, 6, 4, 4
2. Avanço (barra)	4	10, 6, 4, 4
Resistência muscular		
1. Rosca martelo	4	6
2. Remada alta com halteres	4	6
3. *Pullover* com halteres	4	6
4. Desenvolvimento sentado com halteres	4	6
5. Crucifixo invertido no banco inclinado	4	6
6. Crucifixo com halteres	4	6
Velocidade de explosão		
1. *Rollouts*	3	4
2. Flexão explosiva	3	4
3. Arremesso de *medicine ball* em pé	3	4
4. Flexão de cotovelo com arremesso	3	4

Preparação física para homens

Tabela 12.3 Treinamento poliesportivo 3

Exercício	S	R
Força		
1. Levantamento terra com halteres	4	10, 6, 4, 4
2. Mergulho nas barras paralelas (com peso)	4	10, 6, 4, 4
Resistência muscular		
1. Rosca com barra EZ	4	6
2. Elevação lateral com halteres	4	6
3. *Power clean*	4	6
4. *Step*	4	6
5. *Crossover*	4	6
6. Tríceps com polia alta	4	6
Velocidade de explosão		
1. *Rollouts*	3	4
2. Agachamento de base alternada com salto	3	4
3. Rotação de tronco com barra apoiada	3	4

Tabela 12.4 Treinamento poliesportivo 4

Exercício	S	R
Força		
1. Barra fixa com pegada invertida (com peso)	4	10, 6, 4, 4
2. *Step* (barra)	4	10, 6, 4, 4
Resistência muscular		
1. Agachamento	4	12
2. Flexão	4	12
3. Avanço	4	12
4. Agachamento de base alternada	4	12
5. Pêndulo	4	12
6. Super-Homem	4	12
Velocidade de explosão		
1. Flexão explosiva	3	4
2. Abdominais com pedalada	3	4
3. Afundo com salto	3	4

Caso tenha um jogo no sábado, o melhor seria reduzir a intensidade do treino de sexta-feira, ou simplesmente deixá-lo de lado. Esse cronograma é ideal para quem está no intervalo da temporada esportiva. Se estiver no meio da temporada e jogando partidas aos sábados, você pode treinar quatro dias seguidos e repousar na sexta. Contudo, preste atenção em como está se sentindo, caso contrário, você pode ficar cansado demais para treinar já na quarta. O segredo é ajustar seu cronograma de treinamento conforme sua disposição. Cansado? Isso é uma mensagem do seu corpo para que tire um dia livre. Não ignore seu corpo; ele sabe melhor do que ninguém o que está acontecendo e terá um grande desempenho quando chegar o dia do jogo se você der ouvidos a ele.

Dando o próximo passo: velocidade

Velocidade é essencial para quem quer subir ao pódio. Na raiz desse atributo decisivo está a explosividade, ou seja, a capacidade de mover a si ou a um objeto o mais rápido possível. Ter velocidade acelera seu ritmo e seus golpes e dá força para driblar defensores e quebrar a marcação. O princípio por trás do aumento de velocidade envolve direcionar a energia elástica dos músculos para o aumento de força, aceleração e potência explosiva. Esse processo, benéfico para o rendimento em qualquer esporte, queima uma quantidade absurda de energia.

Caso esteja misturando um treinamento esportivo com a lenta arte da musculação, é provável que tenha você ensinado seus músculos a ir mais devagar. Os treinamentos e as dicas a seguir farão você mais rápido e esquivo e fornecerão tudo o que você precisa saber para melhorar seu atributo predileto: estar um segundo à frente do adversário. Porém, essa não é a única vantagem de treinar sua velocidade. Os exercícios explosivos, aqueles que utilizam as fibras musculares de contração rápida, queimam 11% a mais de calorias durante a realização do exercício e 5% a mais após o exercício se comparados com repetições feitas a uma velocidade normal e com o mesmo peso, segundo um estudo publicado na *Medicine and Science in Sports and Exercise* (Mazetti et al., 2007). Isso significa que os exercícios explosivos o ajudam a emagrecer. Então, vamos lá! Está esperando o quê?

Realize este treino de corpo inteiro duas ou três vezes por semana em conjunto com outros treinamentos, como corridas, por exemplo, mas não o utilize simultaneamente ao treinamento poliesportivo. Isso acarretaria um desgaste excessivo do seu corpo. Ao começar, deixe um dia de repouso entre cada sessão. Este programa criará a explosividade muscular necessária para a maioria dos movimentos esportivos, como socar, chutar, puxar e correr. A outra parte desse treinamento utiliza um sistema já comprovado, conhecido como método de contraste, em que um movimento de força é seguido por um exercício explosivo. Um estudo da Universidade de Zagreb, na Croácia (Markovic et al., 2004), descobriu que o método de contraste faz os atletas se moverem até 8% mais rápido. Se essa técnica fosse um suplemento, provavelmente, seria ilegal.

Quando tiver completado o treinamento poliesportivo e melhorado sua velocidade, você terá um corpo que responde bem à competição e ainda o faz se sentir bem. Tendo dominado o básico, você provavelmente desejará trabalhar algo mais específico para o seu esporte. As sessões a seguir munirão você com as armas necessárias para o esporte que tenha escolhido.

TREINAMENTO DE VELOCIDADE

Realize este treinamento uma ou duas vezes por semana, em conjunto com o levantamento de peso tradicional ou com treinos cardio.

SESSÃO 1: SÉRIES DIRETAS

Termine todas as séries do primeiro exercício – repouse 60 segundos entre as séries –, e, então, passe ao próximo exercício (Tabela 12.5).

Tabela 12.5 Treinamento de velocidade: sessão 1

Exercício	S	R
1. Power clean	2	4
2. Arremesso	3	4

SESSÃO 2: SUPERSÉRIES

Realize estes movimentos (Tabela 12.6) em sequência. Repouse por 1 ou 2 minutos somente quando completar uma série de cada.

Tabela 12.6 Treinamento de velocidade: sessão 2

Exercício	S	R
Supersérie 1		
1. Agachamento (barra)	4	3
2. Afundo com salto	4	3
Supersérie 2		
3. Supino reto com halteres	4	4
4. Flexão explosiva	4	4
Supersérie 3		
5. Afundo	3	4
6. Afundo com salto	3	4

SESSÃO 3: SÉRIES DIRETAS

Termine todas as séries do primeiro exercício – repouse 60 segundos entre as séries –, e, então, passe ao próximo exercício (Tabela 12.7).

Tabela 12.7 Treinamento de velocidade: sessão 3

Exercício	S	R
1. Arremesso de medicine ball em pé	3	4
2. Flexão explosiva	3	4

Seu guia de corrida

Saia correndo até se tornar uma pessoa mais magra e atlética, utilizando a forma mais barata de preparação física.

A primeira coisa que aprendemos, antes mesmo de começar a reclamar da nossa gordura de bebê, é como correr. É, literalmente, um instinto. Um estudo publicado na revista Nature (Bramble e Lieberman, 2004) descobriu que nós de fato nascemos para correr e que nossa fisiologia suporta corridas de longa distância. Os autores do estudo perceberam que a corrida de resistência pode ter sido tão significativa para a nossa sobrevivência que deu forma ao nosso corpo. Isso prova que qualquer um – não importa em qual forma esteja – pode colocar um tênis e começar a correr. E a corrida é uma das atividades mais efetivas na queima de gordura: uma pessoa com 80 quilos elimina 594 calorias durante uma sessão de 30 minutos. A única parte difícil é encontrar o ponto de partida ideal. Os programas que seguem são para caras que têm mais o que fazer do que correr, porém necessitam tirar uma ou duas camadas de pneuzinho. Um dos planos é para as pessoas que mal conseguem correr até a esquina e o outro é para caras que aguentam um trote de 20 minutos, mas querem melhorar o desempenho. Encontre uma boa pista, e comece a correr para perder os quilos excedentes.

Bloco de partida

Com apenas três sessões de corrida por semana durante oito semanas, este programa irá cortar a vadiagem e deixá-lo pronto para correr continuamente por 30 minutos. Após cada sessão, ande por 5 minutos para desaquecer e alongue devagar por outros 5. Não se preocupe com velocidade ou distância – acrescentar tempo de corrida aos seus pés é sua única preocupação.

PROGRAMA PARA COMEÇAR A CORRER

SEMANA 1
Corra por 1 minuto, e, em seguida, ande por 90 segundos. Repita oito vezes. Faça três vezes por semana.

SEMANA 2
Corra por 2 minutos, e, em seguida, ande por 1 minuto. Repita sete vezes. Faça três vezes por semana.

SEMANA 3
Corra por 3 minutos, e, em seguida, ande por 1 minuto. Repita seis vezes. Faça três vezes por semana.

SEMANA 4
Corra por 5 minutos, e, em seguida, ande por 2 minutos. Repita quatro vezes. Faça três vezes por semana.

SEMANA 5
Corra por 8 minutos, e, em seguida, ande por 2 minutos. Repita três vezes. Faça três vezes por semana.

SEMANA 6
Corra por 12 minutos, e, em seguida, ande por 1 minuto. Repita três vezes. Faça três vezes por semana.

SEMANA 7
Corra por 15 minutos, ande durante 1 minuto, e, em seguida, corra por outros 15 minutos. Faça três vezes por semana.

SEMANA 8
Corra continuamente por 30 minutos.

Participe de uma corrida de 5 km

Caso você aguente correr continuamente por 15 a 20 minutos, este é o programa que irá preparar você para a sua primeira corrida de 5 km.

PREPARE-SE PARA OS 5 KM

SEMANA 1
Segunda-feira: repouso.
Terça-feira: corra por 20 minutos em ritmo tranquilo.
Quarta-feira: repouso.
Quinta-feira: corra durante 8 minutos em ritmo tranquilo. Acelere o passo por 45 segundos, e, então, trote, para se recuperar, durante 2 minutos. Repita isso quatro vezes. Finalize correndo por 8 minutos em ritmo lento.
Sexta-feira: repouso.
Sábado: corra durante 20 minutos em ritmo tranquilo.
Domingo: corra durante 25 minutos em ritmo tranquilo.

SEMANA 2
Segunda-feira: repouso.
Terça-feira: corra por 20 minutos em ritmo tranquilo.
Quarta-feira: repouso.
Quinta-feira: corra por 8 minutos em ritmo tranquilo. Acelere o passo por 60 segundos,

e, então, trote, para se recuperar, durante 2 minutos. Repita isso cinco vezes. Finalize correndo por 8 minutos em ritmo lento.

Sexta-feira: repouso.

Sábado: corra durante 20 minutos em ritmo tranquilo.

Domingo: corra durante 30 minutos em ritmo tranquilo.

SEMANA 3

Segunda-feira: repouso.

Terça-feira: corra durante 25 a 30 minutos em ritmo tranquilo.

Quarta-feira: repouso.

Quinta-feira: corra por 8 minutos em ritmo tranquilo. Acelere o passo por 15 minutos, e, então, trote em ritmo tranquilo durante 10 minutos.

Sexta-feira: repouso.

Sábado: corra durante 25 minutos em ritmo tranquilo.

Domingo: corra durante 35 minutos em ritmo tranquilo.

SEMANA 4

Segunda-feira: repouso.

Terça-feira: corra por 8 minutos em ritmo tranquilo. Corra 1 quilômetro o mais rápido que puder. Alongue-se, repouse, e, em seguida, repita. Corra mais devagar por 7 minutos, para se recuperar e desaquecer.

Quarta-feira: repouso.

Quinta-feira: corra durante 10 minutos em ritmo tranquilo, 20 minutos em ritmo moderado e 10 minutos em ritmo tranquilo novamente.

Sexta-feira: repouso.

Sábado: corra durante 30 minutos em ritmo tranquilo.

Domingo: corra durante 40 minutos em ritmo tranquilo.

SEMANA 5

Segunda-feira: repouso.

Terça-feira: corra durante 25 a 30 minutos em ritmo tranquilo.

Quarta-feira: repouso.

Quinta-feira: corra por 8 minutos em ritmo tranquilo. Corra em ritmo rápido por 2 minutos, e, em seguida, trote, para se recuperar, por 2 minutos. Repita isso três vezes. Finalize correndo por 8 minutos em ritmo lento.

Sexta-feira: repouso.

Sábado: corra durante 35 minutos em ritmo tranquilo.

Domingo: corra durante 40 minutos em ritmo tranquilo.

SEMANA 6

Segunda-feira: repouso.

Terça-feira: corra por 30 minutos em ritmo tranquilo.

Quarta-feira: repouso.

Quinta-feira: corra durante 20 a 25 minutos em ritmo tranquilo.

Sexta-feira: repouso.

Sábado: repouso.

Domingo: corrida de 5 km.

Perguntas e respostas sobre corrida

Todo corredor tem algumas perguntas a fazer. Aqui estão as respostas.

P: Por onde devo começar?

R: Comece andando durante um período de tempo com o qual se sinta confortável – entre 10 e 30 minutos. Ande para o trabalho, para casa ou para o supermercado: tudo conta. Quando for capaz de andar por 30 minutos, adicione intervalos de 1 a 2 minutos de corrida na sua caminhada. Conforme progride, vá aumentando a duração dos intervalos, até que esteja correndo por 30 minutos sem parar.

P: É normal sentir dor ao correr?

R: Um pouco de desconforto é normal, algo como ouvir o Justin Bieber cantar, mas a corrida não deve doer tanto quanto um *show* do Slayer. Caso sinta uma dor que o faça mancar ou altere sua corrida, você, provavelmente, está machucado. Pare imediatamente e repouse por alguns dias.

P: **Qual a diferença entre correr na esteira e ao ar livre?**

R: A esteira puxa o chão que está embaixo dos seus pés. Você consegue cobrir terreno simplesmente erguendo os pés, e não há a resistência do vento. Correr na esteira é mais fácil, mas você queimará menos calorias. Entretanto, caso você seja mais pesado ou suscetível a lesões e precise reduzir o impacto da pisada, utilize esteiras, pois a maioria delas é acolchoada.

P: **Sempre sinto falta de ar quando vou correr. Tenho algum problema?**

R: Ficar um pouco ofegante é normal e isso irá diminuir conforme você entra em forma. Concentre-se em respirar fundo. Se precisar, reduza a velocidade ou faça intervalos de caminhada. Caso o problema persista, questione o seu médico sobre a possibilidade de ter asma.

P: **Quando corro, costumo sentir "dor de burro" (*stitch*). Isso irá sumir algum dia?**

R: A "dor de burro" é comum entre iniciantes, pois o abdome não está acostumado com o solavanco causado pela corrida. Essas dores tendem a sumir conforme você entra em forma, porém não coma alimentos sólidos durante a hora que antecede sua corrida. Quando sentir a dor, respire fundo e concentre-se em empurrar todo o ar para fora do abdome. Isso irá alongar o músculo do diafragma (que está logo abaixo dos seus pulmões), que é geralmente onde está a dor.

Torne sua corrida uma diversão

Muitos começam a correr, porém poucos terminam. Utilize estes truques motivacionais para seguir firme.

- Deixe um tempo livre e reservado no seu dia para correr. Se tentar encaixar suas corridas em uma agenda superlotada elas apenas se tornarão um novo motivo de estresse.
- Encontre um lugar gostoso para correr. Talvez você tenha que correr duas vezes por semana em torno do quarteirão, porém uma corrida de fim de semana em um lugar arborizado irá reanimá-lo.
- Entre para um clube de corrida. Vá à loja de tênis ou procure um par na internet. Não se preocupe em ser lento – sempre existe alguém mais devagar do que você.
- Estabeleça objetivos em curto prazo. Primeiro busque atingir uma distância, como 5 ou 10 quilômetros, independentemente da velocidade. Uma vez que a tenha atingido, passe a melhorar seu tempo.
- Adicione variedade ao seu treinamento para não se tornar um corredor de um só ritmo. Variar a superfície na qual corre, ou a velocidade e a distância, possibilita criar diversas sessões de treinamento.
- Compita contra adversários ou contra o relógio. A competição é o que torna o esporte tão interessante. Envolva-se em algum clube e procure por corridas interessantes.

Evitando lesões

Correr pode colocar bastante estresse sobre seus ligamentos e seus músculos. Aqui está a maneira de garantir que a corrida lhe faça bem.

Aqueça e desaqueça

Seus músculos são 10% mais curtos quando você está inativo do que quando está aquecido. De acordo com as leis da física, os músculos trabalham melhor quando estão alongados. Eles conseguem exercer mais força fazendo menos esforço, o que significa que músculos alongados são menos suscetíveis a sofrerem lesões. Para aquecer, ande ou trote por 5 minutos. Desaquecer após a corrida o ajuda a levar o sangue delicadamente para seus músculos e a acelerar o processo de recuperação. O tempo gasto aquecendo e desaquecendo aumenta a eficiência do treino e reduz as chances de você se machucar.

Alongue

Sem flexibilidade, você está sempre prestes a ter uma lesão, pois músculos tensos não conseguem realizar movimentos com amplitude completa. A falta de flexibilidade é a principal causadora da tendinite do tendão de aquiles e da canelite. Após correr, alongue-se por 5 minutos, enquanto os seus músculos ainda estiverem aquecidos e alongados.

Pegue leve

Treinar todos os dias irá desgastar seu corpo em vez de desenvolvê-lo. Após uma sessão pesada de treinamento, é preciso se recuperar, para ajudar os músculos a se remendarem. Nunca realize corridas longas dois dias seguidos. Tire um dia para corridas leves ou repouse entre dias em que fizer grande esforço.

Relaxe

A maneira mais manjada de se machucar é treinar duro em um dia em que se está fatigado ou dolorido. Estresse e falta de sono também podem cobrar seu preço. Se estiver se sentindo fraco ou estiver com dores, tire uma semana de repouso. O seu cronograma de treinamento serve apenas como um guia.

Varie

O corredor inteligente explora opções de treinamento cruzado para melhorar. Atividades diferentes fornecem repouso aos seus pés e às suas pernas e fortalecem músculos que a corrida não exercita. O treinamento cruzado irá protegê-lo de lesões e melhorar seu preparo físico em geral. Nadar, pedalar e remar são ótimos complementos para uma corrida.

Anote

Manter um diário de treino pode parecer algo obsessivo-compulsivo ou entediante; no entanto, anotar distâncias, ritmos, trajetos e sensações pode lhe fornecer uma perspectiva importante que facilitará a localização e a correção de possíveis erros no treinamento.

Prepare-se para o futebol

Estes exercícios de futebol o ajudarão a vencer os defensores e marcar mais gols.

A precisão necessária para os futebolistas pilotarem continuamente um objeto em alta velocidade, posicionando-o no ponto exato em que desejam, é uma arte refinada que não encontra paralelo no mundo do esporte. Controlar os passes exige equilíbrio e agilidade. Estes movimentos para o pé darão a você mais elegância e graça dentro de campo. A seção inicial está focada principalmente no equilíbrio, para que você possa controlar a posse de bola com ambos os pés, além de ficar mais estável sobre uma prancha de surfe e direcionar melhor as tacadas no campo de golfe. A segunda seção inclui uma série de exercícios de corrida que irão melhorar sua velocidade e sua agilidade com os pés, para que você consiga driblar a marcação no futebol, hóquei ou *rugby*. Equilíbrio diferenciado e agilidade são qualidades que acrescentam a qualquer grande esportista. Continue lendo para descobrir como desenvolver esses atributos.

Torne-se mais equilibrado e ágil

Realize este treinamento algumas vezes por semana, entre suas sessões costumeiras de treino, para melhorar o seu jogo.

Equilíbrio sobre um dos pés

Este exercício é bom para voleios e sem-pulos.

Músculos
Panturrilha, tendões e ligamentos do tornozelo.

Execução
1. Posicione-se com os pés afastados na largura dos ombros e os braços estendidos horizontalmente para os lados. Suas mãos devem estar na linha dos ombros.
2. Erga o pé esquerdo, levando o calcanhar esquerdo em direção à parte de trás do joelho esquerdo (Figura 12.1). Feche os olhos e mantenha a posição por 30 segundos; em seguida, inverta as pernas e repita o exercício. Alterne as pernas por um período de 5 minutos.

Figura 12.1 Equilíbrio sobre um dos pés.

Treinamento esportivo

Zigue-zague

Este exercício irá melhorar seu drible e sua habilidade para escapar da marcação.

Músculos
Quadríceps, glúteos, isquiotibiais, panturrilhas, tronco.

Execução
1. Disponha 15 cones em linha reta, com 30 centímetros entre eles.
2. Posicione-se à esquerda do primeiro cone. Ande para a frente, colocando o pé direito entre os dois primeiros cones (Figura 12.2a), e, em seguida, salte para a esquerda e caia sobre o pé esquerdo. Repita esse processo até que passe por todos os cones. Volte trotando à posição inicial.
3. Repita o passo 2, porém, desta vez, pise entre os marcadores com o pé esquerdo e salte sobre o pé direito (Figura 12.2b). Trote até a posição inicial.
4. Posicione-se de frente para os cones. Pise adiante com o pé esquerdo, e, em seguida, pise com o pé direito, de forma que seus pés sempre caiam entre os cones (Figura 12.2c). Trote de volta à posição inicial. Isso conta como uma série. Faça cinco séries.

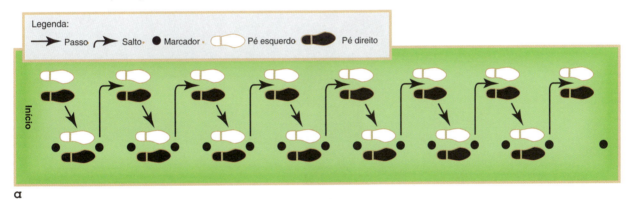

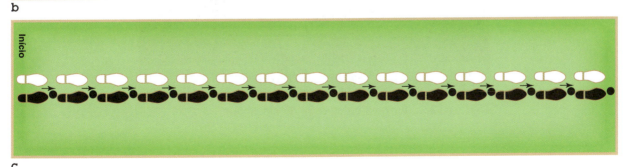

Figura 12.2 Zigue-zague. (a) Coloque o pé direito entre os cones e salte para a esquerda. (b) Coloque o pé esquerdo entre os cones e salte para a direita. (c) Pise com ambos os pés entre os cones.

Preparação física para homens

Elevação unilateral do calcanhar

Este movimento irá melhorar seu salto parado, útil tanto para chutar quanto para cabecear a bola.

Músculos
Panturrilhas, tronco.

Execução
1. Apoie-se sobre a perna direita e erga a perna esquerda em direção ao joelho esquerdo. Deixe os braços do lado do corpo.
2. Erga-se sobre os dedos do pé e coloque o peso do corpo sobre o metatarso do pé direito (Figura 12.3). Mantenha essa posição por 3 segundos, e, então, leve 2 segundos para abaixar o calcanhar de volta à posição inicial. Se quiser aumentar o grau de dificuldade do exercício, segure um halter na mão direita. Faça quatro séries de cinco repetições com cada perna. Não repouse entre as séries.

Figura 12.3 Elevação unilateral do calcanhar.

Treinamento esportivo

Barreiras

Este exercício aumenta sua velocidade em geral e o ajuda a saltar por cima de um obstáculo.

Músculos
Quadríceps, glúteos, isquiotibiais, panturrilhas, tronco.

Execução
1. Coloque cinco barreiras, ou algum outro obstáculo de 30 centímetros, em linha reta com 20 centímetros entre elas. Ponha um cone na linha das barreiras, a 14 metros de distância do quinto obstáculo (Figura 12.4).
2. Salte sobre os cinco obstáculos e corra o mais rápido possível, até chegar ao cone. Trote lentamente de volta para se recuperar. Isso conta como uma série. Faça cinco.

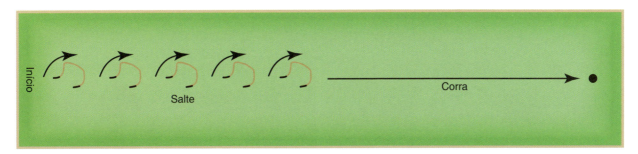

Figura 12.4 Barreiras.

Chute no paredão

Este exercício melhora a precisão e a força do seu chute em ambas as pernas.

Músculos
Glúteos, isquiotibiais, quadríceps.

Execução
1. Posicione-se a 3 metros de distância de uma parede e de frente para ela.
2. Chute a bola contra a parede com o pé direito (Figura 12.5a), de forma que a bola quique em direção ao seu pé esquerdo (Figura 12.5b). Tente manter o controle da bola sem ter que se mover para os lados. Chute a bola com o pé esquerdo para que ela quique para o seu pé direito. Isso conta como uma repetição.
3. Dê um passo para trás e repita o passo 2. Continue indo para trás após cada repetição, até que perca o controle da bola. Quando isso acontecer, volte à distância inicial. Repita durante 5 minutos, ou até que fique tão bom que o espaço acabe.

Figura 12.5 Chute no paredão. (a) Chute a bola com o pé direito. (b) A bola deve quicar em direção ao seu pé esquerdo.

Diamante

Este exercício irá melhorar sua habilidade de aproveitar um contra-ataque e também de se defender contra um.

Músculos
Quadríceps, glúteos, isquiotibiais, panturrilhas, tronco.

Execução
1. Disponha sete marcadores no formato de dois diamantes, deixando 5 metros entre eles (Figura 12.6). O topo do primeiro diamante deve formar a base do segundo.
2. Corra de C1 a C2, e, em seguida, volte de C2 para C3. Vire o corpo em C3 e corra para C1. De C1, corra para C4 de costas, e, por último, corra de frente para C2.
3. Repita o mesmo padrão no segundo diamante, correndo de frente para C7. Isso é uma série. Realize três séries.

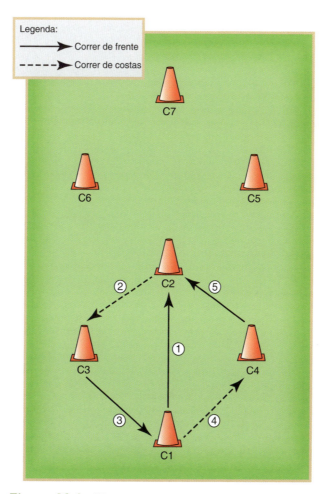

Figura 12.6 Diamante.

Prepare-se para lutar

Adicione potência aos seus socos e arme-se para qualquer conflito.

É bem possível que um dia você se encontre em uma situação em que tenha que se defender. Mulheres, futebol, uma olhada feia – todos esses detalhes sutis que compõem uma noitada ou a volta para casa podem fazer os ânimos se exaltarem. Seja você culpado ou não, homens não costumam chorar pela cerveja derramada – eles preferem brigar em cima dela.

Músculos grandes são ótimos para exibir o bíceps quando se está apontando a direção da academia, porém eles nunca serão responsáveis por vencer uma briga. Em um confronto, velocidade é o elemento vencedor. Um grande lutador tem uma combinação única de força, resistência, velocidade e flexibilidade. Este treinamento desenvolve os músculos utilizados na hora de socar, chutar e arremessar o rival no chão. Parece-lhe o tipo de força que pode vir a ser útil? Faça essa rotina pesada duas ou três vezes por semana e insira-a entre os seus treinos de *sparing*, luta corpo a corpo, saco de pancadas e velocidade. Deixe pelo menos um dia de repouso entre as séries para ter tempo o suficiente de se recuperar. O treinamento lhe renderá mais músculos e potência explosiva, e, no final, você estará melhor que a ONU em matéria de resolução de conflitos.

Treinamento esportivo

Marcha do pato

Este exercício de luta acrescenta potência à parte inferior do corpo. Ele o condiciona a se erguer, caso alguém esteja em cima das suas costas, e a jogar o oponente no chão.

Músculos
Glúteos, panturrilhas, coxas.

Execução
1. Posicione-se com os pés afastados na largura dos ombros. Segure um halter ou um *kettlebell* próximo ao queixo.
2. Dê um passo adiante e deixe que o joelho oposto desça até o chão (Figura 12.7a). Fique agachado e deslize a perna de trás para a frente (Figura 12.7b). Abaixe o joelho e repita. Uma vez que estiver em movimento, não pare. Execute o exercício com velocidade e aplicando força. Faça três séries com dez passadas de cada perna e repouse por 90 segundos entre as séries.

Figura 12.7   Marcha do pato. (a) Abaixe o joelho direito. (b) Deslize a perna esquerda para a frente.

Rotação de tronco com barra apoiada

Este exercício fortalece os músculos que você utiliza quando segura o oponente pela gola e o arremessa no chão.

Músculos
Glúteos, isquiotibiais, tronco, ombros.

Execução
1. Coloque um peso na ponta de uma barra olímpica e encaixe a outra ponta, que está sem peso, no chão ou no canto da sala da academia. Posicione-se com os pés afastados na largura dos ombros e de frente para a barra. Segure a ponta da barra que está com o peso com ambas as mãos. Mantenha os braços estendidos na altura dos peitorais.
2. Segure a barra com ambas as mãos. Abaixe-a, descrevendo um arco em direção à sua perna esquerda (Figura 12.8a), enquanto direciona os pés e os joelhos para a esquerda também. O peso deve terminar atrás da sua perna esquerda.
3. Quando o peso estiver a 2,5 centímetros do chão, use o peito e os braços para puxar a barra de volta à posição inicial, em um movimento similar ao do crucifixo. Endireite os joelhos e gire os pés de volta à posição em que começaram. Repita do lado direito (Figura 12.8b). O movimento completo deve descrever um semicírculo no ar. Faça três séries com cinco a sete repetições de cada lado.

Figura 12.8 Rotação de tronco com barra apoiada. (a) Abaixe a barra para a esquerda. (b) Abaixe a barra para a direita.

Salto com elevação de joelho

Este exercício o ensina a gerar potência nos socos usando o impulso das pernas, tornando-os mais letais.

Músculos
Pernas, parte superior do corpo.

Execução
1. Corra por 5 minutos, para aquecer os músculos. Marque uma distância de aproximadamente 100 metros.
2. Corra normalmente, mas eleve o joelho, até que a coxa fique paralela ao chão (Figura 12.9). Pule a cada passo. O exercício deve ficar parecido com um saltitar prolongado.
3. Corra por 90 segundos a cada 100 metros de saltos. Repita 12 vezes.

Opção na esteira: se estiver em uma esteira, ajuste-a para intervalos de 30 segundos de saltos e 2 minutos de corrida normal a uma velocidade baixa. Repita cinco vezes e repouse por 45 segundos entre as séries.

Figura 12.9 Salto com elevação de joelho.

Preparação física para homens

Flexão com apoio na *medicine ball*

Este exercício desenvolve, simultaneamente, a potência de golpe da parte superior do corpo e a coordenação motora.

Músculos
Peitorais, tríceps, abdome.

Execução
1. Posicione-se em decúbito ventral com uma *medicine ball* embaixo de você. Distribua o peso do corpo sobre os metatarsos. Coloque a mão direita sobre a *medicine ball* e a mão esquerda no chão. Mantenha os braços estendidos, mas não travados.
2. Mantendo as costas retas, flexione os cotovelos e abaixe o corpo, até que o peitoral toque a bola (Figura 12.10a). Com um movimento explosivo, impulsione-se para cima e para o lado com ambas as mãos, de forma que o seu corpo passe sobre a bola e sua mão esquerda termine em cima dela (Figura 12.10b). Mantenha os pés afastados na largura dos quadris e o tronco rígido durante todo o movimento. Faça três séries de cinco repetições com cada braço. Repouse por 60 segundos entre as séries.

Figura 12.10 Flexão com apoio na *medicine ball*. (a) Abaixe o peito até a bola. (b) Impulsione-se para cima com um movimento explosivo e troque a posição das mãos.

Treinamento esportivo

Estender e agachar

Você vai sofrer os piores estragos se apanhar quando estiver no chão. Para reduzir esse risco, o exercício o ajuda a ficar em pé bem rápido.

Músculos
Pernas, tronco, braços, peitorais.

Execução
1. Posicione-se no chão em decúbito ventral, com as mãos do lado do peito e os antebraços perpendiculares ao chão. Mantenha os dedos do pé no chão e os pés perpendiculares ao solo.
2. Flexione levemente os braços (Figura 12.11a) e impulsione-se para cima com as mãos e os metatarsos. Isso fará você ficar no ar. Leve os joelhos para a frente, e erga a parte superior do corpo para a frente e para cima. Você deve aterrissar sobre os pés, em uma posição agachada (Figura 12.11b). Realize esse movimento quatro vezes, e, em seguida, corra 10 metros; isso é uma série. Repouse por 45 segundos entre as séries e complete três séries.

Figura 12.11 Estender e agachar. (a) Impulsione-se com as mãos e os metatarsos. (b) Aterrisse sobre os pés, em uma posição agachada.

Arremesso de *medicine ball*

Este movimento melhora os seus reflexos e o ensina como usar a parte superior do corpo para gerar força e transferi-la a um objeto.

Músculos
Peitorais, ombros, tríceps, abdome.

Execução
1. Posicione-se a 2 metros de distância de uma parede e fique de frente para ela. Separe um pouco os pés e deixe-os afastados na largura dos ombros, flexionando levemente os joelhos. Segure uma *medicine ball* perto do peito com ambas as mãos e flexione os cotovelos (Figura 12.12a).
2. Estenda os cotovelos e arremesse a bola contra a parede (Figura 12.12b). Quando ela quicar, pegue-a novamente; lembre-se de enrijecer o abdome antes de pegar a bola. Faça três séries com 12 repetições e repouse por 30 segundos entre as séries. Para tornar o exercício mais desafiador, realize-o com apenas um braço.

Figura 12.12 Arremesso de *medicine ball*. (*a*) Posição inicial. (*b*) Arremesse a *medicine ball* contra a parede.

Salto lateral alternado

Este exercício desenvolve a velocidade do trabalho de pés, o que o ajudará a desviar do soco alheio e entrar em uma posição que lhe permita desferir o seu soco.

Músculos
Interior das coxas, tornozelos.

Execução
1. Fique em pé, com os pés unidos. Salte para o lado com uma perna (Figura 12.13a).
2. Ao aterrissar, salte imediatamente na direção oposta (Figura 12.13b). Estabeleça um período de tempo para a realização do exercício. Para desenvolver sua rapidez, realize o máximo de repetições possíveis durante 20 segundos. Trote devagar por 1 minuto; em seguida, repita e tente melhorar o seu número de repetições. Repita cinco vezes.

Figura 12.13 Salto lateral alternado. (a) Salte com uma perna. (b) Salte na direção oposta.

Flexão com potência

Este exercício desenvolve potência explosiva nos peitorais e nos braços, o que resulta em um soco mais veloz.

Músculos
Peitorais, tríceps, abdome.

Execução
1. Fique na posição de flexão e posicione as mãos um pouco além da largura dos ombros. Flexione levemente os joelhos.
2. Mantendo as costas retas, abaixe o corpo, até que seus braços estejam abaixo do seu cotovelo (Figura 12.14a). Estenda rapidamente os braços e os joelhos e tire o corpo todo do chão (Figura 12.14b). Se conseguir, bata uma palma quando estiver no ar. Caia sobre suas mãos, e, em seguida, deixe que os pés toquem o chão.
3. Realize duas séries de seis repetições. Repouse por 60 segundos entre cada série.

Figura 12.14   Flexão com potência. (a) Abaixe o corpo em direção ao chão. (b) Impulsione as mãos e os pés para longe do chão.

Prepare-se para as montanhas

Ganhe flexibilidade e equilíbrio para esquiar neste inverno, minimizando os escorregões na neve.

Quando vai esquiar, você costuma trazer de volta dores e machucados? Para não terminar com a bunda no gelo, tanto o esqui quanto o *snowboard* exigem que você tenha força de tronco, equilíbrio, resistência e coordenação. Este treinamento é a garantia de que sua viagem de inverno vai valer a pena.

A coisa mais importante que o esquiador de ocasião deve fazer é se alongar e ficar o mais flexível possível. Independentemente da sua forma física, caso não tenha feito um treino específico para esqui ou *snowboarding*, você irá trabalhar músculos que nem sabia que existiam e já estará agonizando no final do primeiro dia nas montanhas. A maioria das pessoas perde alguns dias de esqui por estar travado e dolorido do primeiro dia. Este programa irá ajudá-lo a escapar da dor e ficar forte e flexível para poder aproveitar cada segundo nas montanhas.

Ganhe equilíbrio e força

Faça esses exercícios de treinamento com peso (descrições no Capítulo 3) duas ou três vezes por semana para melhorar seu equilíbrio e aumentar a velocidade das suas curvas.

- Agachamento (halteres): esse exercício desenvolve a força e a resistência na parte superior das pernas que você precisará para ficar em uma posição agachada durante a descida. Faça três séries de vinte repetições e repouse por 60 segundos entre as séries.
- Barra fixa com pegada pronada: esse exercício desenvolve a força na parte superior do corpo, o que ajuda você a absorver o impacto quando cai e oferece proteção contra as lesões mais comuns, como pulsos e clavículas quebradas. Faça três séries de 8 repetições e repouse por 90 segundos entre as séries.
- Mergulho nas barras paralelas: esse exercício o ajuda a conseguir força na parte superior do corpo, o que melhora o seu equilíbrio nas montanhas. Faça três séries de 18 repetições e repouse por 60 segundos entre as séries.
- Flexão: esse exercício promove equilíbrio muscular na parte superior do corpo, o que, por sua vez, melhora seu equilíbrio sobre os esquis. Faça três séries de 15 repetições e repouse por 45 segundos entre as séries.
- Elevação nas pontas dos pés: esse é um excelente exercício para fortalecer os tornozelos e prevenir lesões. Faça quatro séries de 15 repetições e repouse por 30 segundos entre as séries.
- Prancha lateral: esse exercício deixa você com costas fortes e flexíveis que o ajudam a virar e rodopiar. Realize três séries com 30 segundos de cada lado e repouse por 40 segundos entre as séries.
- Elevação de pernas: esse exercício melhora seu equilíbrio e desenvolve a força que você utilizará para se levantar no gelo diversas vezes. Faça três séries de 20 repetições e repouse por 60 segundos entre as séries.

Alongamentos

Faça esses alongamentos a cada dois dias, quando estiver faltando um mês para a viagem, e todos os dias durante o período de duas semanas que precede sua saída. Mantenha cada posição por 15 segundos, caso você seja flexível, e por 30 segundos, se você for inflexível.

Quadríceps

Sente-se no chão e posicione o pé direito à frente, com a perna estendida. Coloque o pé esquerdo para trás, com o joelho apontando para o lado. Segure o tornozelo esquerdo com a mão esquerda. Segure o pé esquerdo e puxe-o em direção aos glúteos, ao mesmo tempo que empurra os quadris para a frente (Figura 12.15). Repita com a outra perna.

Figura 12.15   Alongamento de quadríceps.

Isquiotibiais

Posicione-se em decúbito dorsal e apoie a perna esquerda estendida no solo. Estenda a perna direita, mantendo o joelho levemente flexionado e o tornozelo flexionado. Erga a perna direita (Figura 12.16), mantendo as costas retas e os glúteos no chão, e segure-a com ambas as mãos ou com uma toalha. Puxe a perna em direção à cabeça. Repita com a outra perna.

Figura 12.16   Alongamento de isquiotibiais.

Virilha

Sente-se no chão com os joelhos flexionados. Una as solas dos pés e traga-as o mais próximo possível do corpo. Segure cada tornozelo com uma mão e posicione seus cotovelos sobre as coxas. Flexione os quadris, empurre a parte superior do corpo para cima e pressione as coxas para baixo com os cotovelos (Figura 12.17).

Figura 12.17 Alongamento de virilha.

Glúteos e coluna

Sente-se no chão. Estenda a perna direita à sua frente e cruze a perna esquerda sobre ela. Coloque o pé esquerdo inteiro no chão, próximo à parte externa do joelho direito e apoie o braço direito na parte de fora do seu joelho esquerdo. Vire-se para a esquerda e coloque a mão esquerda no chão, atrás de você (Figura 12.18).

Figura 12.18 Alongamento de glúteos e coluna.

Costas

Posicione-se com as pernas unidas e os joelhos levemente flexionados. Segure-se em um poste, ou em outro objeto fixo, com ambas as mãos, na altura da cintura. Curve-se para a frente, até que a parte superior do seu corpo esteja paralela ao chão (Figura 12.19). Puxe o corpo levemente para trás e incline-se um pouco para esquerda por 15 segundos, e, em seguida, para a direita.

Figura 12.19 Alongamento de costas.

Treinamento esportivo

Pescoço

Gire o pescoço em 360° lentamente pelo menos dez vezes. Coloque a mão direita no lado direito do rosto e empurre-o por 10 segundos (Figura 12.20), repetindo, em seguida, com o lado esquerdo.

Figura 12.20 Alongamento de pescoço.

Prepare-se para o *rugby*

O *rugby* é um esporte de sangue, suor e orelhas retorcidas, que exige força, potência, velocidade e condição física. Aqui está a maneira de se preparar para ele.

Certa vez, Oscar Wilde disse: "*O rugby é uma boa oportunidade para manter 30 valentões longe do centro da cidade*". O motivo para isso talvez seja que o objetivo do jogo é fingir estar interessado em fazer uma bola oval cruzar uma linha branca enquanto se passa o tempo trombando, derrubando e machucando os 15 oponentes. Ele é tido como um dos esportes mais perigosos do mundo, especialmente quando consideramos os índices de lesões calculados por estudiosos. Um estudo (Requa, DeAvilla e Garrick, 1993) aponta que a modalidade *rugby union* é mais perigosa do que a modalidade *rugby league*, do que o futebol australiano, do que o futebol e do que o hóquei no gelo. Descobriu-se, também, que, em média, a cada jogo do campeonato inglês de primeira divisão, pelo menos dois jogadores de cada lado sofriam lesões que os deixavam inativos por, no mínimo, 18 dias. A probabilidade de se machucar é muito alta, sobretudo se considerarmos que até mesmo os atletas amadores chegam a jogar 35 partidas em uma temporada. Além disso, jogadores de *rugby* são, provavelmente, os atletas mais bem condicionados do planeta. Eles têm que ter visão de jogo, força incrível, agilidade felina e reflexos assustadoramente rápidos.

Faça esses exercícios de uma a três vezes por semana, aliando-os com seus treinos regulares, para desenvolver um corpo que irá se sobressair em qualquer campo. No futebol, no hóquei, no críquete e em praticamente todo esporte que você puder imaginar, um aumento de velocidade irá deixar seus oponentes comendo poeira.

Treinamento de *rugby* ao ar livre

Faça estes exercícios sempre que puder sair ao ar livre. Para os exercícios com *medicine ball*, é suficiente dispor de uma *medicine ball* e de alguns marcadores.

Exercício de potência com *medicine ball*: lançamento lateral

Posicione-se com os pés afastados na largura dos ombros. Flexione levemente os joelhos e mantenha um dos braços estendidos para o lado, na altura do ombro. Vire a palma da mão para cima e segure uma *medicine ball*. Com um movimento explosivo, deslize sua mão para a parte de cima da bola (Figura 12.21) e arremesse tanto a bola quanto o seu braço em direção ao chão. Procure fazer a bola bater no chão com o máximo de impacto. A bola deve aterrissar lateralmente, na mesma linha em que seus pés estiverem. Realize três séries de cinco repetições e repouse por 2 a 3 minutos entre as séries.

Figura 12.21 Lançamento lateral.

Treinamento esportivo

Exercício de potência com *medicine ball*: lançamento por cima cabeça

Posicione-se com os pés afastados na largura dos ombros e se estabilize. Segure uma *medicine ball* atrás da cabeça e forme um ângulo de 90° com os cotovelos (Figura 12.22). Fique nas pontas dos pés, flexionando as panturrilhas durante o movimento, e erga seu corpo o mais alto que conseguir. Coloque a bola exatamente acima da sua cabeça e olhe fixamente para onde pretende lançá-la. Usando a força dos ombros, arremesse a bola no chão com toda a sua força. Ela deve bater à sua frente, a um braço de distância. Termine o exercício com os braços para os lados. Realize três séries de cinco repetições e repouse por 2 a 3 minutos entre as séries.

Figura 12.22 Lançamento por cima da cabeça.

Exercício de potência com *medicine ball*: levantamento acima da cabeça com halter

Ajoelhe-se no chão e segure um único halter entre as suas pernas, com as duas mãos. Mantenha as costas retas e os pés firmes no chão. Com os cotovelos arqueados, levante o peso diretamente acima da cabeça, em um movimento de impulso (Figura 12.23). Mantenha a posição por 1 segundo, e, então, abaixe o peso lentamente até a posição inicial. Haverá resistência no processo de abaixar, portanto, quanto mais você demorar mais músculos serão recrutados para ajudar. Realize três séries de cinco repetições e repouse por 2 a 3 minutos entre as séries.

Figura 12.23 Levantamento acima da cabeça com halter.

Velocidade e agilidade: quadrado

Monte um quadrado com 10 metros de cada lado (Figura 12.24). Comece no canto superior esquerdo (C1). Corra diagonalmente até o canto inferior direito (C2) e realize um *burpee*. (Para fazer o *burpee*, comece na posição de agachamento e coloque as mãos no chão, à sua frente. Jogue os pés para trás, para entrar na posição de flexão. Em um movimento rápido, traga os pés de volta à posição de agachamento, e, em seguida, pule o mais alto que conseguir a partir dessa posição.) Após realizar o *burpee*, corra de costas até o canto superior esquerdo do quadrado (C3) e passe uma *medicine ball* ou um saco de areia pesado a um parceiro. Por último, corra até o canto inferior esquerdo (C4), realize outro *burpee* e corra diretamente ao canto superior esquerdo (C1). Para se recuperar, trote por 30 segundos até um cone posicionado a 15 metros do quadrado. Repita seis vezes.

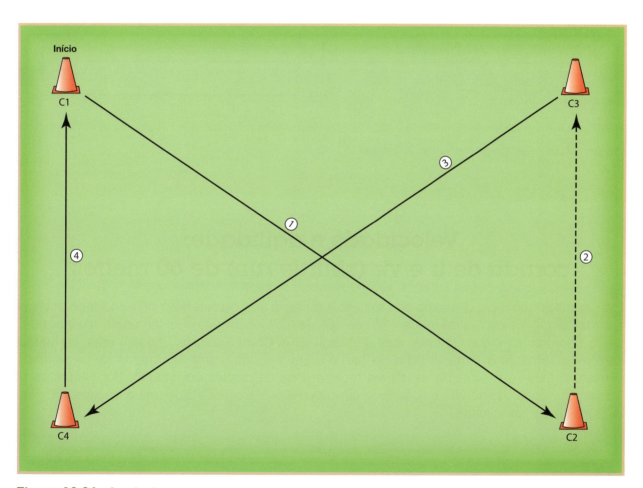

Figura 12.24 Quadrado.

Velocidade e agilidade: corrida de ir e vir (*shuttle run*) de 20 metros

O melhor lugar para realizar este exercício é em um campo aberto. Coloque três pedaços de madeira, cones, fitas ou qualquer outro tipo de marcador em linha, com 5 metros de distância entre eles (Figura 12.25). Coloque um pé de cada lado do marcador central. Agache e toque o chão com a mão direita. (Essa é a posição inicial.) Corra para a direita e toque o outro marcador com a mão direita. Em seguida, corra até o marcador mais distante e toque-o com a mão esquerda. Por fim, cruze a linha de partida, correndo. Quando refizer o exercício, inverta a ordem do movimento, correndo primeiro para a esquerda. Faça a corrida de ir e vir três vezes em cada direção.

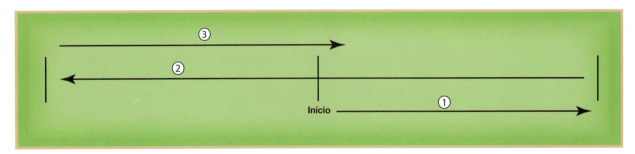

Figura 12.25 Corrida de ir e vir de 20 metros.

Velocidade e agilidade: corrida de ir e vir (*shuttle run*) de 60 metros

Este exercício (também chamado de "suicídio") melhora sua manutenção de velocidade máxima e o melhor lugar para realizá-lo é em um campo de futebol ou *rugby*. Alinhe quatro cones, mantendo 5 metros de distância entre eles (Figura 12.26). Corra 5 metros, toque o primeiro marcador; volte correndo e toque a linha de partida. Em seguida, corra 10 metros até o segundo marcador; toque-o e corra de volta para tocar a linha de partida novamente. Por último, corra 15 metros, toque o marcador e corra tudo de volta. Realize o exercício de três a cinco vezes, uma ou duas vezes por semana.

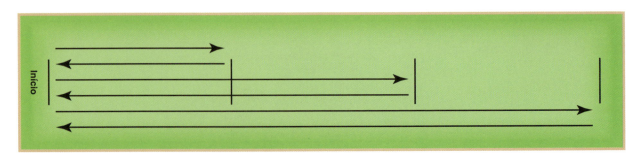

Figura 12.26 Corrida de ir e vir de 60 metros.

Exercícios de academia

Para adicionar potência explosiva à sua corrida, faça estes exercícios de academia pelo menos uma vez por semana.

Salto unilateral na caixa

Posicione-se com o pé direito sobre uma caixa pliométrica (ou um degrau ou um banco) e o pé esquerdo no chão atrás dela. Impulsione o pé direito para fora da caixa com força o suficiente para ficar com ambos os pés no ar. Ao saltar, jogue os braços acima da cabeça (Figura 12.27). Aterrisse com os pés na mesma posição. Faça uma série com dez repetições, e, então, repita o movimento com o pé esquerdo em cima da caixa e o pé direito no chão. Realize duas séries de dez repetições com cada perna.

Figura 12.27 Salto unilateral na caixa.

Salto vertical e salto horizontal parado

Passe giz nos dedos ou molhe as mãos, estenda os braços para o alto e toque em uma parede, deixando um marca. Salte o mais alto que conseguir perto dessa parede (Figura 12.28). Toque na parede quando estiver no topo do movimento para poder calcular a diferença entre a nova marca e a inicial e estabelecer a altura do seu salto vertical. Para o salto horizontal parado, marque os pontos de início e de fim do seu salto, e meça a diferença. Anote essas medidas e acompanhe o seu progresso.

Figura 12.28   Salto vertical.

Treinamento esportivo

Salto na caixa

Posicione-se em frente a uma caixa pliométrica (ou um degrau ou um banco). Agache e abaixe o corpo uns 8 centímetros. Salte para cima e aterrisse sobre a caixa (Figura 12.29) em uma posição agachada, com os joelhos flexionados e os braços estendidos à sua frente, para ajudar no equilíbrio. Desça de volta à posição inicial. Realize duas séries de dez repetições.

Figura 12.29 Salto na caixa.

Salto horizontal

Após realizar os saltos na caixa, faça de três a cinco saltos horizontais. Salte para a frente, aterrisse (Figura 12.30a) e, imediatamente, salte novamente para a frente (Figura 12.30b). Quando melhorar, passe a fazer tanto os saltos na caixa quanto os horizontais com um pé só ou utilizando um colete com pesos, para aumentar a resistência. Faça dois ou três saltos horizontais algumas vezes por semana.

Figura 12.30 Salto horizontal. (a) Salte e aterrisse. (b) Passe imediatamente para o próximo salto.

Contração abdominal

Posicione-se em decúbito dorsal, com os joelhos flexionados e os pés no chão. Coloque as mãos logo abaixo do umbigo. Inspire e deixe que o estômago infle; em seguida, expire e empurre o abdome em direção à espinha dorsal por 4 segundos (Figura 12.31). Mantenha a posição por 2 segundos. Faça um total de 10 a 12 repetições desse movimento. Conforme ganha força de tronco, vá afastando os pés, até que consiga fazer o movimento com as pernas estendidas e as costas pressionadas contra o chão.

Figura 12.31 Contração abdominal.

Rosca martelo em pé

Posicione-se com os pés um pouco menos afastados do que a largura dos ombros. Segure um par de halteres com uma pegada neutra, ou seja, com as palmas das mãos viradas uma para outra. Mantendo o abdome contraído, as costas retas e os cotovelos próximos ao corpo, comece a erguer os antebraços. Não permita que os ombros ou os cotovelos inclinem para frente e fique de olho para que seus cotovelos não se afastem para os lados. Quando os halteres estiverem bem em frente aos seus ombros (Figura 12.32), abaixe-os até que seus braços estejam estendidos novamente, levando de 2 a 3 segundos nesse processo. Pare completamente ao terminar o movimento, e, em seguida, inicie a próxima rosca. Faça três séries com dez repetições e repouse por 90 a 120 segundos entre as séries.

Figura 12.32   Rosca martelo em pé.

Prepare-se para a escalada com músculos firmes como rochas

Antes de começar a se pendurar nas pedras, você deve conseguir um nível básico de força que o deixe preparado para quando estiver balançando no ar. Aqui está a maneira de conseguir isso.

A 1 metro de você está um pequeno buraco de 2 centímetros que você terá que se esticar todo para alcançar com o pé. A questão já não é apenas ganhar ou perder; é uma questão de vida ou morte. Agilidade, precisão e uma coordenação refinada envolvendo o peso corporal são cruciais para sobreviver aos desafios propostos pela escalada. Melhorar essa coordenação olho-mão irá beneficiar suas técnicas de escalada, além de ajustar a direção da sua tacada no golfe, aumentar a precisão de socos e bloqueios nas artes marciais e ajudar você a se livrar dos adversários nos esportes de contato ou se pendurar com firmeza nos esportes de vela. O objetivo deste treinamento é torná-lo um mestre do seu próprio peso corporal. Desse modo, o dinheiro gasto na parede de escalada irá valer muito mais a pena. Realize este treinamento duas vezes por semana, como um complemento a sua rotina normal, e seus músculos irão lhe agradecer por ter alcançado o alvo quando estiver saltando nas rochas.

Seu minitreinamento

Pule corda por 3 a 5 minutos, para aquecer. Posicione-se em frente a um espelho de corpo inteiro, sobre um chão emborrachado de academia. Deixe a corda posicionada atrás de você; olhe para a frente, não para baixo. Salte devagar, sem a corda, por 1 minuto. Quando tiver estabelecido um ritmo, passe a corda por cima da cabeça e por baixo dos pés, saltando continuamente.

Em seguida, alongue-se. Mantenha cada alongamento por 15 segundos.

- Dedos: flexione sutilmente cada dedo para trás, em direção ao pulso.
- Antebraços: flexione a mão inteira para trás, em direção ao pulso.
- Ombros: cruze o braço à frente do peito. Segure o cotovelo desse braço com a mão oposta e puxe-o para junto do corpo.
- Pescoço: mova a sua cabeça sutilmente de um lado para o outro, para a frente e para trás.
- Grandes dorsais: coloque um dos braços acima da cabeça. Flexione o cotovelo e mantenha o antebraço próximo ao restante do braço. Puxe o cotovelo em direção à sua cabeça e às suas costas. Repita com o braço oposto.

Domine seu peso corporal

Se ele é seu, você deveria ser capaz de levantá-lo e movê-lo. Aqui está a receita.

Barra fixa com toalha

Enrole uma toalha em torno de uma barra e segure-a com a mão esquerda. Com a mão direita, agarre a barra com uma pegada invertida. A separação vertical entre suas mãos irá colocar um estresse maior sobre o braço da mão que está mais acima. Puxe-se para cima com ambas as mãos (Figura 12.33).

Iniciante: três ou quatro séries de 5 repetições, segurando ambas as pontas da toalha com uma mão. Utilize o suporte se achar necessário.
Intermediário: quatro séries com 12 a 15 repetições, segurando cada ponta da toalha em uma mão.
Avançado: duas séries de 4 repetições, três séries de 6 repetições e, por último, duas séries de 8 repetições. Utilize um cinto de peso para aumentar a resistência do exercício e reduza a carga conforme aumenta o número de repetições.

Figura 12.33 Barra fixa com toalha.

Treinamento esportivo

Elevação de joelhos suspenso na barra fixa

Segure a barra, posicionando as mãos na largura dos ombros. Cruze os calcanhares e, usando apenas o abdome, erga os joelhos até o peito (Figura 12.34). Não balance; você quer que o abdome trabalhe, portanto, não utilize o impulso. Mova a pelve um pouco para a frente. Mantenha brevemente a posição no ponto mais alto do movimento, e, então, relaxe aos poucos, abaixando os joelhos. Não abaixe as pernas completamente. Repita o exercício.

Iniciante: três ou quatro séries de 10 a 15 repetições.
Intermediário: cinco séries de 20 repetições.
Avançado: pendure-se na barra e erga a parte inferior do corpo para frente, horizontalmente. Mantenha a posição por 10 a 12 segundos, e abaixe. Repita cinco vezes.

Figura 12.34 Elevação de joelhos suspenso na barra fixa.

Rosca com halteres

Segure dois halteres com os braços estendidos e as palmas das mãos voltadas para dentro. Com os cotovelos próximos ao lado do corpo, erga os halteres e gire os antebraços, até que os halteres estejam verticais e as palmas das mãos voltadas para os ombros (Figura 12.35). Abaixe o peso até a posição inicial e repita.

Iniciante: 3 ou 4 séries de 10 repetições.
Intermediário: 4 séries de 12 a 15 repetições.
Avançado: 2 séries de 2 a 4 repetições, 3 séries de 6 repetições, e por último, 2 séries de 8 repetições.

Figura 12.35 Rosca com halteres.

Treinamento esportivo

Pendurar-se na barra

Você precisará de uma *fingerboard*[1], de um batente (certifique-se de que ele está seguro!) ou de uma barra para porta, que deve estar na altura da primeira articulação dos dedos. Mantendo os braços estendidos, pendure-se nas pontas dos dedos com ambas as mãos (Figura 12.36), até que seja forçado a largar. Para melhorar a pegada, passe talco nas mãos.

Iniciante: 3 séries de 3 a 4 segundos.
Intermediário: 4 ou 5 séries de 5 a 7 segundos.
Avançado: 6 ou 7 séries de 8 a 10 segundos.

Figura 12.36 Pendurado na barra.

---
1 N.T.: barra com apoio para os dedos colocada no batente da porta.

Escola de surfe

Prepare-se para o mar com este treinamento que aumentará o equilíbrio e a coordenação de surfistas de todos os níveis.

Imagine um atleta que enfrenta oponentes que ele sabe que não poderá vencer. Seus rivais são infinitamente mais fortes, rápidos e agressivos. É isso que faz o surfista comum toda vez que começa a remar. Temos que concordar que controlar um pedacinho de fibra de vidro enquanto ele é impulsionado pela força mais imprevisível do planeta exige talento e habilidade. E é por isso que as pessoas consideram o surfe um dos esportes mais radicais de se praticar. Portanto, neste verão, não fique à toa na areia. É fácil aprender os segredos do surfe quando se está na forma certa.

Se você está cansado de pegar um bronzeado, pare de imitar uma baleia encalhada e deixe que este programa o transforme de espectador para espetacular. Seja você um novato ou um surfista experiente, este treinamento irá melhorar seu equilíbrio e sua coordenação utilizando bolas suíças e seu peso corporal. Para não passar vergonha, realize-o quando estiver sozinho, e não no meio da praia. Quando enfiar os pés na areia, você parecerá um deus do surfe. Adicione essa rotina ao seu regime regular de treinamento, realizando-o duas vezes por semana durante três ou quatro semanas antes de ir surfar, e você terá um corpo preparado para realizar qualquer manobra.

Circuito de aquecimento

Para aquecer, realize estes três exercícios sem pausas. Quando terminar, repouse por 90 segundos, e, então, repita.

Joelho para o alto

Este exercício melhora o equilíbrio, porque ensina a manter a parte superior do corpo estável enquanto a metade de baixo se mexe de maneira independente. Posicione-se em decúbito dorsal, com os braços ao lado do tronco e os joelhos e os calcanhares unidos. Com o abdome contraído, leve as pernas em direção ao peito (Figura 12.37), mantendo os ombros e a parte superior das costas imóveis. Faça duas séries de 12 repetições.

Figura 12.37   Joelho para o alto.

Treinamento esportivo

Alongamento de costas na bola suíça

Este exercício alonga seus grandes dorsais, o que aumenta o alcance do seu movimento e o ajuda a remar mais rápido. Ajoelhe-se em frente a uma bola suíça e coloque as palmas das mãos sobre a bola. Mantenha o tronco para cima, os ombros para trás e o abdome contraído. Arqueie as costas e role a bola suíça para a frente, mantendo o quadril para trás e os glúteos sobre os calcanhares (Figura 12.38). Certifique-se de que está rolando a bola para a frente, e não passando o corpo sobre a bola. Faça duas séries de 20 repetições.

Figura 12.38 Alongamento de costas na bola suíça.

Caminhada com as mãos

Este exercício ensina você a usar o tronco para aproximar as metades superior e inferior do corpo, da mesma maneira que você faz quando está realizando manobras nas ondas. Ajoelhe-se, incline-se para a frente e coloque as mãos no chão. Com o abdome contraído todo o tempo, ande para a frente com as mãos (Figura 12.39). Pare quando seu rosto estiver a uns 8 centímetros do chão, e, em seguida, ande com os pés em direção às suas mãos. Faça duas séries de seis repetições. Para aumentar o nível de dificuldade, realize o exercício em pé, com os pés afastados na largura dos ombros.

Figura 12.39 Caminhada com as mãos.

Supersérie 1

Realize estes três exercícios sem fazer pausas. Quando terminar, repouse por 90 segundos e repita mais duas vezes.

Step e desenvolvimento com *medicine ball*

Este exercício lhe dá força suficiente nas pernas, nos ombros e no tronco para se manter ereto e equilibrado sobre um objeto instável: sua prancha.

Execução

1. Posicione-se com os pés afastados na largura dos ombros, à frente de uma caixa (ou de um degrau) de, aproximadamente, 30 centímetros de altura. Segure uma *medicine ball* na altura do peito.
2. Suba na caixa com o pé direito e faça força para baixo, com o calcanhar (Figura 12.40a). Com a perna esquerda já estendida, equilibre-se sobre a perna direita e levante a *medicine ball* acima da cabeça (Figura 12.40b).
3. Mantendo os peitorais para a frente e as costas retas, abaixe a bola e desça até a posição inicial. Complete todas as repetições com a perna direita, e, depois, troque para a esquerda. Faça duas séries de 12 repetições.

Figura 12.40 *Step* e desenvolvimento com *medicine ball*. (*a*) *Step* (*b*) Desenvolvimento acima da cabeça.

Treinamento esportivo

Avanço com rotação

Este movimento força você a manter o equilíbrio quando sua metade inferior fica estática e a superior se move, desenvolvendo, assim, sua coordenação. Isso é crucial para quem deseja realizar movimentos com maiores potência e equilíbrio.

Execução
1. Posicione-se com os pés afastados na largura dos ombros e os braços cruzados no peito. Coloque o pé direito aproximadamente 1 metro à frente do esquerdo, e fique na posição de avanço. Gire para a esquerda, guiando o movimento com o ombro esquerdo à frente (Figura 12.41).
2. Retorne à posição inicial, e, em seguida, coloque a perna esquerda adiante. Gire para a direita, guiando o movimento com o ombro direito à frente. Faça duas séries de dez repetições com cada perna.

Figura 12.41 Avanço com rotação.

Prancha com elevação de perna

Este exercício irá melhorar a estabilidade dos ombros, da cintura e do tronco, as três ferramentas mais importantes no surfe. Essas áreas trabalham juntas para lhe dar mais equilíbrio.

Execução

1. Posicione-se em decúbito ventral, na posição de flexão. Coloque os antebraços no chão, abaixo dos ombros.
2. Mantendo o corpo em linha reta, erga-se sobre os cotovelos e abaixe o queixo, para deixar a cabeça alinhada com o resto do corpo. Erga a perna esquerda (Figura 12.42) e abaixe-a novamente. Alterne as pernas a cada repetição. Se quiser aumentar a resistência do exercício, coloque uma *medicine ball* sobre a lombar. Faça duas séries com 12 repetições.

Figura 12.42 Prancha com elevação de perna.

Superserie 2

Realize estes exercícios em sequência. Quando terminar, repouse por 90 segundos, e, depois, repita duas vezes.

Rotação russa sobre a bola suíça

Este exercício lhe dá a força rotacional necessária para manter o equilíbrio e manobrar a prancha sobre as ondas.

Execução

1. Deite-se com as costas sobre a bola suíça e posicione os pés afastados na largura dos ombros. Estenda os braços e segure uma *medicine ball* com ambas as mãos.
2. Mantendo as pernas paradas, gire os braços e o tronco da esquerda (Figura 12.43) para a direita. Sua cabeça e sua coluna dorsal devem continuar na mesma posição, enquanto seu tronco gira em torno delas. Caso não tenha uma bola suíça, sente-se com as costas em um ângulo de 45° em relação ao chão. Erga os joelhos e flexione-os a 90°. Nessa posição, gire da esquerda para a direita. Faça duas séries de 12 repetições.

Figura 12.43 Rotação russa sobre a bola suíça.

Subindo na prancha

Este exercício ensina você a ficar de pé sobre a prancha da maneira mais rápida e explosiva possível.

Execução
1. Posicione-se em decúbito ventral, entrando na posição de flexão. O seu corpo deve formar uma linha reta dos ombros aos tornozelos.
2. Mantendo as costas retas, abaixe o corpo, até que seus braços estejam mais baixos do que seus cotovelos (Figura 12.44a). Num movimento rápido, estenda os cotovelos, salte para o alto e fique em pé, aterrissando com os pés afastados na largura dos quadris. Nessa posição, a parte superior do seu corpo deve se voltar para a frente (Figura 12.44b). Retorne à posição inicial e repita o exercício. Faça duas séries de 12 a 15 repetições.

Figura 12.44 Subindo na prancha. (a) Posição inicial. (b) Em pé na prancha.

Treinamento esportivo

Flexão de quadris na bola suíça

Este exercício desenvolve força na parte superior do corpo, além de aumentar sua flexibilidade e coordenação.

Execução
1. Coloque as mãos no chão e entre na posição de flexão. Posicione seus tornozelos sobre uma bola suíça.
2. Empurre os glúteos para o ar, flexione os quadris e role a bola suíça em direção às mãos (Figura 12.45), apoiando-se sobre as pontas dos pés. Mantenha brevemente a posição e retorne as pernas à posição inicial. Faça duas séries de 12 a 15 repetições.

Figura 12.45 Flexão do quadris na bola suíça.

O melhor trabalho cardio

A parte mais complicada do surfe é remar, pois exige muita resistência. Porém, se você perguntar a um surfista se ele acha o esporte dele difícil, provavelmente receberá uma risada como resposta. A alegria de andar sobre as ondas costuma apagar da memória dos surfistas a cansativa remada, e isso, muitas vezes, os faz esquecer da excelente forma física em que estão. Contudo, imagine-se tentando atravessar ondas ávidas para jogá-lo para trás quando estiver em cima de uma pesada prancha. É como correr na esteira tentando alcançar a televisão que está atrás. Mesmo quando estiver em forma e souber mergulhar por debaixo das ondas, sempre haverá o risco de ficar preso na correnteza e ser puxado para alto mar.

Com isso em mente, só há um tipo de exercício cardio que vale a pena fazer: nadar. O melhor estilo? *Crawl*. O nado costas também funciona, pois é o inverso do *crawl*; portanto, sua melhor opção é misturar os dois. Tente fazer o máximo de chegadas que conseguir, para melhorar a resistência e a potência de remada. O treino irá condicionar os músculos que você utiliza para remar e o ensinará a aguentar um tempo dentro da água sem respirar, uma das coisas mais assustadoras que podem acontecer no mar. Você irá pegar mais ondas e se divertir muito mais se for capaz de manter a compostura quando estiver sem oxigênio e enroscado com as ondas. Não tem piscina? Remar no seco é a segunda melhor opção, pois, assim, você trabalha os ombros e a parte superior das costas. Lembre-se: quanto mais forte você trabalhar fora da água, mais fácil será a vida quando chegar à praia.

Falando sobre esportes

Aqui estão as respostas para algumas das questões mais comuns sobre o treinamento esportivo.

P: **A massagem ajuda na recuperação de treinamentos pesados?**

R: Os *hippies* de todo o mundo irão reclamar quando lerem que a massagem não faz nada pela recuperação, mas, pelo menos, eles não são um grupo muito violento. Um estudo da Queens University, nos Estados Unidos (Wiltshire et al., 2010), descobriu que fazer massagem após o exercício não ajuda a circular sangue para os músculos, nem remove o ácido láctico e outras substâncias residuais. Na verdade, eles notaram que a massagem após o exercício prejudicava a chegada do sangue nos músculos e a remoção de ácido láctico. Infelizmente, nem toda massagem tem um final feliz.

P: **Depois de jogar no sábado, fico cansado. Como posso treinar, se meus músculos e minhas articulações estão doloridos?**

R: Após um sábado de jogo, a piscina é o melhor lugar para realizar a sessão de domingo ou de segunda-feira. Os chamados exercícios pliométricos formam a base do treinamento de todo atleta que quer melhorar seu rendimento, pois são explosivos e desenvolvem a musculatura; porém, são conhecidos por deixarem as pessoas procurando a placa do caminhão que as atropelou. Entretanto, quando realizados na água, os exercícios pliométricos reduzem drasticamente a dor muscular que você sente dois ou três dias após um treinamento. Após um treino pesado de pernas, vá à piscina e faça três ou quatro séries com seis repetições de afundo com salto. Dessa forma, você irá parar de mancar por aí.

P: **Se eu tenho um problema no joelho, vale a pena entrar na tina de gelo após o jogo?**

R: Sim, mas você pode tratar a área comprometida diretamente em vez de mergulhar até o pescoço no gelo. Uma pesquisa publicada no European Journal of Sport Science (Brade, Dawson e Wallman, 2012) descobriu que alternar entre condições quentes e frias impulsiona a recuperação e acelera a volta da força e potência muscular após um treinamento. Pegue um saco de gelo e pressione-o contra o joelho por 1 minuto; em seguida, mergulhe esse joelho na água quente por

1 minuto. Alterne durante 12 minutos, e você logo será capaz de aguentar duas corridas em sequência. Não tem problema se elas tiverem só 5 quilômetros.

P: **Eu gosto de surfar e andar de *snowboard*. Qual o melhor exercício para eu melhorar meu equilíbrio?**

R: Para conseguir equilíbrio, você tem de trabalhar a metade inferior do corpo, e o melhor exercício para isso é o agachamento. Para conseguir um equilíbrio impecável, faça os agachamentos com uma perna só, usando o peso corporal. Quando estiver fazendo três séries de dez agachamentos sem balançar sobre o piso duro, é hora de buscar um improvável ajudante: seu travesseiro. Os seus músculos dos quadris e das pernas terão que trabalhar muito mais sobre uma superfície acolchoada. Faça os agachamentos assim que acordar, e você logo terá pernas mais fortes e um ótimo equilíbrio, que o ajudarão a ficar firme sobre qualquer prancha.

P: **Eu jogo *rugby* de modo competitivo, mas tenho dificuldades em equilibrar o esforço demandado pelos treinos esportivos, com peso e cardio. Eu posso treinar quando estiver sentindo um pouco de dor?**

R: Evitar a academia quando se está com dor é algo muito sensato. A rigidez muscular geralmente significa que você treinou duro e que seu corpo ainda está se recuperando. Você pode treinar se não estiver paralisado de dor. Um pouco de rigidez é bom e, uma vez aquecidos, os seus músculos provavelmente irão parar de doer. Escolha com sabedoria e tente alterar sua dieta, para que ela possa suprir a sua pesada carga de treinamento. Não treine no dia anterior ao jogo, para que seus músculos estejam totalmente recuperados na hora certa.

P: **Eu assisti à competição do "Homem mais forte do mundo", e, agora, quero treinar como eles, para ficar mais forte no meu esporte. Como devo começar?**

R: Um passo de cada vez. Você não vai querer um jardim repleto de rodas de trator que ninguém consegue virar. Um dos melhores exercícios que você pode fazer envolve o seu carro. Leve-o a um estacionamento vazio e peça para um amigo sentar no banco do condutor. Então, vá atrás do carro e empurre-o. Você conseguirá uma incrível força nas pernas e seu preparo cardiovascular irá melhorar, duas coisas úteis em qualquer campo ou quadra. Deixe a esteira para os perdedores que irão enfrentá-lo.

P: **Jogo golfe e quero que minhas tacadas sejam mais longas. Como posso fazer isso?**

R: Realize treinamentos cujo enfoque seja a potência rotacional e a flexibilidade. Outra coisa que deve fazer é seguir uma rotina rígida de alongamentos que contemple todos os músculos, para que sua tacada saia naturalmente e não fique enrijecida com o tempo. Quando for à academia, trabalhe dois grupos musculares. O primeiro é o tronco. Trabalhe o tronco de uma a três vezes por semana utilizando alguns dos treinamentos de abdome que estão neste livro. O segundo são os peitorais. Para cientistas da East Stroudsburg University, nos Estados Unidos (Gordon et al., 2009), peitorais poderosos melhoram a tacada de golfe. Surpreendentemente, a força nos peitorais teve um efeito maior sobre a velocidade da cabeça do taco – um importante indicador da distância da tacada – do que a rotação corporal, pois o peitoral trabalha ativamente durante a fase de aceleração do *swing*. Talvez seja uma boa ideia perguntar ao seu adversário quanto ele pega no supino antes de propor uma aposta.

P: **O quão importantes são as conversas de time? Deveríamos passar mais tempo aquecendo ou conversando?**

R: Leve o tempo necessário para aquecer a língua. Um estudo da Universidade Estadual da Flórida (Tenenbaum, Sar-El e Bar-Eli, 2000) descobriu que os times

Preparação física para homens

vencedores conversam o dobro sobre estratégia do que os perdedores e que os companheiros dos times vencedores encorajavam verbalmente uns aos outros quase três vezes mais que os adversários. Não importa qual seja o seu esporte coletivo, tente discutir a estratégia e encorajar seus companheiros a cada jogada. Se precisar, cite o mantra do filme *Jamaica abaixo de zero*: "Eu vejo orgulho. Eu vejo poder. Eu vejo um cara durão que não aceita desaforo de ninguém!".

P: **Sou um triatleta. Caso eu esteja com dores em todo o corpo após uma corrida, existe algo que possa fazer para me recuperar mais rápido?**

R: Existem pesquisas conflitantes sobre esse tema. A tina de gelo pode ajudar a reduzir o inchaço e a inflamação. Caso o bar da esquina não queira emprestar a máquina de gelo, tome um banho e alterne entre 30 segundos de água quente e 30 segundos de água fria. Quando estiver relaxando no sofá, estenda as pernas para cima, deixando-as mais altas do que seu coração. A gravidade irá mover os fluídos que estão nas pernas para o resto do corpo, em vez de deixar o sangue se acumular, o que acelera a recuperação.

P: **Devo me preocupar em comprar um tênis de corrida caro?**

R: Não, apenas compre um par com o qual se sinta confortável. Tênis caro é um desperdício de dinheiro. Para resolver a questão da necessidade de um tênis caro, basta analisarmos se o tênis de corrida é, de fato, necessário. Esse tipo de tênis surgiu apenas nos anos 1970. E o que as pessoas faziam antes disso? Elas corriam, quebravam recordes mundiais e, ainda, estavam em melhor forma do que a maioria das

pessoas hoje em dia. Tênis de corrida tem um pouco de farsa. Nenhuma empresa nunca bancou ou produziu uma pesquisa que demonstre os benefícios do tênis de corrida, simplesmente porque eles não existem. Entretanto, uma pesquisa publicada na PM&R (Kerrigan et al., 2009) descobriu que os tênis de corrida podem causar danos aos joelhos, à cintura e aos tornozelos. Os pesquisadores notaram que eles exerciam um estresse maior sobre essas articulações do que se a pessoa corresse descalça. A Nike não vai sair divulgando isso; em vez disso, vai dizer que você precisa de um calçado acolchoado, pois ele é macio. Infelizmente, essa maciez resulta em uma instabilidade que pode afetar seu tornozelo.

É isso! Agora, você tem todos os truques, os programas de treinamento e as informações confiáveis de que precisa para ter um ótimo desempenho nos campos e no dia a dia. Ao encontrar prazer no exercício, você dá ao seu corpo e à sua alma um presente para a vida toda. Para ter uma ideia de seu progresso, resgate o diário de treino que começou a fazer quando iniciou este livro. Não há dúvidas de que ocorreram grandes mudanças, tanto mentais quanto físicas. Seu trabalho duro e sua incansável persistência provavelmente lhe ensinaram um pouco mais sobre si mesmo e sobre os incríveis feitos de que você nem sabia que era capaz quando decidiu mudar. Você aprendeu muitas lições nesse caminho, algumas difíceis, outras, mais fáceis. A principal delas é o autorrespeito, pois, quando o corpo está forte, a mente se torna igualmente forte. Portanto, continue firme, encontre sua paixão e aproveite a vida, com a aparência que merece. O homem morto flutua com a corrente, ao passo que o homem forte nada contra ela. Nunca espere o navio chegar: nade até ele.

Referências

Ainsworth, B.E., W.L. Haskell, M.C. Whitt, M.L. Irwin, A.M. Swartz, S.J. Strath, W.L. O'Brien, D.R. Bassett Jr., K.H. Schmitz, P.O. Emplaincourt, D.R. Jacobs Jr., and A.S. Leon. 2000. Compendium of physical activities: An update of activity codes and MET intensities. *Med. Sci. Sports Exerc.* 32(9 Suppl.):S498-S504.

Amigo, I., and C. Fernandez. 2007. Effects of diet and their role in weight control. *Psychol. Health Med.* 12(3):321-327.

Azadzoi, K.M., R.N. Schulman, M. Aviram, and M.B. Siroky, M.B. 2005. Oxidative stress in arteriogenic erectile dysfunction: Prophylactic role of antioxidants. *J. Urol.* 174(1):386-393.

Bandy, W.D., J.M. Irion, and M. Briggler. 1997. The effect of time and frequency of static stretching on flexibility of the hamstring muscles. *Phys. Ther.* 77(10):1090-1096.

Bell, G.J., D. Syrotuik, T.P. Martin, R. Burnham, and H.A. Quinney. 2000. Effect of concurrent strength and endurance training on skeletal muscle properties and hormone concentrations in humans. *Eur. J. Appl. Physiol.* 81(5):418-427.

Bell, N.H., R.N. Godsen, D.P. Henry, J. Shary, and S. Epstein. 1988. The effects of muscle-building exercise on vitamin D and mineral metabolism. *J. Bone Miner. Res.* 3(4):369-374.

Børsheim, E., and R. Bahr. 2003. Effect of exercise intensity, duration and mode on post-exercise oxygen consumption. *Sports Med.* 33(14):1037-1060.

Brade, C., B. Dawson, and K. Wallman. 2012. Effects of different precooling techniques on repeat sprint ability in team sport athletes. Available: www.tandfonline.com/doi/full/10.1080/17461391.2011.651491.

Bramble, D.M., and D.E. Lieberman. 2004. Endurance running and the evolution of *Homo*. *Nature.* 432(7015):345-352.

Bryner, R.W., I.H. Ullrich, J. Sauers, D. Donley, G. Hornsby, M. Kolar, and R. Yeater. 1999. Effects of resistance vs. aerobic training combined with an 800 calorie liquid diet on lean body mass and resting metabolic rate. *J. Am. Coll. Nutr.* 18(2):115-121.

Childs, J.D., D.S. Teyhen, P.R. Casey, K.A. McCoy-Singh, A.W. Feldmann, A.C. Wright, J.L. Dugan, S.S. Wu, and S.Z. George. 2010. Effects of traditional sit-up training versus core stabilization exercises on short-term musculoskeletal injuries in US Army soldiers: A cluster randomized trial. *Phys. Ther.* 90(10):1404-1412.

Cooper, K.H. 1968. A means of assessing maximal oxygen uptake. *J. Am. Med. Assoc.* 203:201-204.

Davis, W.J., D.T. Wood, R. Andrews, L.M. Elkind, and W.B. Davis. 2008. Elimination of delayed-onset muscle soreness by pre-resistance cardioacceleration before each set. *J. Strength Cond. Res.* 22(1):212-225.

Delarue, J., O. Matzinger, C. Binnert, P. Schneiter, R. Chiolero, and L. Tappy. 2003. Fish oil prevents the adrenal activation elicited by mental stress in healthy men. *Diabetes Metab.* 29(3):289-295.

Dhikav, V., G. Karmarkar, M. Gupta, and K.S. Anand. 2007. Yoga in premature ejaculation: A comparative trial with fluoxetine. *J. Sex. Med.* 4(6):1726-1732.

Engler, M.B., M.M. Engler, C.Y. Chen, M.J. Malloy, A. Browne, E.Y. Chiu, H.-K. Kwak, P. Milbury, S.M. Paul, J. Blumberg, and M.L. Mietus-Snyder. 2004. Flavonoid-rich dark chocolate improves endothelial function and increases plasma epicatechin concentrations in healthy adults. *J. Am. Coll. Nutr.* 23(3):197-204.

Farrell, P.A., A.B. Gustafson, W.P. Morgan, and C.B. Pert. 1987. Enkephalins, catecholamines, and psychological mood alterations: Effects of prolonged exercise. *Med. Sci. Sports Exerc.* 19(4):347-353.

Ferris, L.T., J.S. Williams, C.-L. Shen, K.A. O'Keefe, and K.B. Hale. 2005. Resistance training improves sleep quality in older adults – A pilot study. *J. Sports Sci. Med.* 4:354-360.

Gallagher, D., S.B. Heymsfield, M. Heo, S.A. Jebb, P.R. Murgatroyd, and Y. Sakamoto. 2000. Healthy percentage body fat ranges: An approach for developing guidelines based on body mass index. *Am. J. Clin. Nutr.* 72(3):694-701.

Golding, L.A., C.R. Myers, and W.E. Sinning. (Eds.) 1989. *Y's way to physical fitness: The complete guide to fitness testing and instruction.* 3rd ed. Champaign, IL: Human Kinetics.

Gordon, B.S., G.L. Moir, S.E. Davis, C.A. Witmer, and D.M. Cummings. 2009. An investigation into the relationship of flexibility, power, and strength to club head speed in male golfers. *J. Strength Cond. Res.* 23(5):1606-1610.

Gottlieb, D.J., N.M. Punjabi, A.B. Newman, H.E. Resnick, S. Redline, C.M. Baldwin, and F.J. Nieto. 2005. Association of sleep time with diabetes mellitus and impaired glucose tolerance. *Arch. Intern. Med.* 165(8):863-867.

Gundersen, Y., P.K. Opstad, T. Reistad, I. Thrane, and P. Vaagenes. 2006. Seven days' around the clock exhaustive physical exertion combined with energy depletion and sleep deprivation primes circulating leukocytes. *Eur. J. Appl. Physiol.* 97(2):151-157.

Herbert, R.D., M. de Noronha, and S.J. Kamper. 2010. Stretching to prevent or reduce muscle soreness after exercise. Available: http://onlinelibrary.wiley.com/doi/10.1002/14651858.CD004577.pub3/abstract;jsessionid=96D334E88F323A4A4239BC01A24E07A6.d03t02.

Hornyak, M., U. Voderholzer, F. Hohagen, M. Berger, and D. Riemann. 1998. Magnesium therapy for periodic leg movements-related insomnia and restless legs syndrome: An open pilot study. *Sleep.* 21(5):501-505.

Hunter, D., and F. Eckstein. 2009. Exercise and osteoarthritis. *J. Anat.* 214(2):197-207.

Jayaprakasha, G.K., K.N. Chidambara Murthy, and B.S. Patil. 2011. Rapid HPLC-UV method for quantification of L-citrulline in watermelon and its potential role on smooth muscle relaxation markers. *Food Chem.* 127(1):240-248.

Johnstone, A.M., G.W. Horgan, S.D. Murison, D.M. Bremner, and G.E. Lobley. 2008. Effects of a high-protein ketogenic diet on hunger, appetite, and weight loss in obese men feeding ad libitum. *Am. J. Clin. Nutr.* 87(1):44-55.

Karila, T.A., P. Sarkkinen, M. Marttinen, T. Seppälä, A. Mero, and K. Tallroth. 2008. Rapid weight loss decreases serum testosterone. *Int. J. Sports Med.* 29(11):872-877.

Kelleher, A.R., K.J. Hackney, T.J. Fairchild, S. Keslacy, and L.L. Ploutz-Snyder. 2010. The metabolic costs of reciprocal supersets vs. traditional resistance exercise in young recreationally active adults. *J. Strength Cond. Res.* 24(4):1043-1051.

Kerai, M.D., C.J. Waterfield, S.H. Kenyon, D.S. Asker, and J.A. Timbrell. 1999. Reversal of ethanol-induced hepatic steatosis and lipid peroxidation by taurine: A study in rats. *Alcohol Alcohol.* 34(4):529-541.

Kerrigan, D.C., J.R. Franz, G.S. Keenan, J. Dicharry, U. Della Croce, and R.P. Wilder. 2009. The effect of running shoes on lower extremity joint torques. *PM&R.* 1(12):1058-1063.

Kindermann, W., A. Schnable, W. Schmitt, G. Biro, J. Cassens, and F. Weber. 1982. Catecholamines, growth hormone, cortisol, insulin and sex hormones in anaerobic and aerobic exercise. *Eur. J. Appl. Physiol. Occup. Physiol.* 49(3):389-399.

Kolata, G. 2001. "Maximum" heart rate theory is challenged. *The New York Times*, April 24.

Lally, P., C.H.M. van Jaarsveld, H.W.W. Potts, and J. Wardle. 2010. How are habits formed: Modelling habit formation in the real world. *Eur. J. Soc. Psychol.* 40(6):998-1009.

Leidy, H.J., M. Tang, C.L.H. Armstrong, C.B. Martin, and W.W. Campbell. 2010. The effects of consuming frequent, higher protein meals on appetite and satiety during weight loss in overweight/obese men. *Obesity.* 19(4):818.

Loprinzi, P.D., and B.J. Cardinal. 2011. Association between objectively-measured physical activity and sleep, NHANES 2005-2006. *Ment. Health Phys. Act.* 4(2):65.

Maggio, M., G.P. Ceda, F. Lauretani, C. Cattabiani, E. Avantaggiato, S. Morganti, F. Ablondi, S. Bandinelli, L.J. Dominguez, M. Barbagallo, G. Paolisso, R.D. Semba, and L. Ferrucci. 2011. Magnesium and anabolic hormones in older men. *Int. J. Androl.* 34(6 Pt. 2):E594-E600.

Referências

Mah, C.D., K.E. Mah, E.J. Kezirian, and W.C. Dement. 2011. The effects of sleep extension on the athletic performance of collegiate basketball players. *Sleep*. 34(7):943-950.

Maresh, C.M., M.J. Whittlesey, L.E. Armstrong, L.M. Yamamoto, D.A. Judelson, K.E. Fish, D.J. Casa, S.A. Kavouras, and V. Castracane. 2006. Effect of hydration state on testosterone and cortisol responses to training-intensity exercise in collegiate runners. *Int. J. Sports Med*. 27(10):765-770.

Markovic, G., D. Dizdar, I. Jukic, and M. Cardinale. 2004. Reliablity and factorial validity of squat and countermovement jump tests. *J. Strength Cond. Res*. 18(3):551-555.

Mazzetti. S., M. Douglass, A. Yocum, and M. Harber. 2007. Effect of explosive versus slow contractions and exercise intensity on energy expenditure. *Med. Sci. Sports Exerc*. 39(8):1291-1301.

McLester, J.R., P. Bishop, and M. Guilliams. 1999. Comparison of 1 and 3 day per week of equal volume resistance training in experienced subjects. *Med. Sci. Sports Exerc*. 31(5 Suppl.):S117.

Mjølsnes, R., A. Arnason, T. Østhagen, T. Raastad, and R. Bahr. 2004. A 10-week randomized trial comparing eccentric vs. concentric hamstring strength training in well-trained soccer players. *Scand. J. Med. Sci. Sports*. 14(5):311-317.

Okada, T., K. Huxel, and T. Nesser. 2011. Relationship between core stability, functional movement and performance. *J. Strength Cond. Res*. 25(1):252-261.

Paffenbarger, R.S. Jr., R.T. Hyde, A.L. Wing, and C.C. Hsiegh. 1986. Physical activity, all-cause mortality, and longevity of college alumni. *N. Engl. J. Med*. 314(10):605-613.

Pereles, D., and E. McDevitt. 2011. Proceedings of the American Academy of Orthopaedic Surgeons Meeting, February 15-19.

Prokop, P., M.J. Rantala, M. Usak, and I. Senay. 2012. Is a woman's preference for chest hair in men influenced by parasite threat? *Arch. Sex. Behav*. Sept. 13 (epub ahead of print).

Purslow, L.R., M.S. Sandhu, N. Forouhi, E.H. Young, R.N. Luben, A.A. Welch, K.T. Khaw, S.A. Bingham, and N.J. Wareham. 2008. Energy intake at breakfast and weight change: Prospective study of 6,764 middle-aged men and women. *Am. J. Epidemiol*. 167(2):188-192.

Requa, R.K., L.N. DeAvilla, and J.G. Garrick. 1993. Injuries in recreational adult fitness activities. *Am. J. Sports Med*. 21(3):461-467.

Robergs, R.A., and R. Landwehr. 2002. The surprising history of the "HRmax = 220 – age" equation. *J. Exerc. Physiol. Online*. 5(2):1-10.

Rogers, R.A., R.U. Newton, K.P. McEvoy, E.M. Popper, B.K. Doan, and J.K. Shim. 2000. The effect of supplemental isolated weight-training exercises on upper-arm size and upper-body strength. Muncie, IN: Human Performance Laboratory, Ball State University.

Sherman, K.J., D.C. Cherkin, J. Erro, D.L. Miglioretti, and R.A. Deyo. 2005. Comparing yoga, exercise, and a self-care book for chronic low back pain: A randomized, controlled trial. *Ann. Intern. Med*. 143(12):849-856.

Shrier, I. 2004. Does stretching improve performance? A systematic and critical review of the literature. *Clin. J. Sports Med*. 14(5):267-273.

Shrier, I., and K. Gossal. 2000. Myths and truths of stretching: Individualized recommendations for healthy muscles. *Phys. Sports Med*. 28(8):57-63.

Siri-Tarino, P.W., Q. Sun, F.B. Hu, and R.M. Krauss, R.M. 2010. Meta-analysis of prospective cohort studies evaluating the association of saturated fat with cardiovascular disease. *Am. J. Clin. Nutr*. 91(3):535-546.

Slotterback, C.S., H. Leeman, and M.E. Oakes. 2006. No pain, no gain: Perceptions of calorie expenditures of exercise and daily activities. *Curr. Psychol*. 25(1):28-41.

Smith-Spangler, C., M.L. Brandeau, G.E. Hunter, J.C. Bavinger, M. Pearson, P.J. Eschbach, V. Sundaram, H. Liu, P. Schirmer, C. Stave, I. Olkin, and D.M. Bravata. 2012. Are organic goods safer or healthier than conventional alternatives? A systematic review. *Ann. Intern. Med*. 157(5):348-366.

Stallknecht, B., F. Dela, and J.W. Helge. 2007. Are blood flow and lipolysis in subcutaneous adipose tissue influenced by contractions in adjacent muscles in humans? *Am. J. Physiol. Endocrinol. Metab*. 292(2):E394-E399.

Stephens, R., J. Ling, T.M. Heffernan, N. Heather, and K. Jones. 2008. A review of the literature on the cognitive effects of alcohol hangover. *Alcohol Alcohol*. 43(2):163-170.

Sullivan, E.L., and J.L. Cameron. 2010. A rapidly occurring compensatory decrease in physical activity counteracts diet-induced weight loss in female monkeys. *Am. J. Physiol. Regul. Integr. Comp. Physiol*. 298(4):R1068-R1074.

Sunkaria, R.K., V. Kumar, and S.C. Saxena. 2010. A comparative study on spectral parameters of HRV in yogic and non-yogic practitioners. *Int. J. Med. Eng. Inform.* 2(1):1-14.

Takahashi, Y., D.M. Kipnis, and W.H. Daughaday. 1968. Growth hormone secretion during sleep. *J. Clin. Invest.* 47(9):2079-2090.

Tanaka, H. 1994. Effects of cross-training. Transfer of training effects on VO_2max between cycling, running and swimming. *Sports Med.* 18(5):330-339.

Tenenbaum, G., T. Sar-El, and M. Bar-Eli. 2000. Anticipation of ball location in low and high-skill performers: A developmental perspective. *Psychol. Sport Exerc.* 1(2):117-128.

Thompson Coon, J., K. Boddy, K. Stein, R. Whear, J. Barton, and M.H. Depledge. 2011. Does participating in physical activity in outdoor natural environments have a greater effect on physical and mental wellbeing than physical activity indoors? A systematic review. *Environ. Sci. Technol.* 45(5):1761-1762.

Tremblay, A., J.-A. Simoneau, and C. Bouchard. 1994. Impacts of exercise intensity on body fatness and skeletal muscle metabolism. *Metabolism.* 43(7):814-818.

Uribie, B.P., J.W. Coburn, L.E. Brown, D.A. Judelson, A.V. Khamoui, and D. Nguyen. 2010. Muscle activation when performing the chest press and shoulder press on a stable bench vs. a Swiss ball. *J. Strength Cond. Res.* 24(4):1028-1033.

Warden, R., and K. Fuchs. 2007. Exercise when young may reduce risk of fractures later in life. *J. Bone Miner. Res.* 22(2):251-259.

Weston, A.R., K.H. Myburgh, F.H. Lindsay, S.C. Dennis, T.D. Noakes, and J.A. Hawley. 1997. Skeletal muscle buffering capacity and endurance performance after high-intensity interval training by well-trained cyclists. *Eur. J. Appl. Physiol.* 75:7-13.

Wiltshire, E.V., V. Poitras, M. Pak, T. Hong, K. Rayner, and M.E. Tshcakovsky. 2010. Massage impairs post exercise muscle blood flow and lactic acid removal. *Med. Sci. Sports Exerc.* 42(6):1062-1071.

Yamaguchi, T., and K. Ishii. 2005. Effects of static stretching for 30 seconds and dynamic stretching on leg extension power. *J. Strength Cond. Res.* 19(3):677-683.

Sobre o autor

Ray Klerck é um conhecido *personal trainer* e antigo editor de preparação física da revista *Men's Health*, no Reino Unido. Ele também foi modelo de capa da publicação. Atualmente, ele trabalha como consultor de preparação e de nutrição da revista, como autônomo. Ele escreve e edita uma seção de 18 páginas da revista intitulada *"Personal Trainer"*, e contribui regularmente com matérias detalhadas sobre saúde e preparação física para outras conhecidas publicações, como *FHM*, *GQ*, *Fighters Only* e *Men's Fitness*.

Após se tornar um mestre *personal trainer* nível 4 pela Register of Exercise Professionals (REPs) e um especialista em nutrição pela Premier Global (equivalente ao NASM CPT), Klerck entrou para a *Men's Health* do Reino Unido, em 2001. Durante os sete anos que se seguiram, ele se tornou o mais bem-sucedido editor de preparação física da história da revista, combinando seus conhecimentos especializados com as pesquisas científicas mais recentes para criar premiados programas de exercício e de nutrição.

Klerck já treinou clientes de todos os tipos – celebridades, atletas, funcionários da *Men's Health* e leitores. Ajudou pessoas comuns a conseguirem músculos e queimarem gordura, fazendo-as alcançar impressionantes resultados de antes e depois, apresentados na revista. A influência de Klerck ajudou a *Men's Health* a se tornar a revista masculina mais vendida do Reino Unido, e seus treinos continuam alcançando inúmeras pessoas na Austrália e no Reino Unido. A *Men's Health* do Reino Unido foi eleita a melhor edição global dessa publicação (48 edições no total) por quatro anos seguidos. Ela também foi reconhecida como a revista do ano no Reino Unido.

Klerck mora em Ballina, Austrália. Seu trabalho continua aparecendo em diversas edições internacionais da *Men's Health* e é acompanhado por milhões de leitores todos os meses. Recentemente, Klerck escreveu *A Fist Full of Blood* com Matt Lovell, o principal nutricionista esportivo do Reino Unido.

Sobre o Livro
Formato: 21,6 × 28,0 cm
Mancha: 16,6 × 23,0 cm
Papel: Offset 90g
nº páginas: 312
1ª edição: 2016

Equipe de Realização
Assistência editorial
Liris Tribuzzi

Assessoria editorial
Maria Apparecida F. M. Bussolotti

Edição de texto
Gerson da Silva (Supervisão de revisão)
Roberta Heringer de Souza Villar (Preparação e copidesque)
Gabriela Teixeira, Iolanda Dias (Revisão)

Editoração eletrônica
Neili Dal Rovere (Adaptação de projeto gráfico, projeto de capa e diagramação)

Imagens
Jasminko Ibrakovic | shutterstock (Foto de capa)

Impressão